U0869931

論語心解

（上）

无生 著

SPM
南方出版传媒
广东人民出版社
·广州·

图书在版编目（CIP）数据

论语心解 / 无生著. —广州：广东人民出版社，2017.6（2020.1重印）
ISBN 978-7-218-11832-1

Ⅰ.①论… Ⅱ.①无… Ⅲ.①儒家 ②《论语》—青少年读物 Ⅳ.①B222.2-49

中国版本图书馆CIP数据核字（2017）第124157号

Lunyu Xinjie
论语心解　　无生　著
版权所有 翻印必究
出 版 人：肖风华

责任编辑：梁　茵　廖志芬
封面设计：友间文化
责任技编：周　杰　周星奎

出版发行：广东人民出版社
地　　址：广州市海珠区新港西路204号2号楼（邮政编码：510300）
电　　话：（020）85716809（总编室）
传　　真：（020）85716872
网　　址：http://www. gdpph. com
印　　刷：阳谷毕升印务有限公司
开　　本：787mm×1092mm　1/16
印　　张：36.75　　字　　数：533千
版　　次：2017年6月第1版
印　　次：2017年6月第1次　2020年1月第3次
定　　价：95.00元（上、下册）

如发现印装质量问题，影响阅读，请与出版社（020-85716849）联系调换。
售书热线：（020）85716826

孔子说，道不可须臾离也，可离非道也。道就是我们的天地父母，我们的生命源头，不管任何时候，不管在任何世界，我们都浸泡在天地父母的怀抱里，只是一般人觉悟不到而到处乱找。不要慌不要怕，您从来没有离开过天地父母的怀抱，从来没有离开过天堂净土。您只要认清这一点就好，信任您神圣的生命，信任天地父母的大爱，回归到您神圣的佛心、清净本心来，放心、放开、放松，完全信任您神圣的生命体自然地会回归到神圣的天堂。

——郭永进

每个人都有神圣的良心、道心、清净本心。孔子的谆谆教诲是协助人类回来如实反观自己，自净其意，恢复本自具足的清净本心、道心、良心，自然逐渐成为心无挂碍的大人、君子。这是孔子用心良苦。每个人皆有无限可能，人类本无君子、小人，本无圣凡，本无天堂、地狱，本来就是一体的世界，处处是净土呀！

——张碧辉

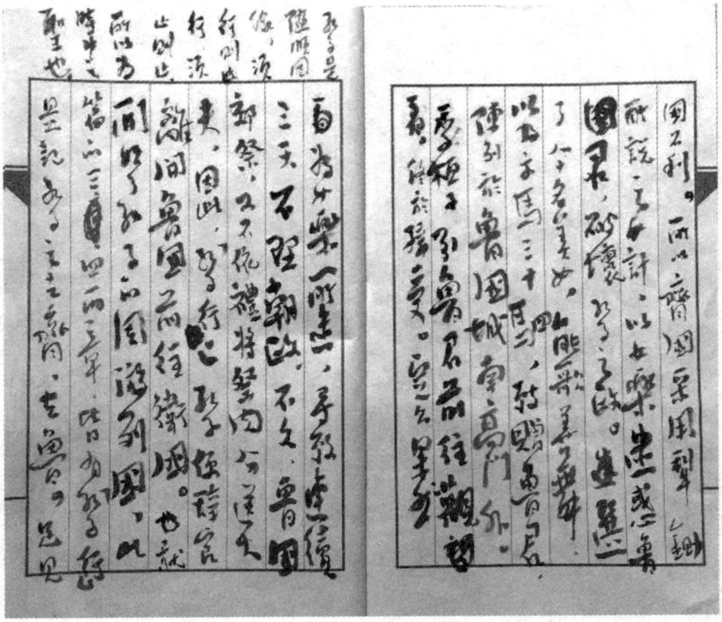

《论语心解》书法手稿剪影

缘起

程子曾言：「今人不会读书。如读《论语》，未读时是此等人，读后又只是此等人，便是不曾读。」之于《论语》，种茶人书院除在日常生活中诵读心行，亦发起读书会与同好交流，在与经典的往来中，愈发体悟到与圣贤同在之喜悦、自有智慧之玄妙。

二〇一四年九月二十八日，适逢圣人二五六五年诞辰，种茶人书院发心每日心解《论语》一则，以谢至圣先师。每则体悟由创始人无生手稿书写，风字辈成员整理，按次第分享于网络。全书初稿于二〇一六年四月八日完成，历时一年半，近五百天，每日约用六小时，近三千小时，书法手稿四十册。是为今日读者手中《论语心解》之雏形。

目录

（上）

/ 导读 /

文字经典是指月手指、地图，协助人们读懂大自然这部无字天书，即大地风云经。自我也是大自然的一部分。譬如“苹果”这两个字是名相，所指的实相就是那个能吃有香气的东西，只有自己用归零的心、清净的心、用生命亲自去品尝，才能真正体会到活生生的苹果滋味。还有，如地图上“广州”二字，就是名相，唯有亲自到“广州”二字所指的地方，走走看看停停吃吃，生活一段时间，但这也不真正了解“广州”这个地方，因为“广州”所指的实相，包罗万象，涉及方方面面，绝对不可能全面了解，这就是言语道断的世界。地球原本没有经纬度，经纬度是人类为了方便沟通而设定出来的。时间相也是为了方便沟通而设定。但人类却被自己设定的幻象捆死了。超越时间相，活在每一个当下，才能活在永恒的世界。

《论语》的每一字、每一句也只是名相，关键是能否在活生生的生活里去体会去亲证，体会到名相背后所指活生生的实相。活生生的实相唯有当下这一刻存在，回归当下，活在当下，就是清醒明觉自己眼前的每一个动作和在做的事情，身心合一、一心一意，活在当下才能开智慧，发现当下天地万物一体，而且又是活生生的。这是学习《论语》的关键，也是《论语心解》的一处特别之处。

“子曰”二字满篇，这两字看似很平常、很平淡，几乎所有版本的解读都不在意。如果是不重要完全可以删除，何必用那么多笔墨呢？将整部《论语》中的“子曰”全部删除，它就不再是中国人的《圣经》啦！

“子曰”二字微言大义，到底有多重要呢？在《论语心解》中解读为“孔子说”，孔子是大成至圣先师，与道合一，是天人合一的境界，他的所作所为是从清净本心、道心流露出来，他说的每一字每一句、所做的每一件事都是大道，通过他这个管道流露出来。他就是道的代言人，所作所为合乎道心、合乎天理，无我无私、无条件无所求、清清净净，万世师表。所以，孔子所说的言语就是经典，佛经也是这样产生，是佛陀所说的言语，“子曰”相当于佛经中的“如是我闻”。而一般人则不同，他们所作所为是从自我小我、虚妄分别心出发去考量，自然就自私自利，绞尽脑汁，巧言令色，活在二元对立的世界里，活在苦海之中，违背天理良心，背道而驰，一般人的言语充满着陷阱，往往是引导他人堕入深渊。

当你顺天之道而为，自然就体会到孔子所说的，有道无术，其术自生，也是整部《论语》第一句话，即“学而时习之，不亦乐乎？”这里的问号是返回来问自己，问自己当下所做的一切喜悦、幸福吗？也就是说，如果是顺天之道而为，每个当下练习行走在道上，潜能逐渐开启，道心也逐渐显露，自我渐渐地消融，与道合一，回归到天人合一的境界，生命不断地绽放，自然就从心底流露出喜悦、幸福！如果背道而驰，道心、良心蒙蔽，自然就会痛苦不堪。如果当下的生命状态是苦闷、痛苦，一定是背道而行。此时此刻是你的身体、你的良心在提醒你先停一停，先调整一下你生命的方向、心态、节奏，不用担心什么，每一个人的身体是大智慧者，每一个人的良心是最伟大的导师，会告诉你怎么做。所以，《论语》的第一句话，不仅告诉你学习《论语》的总方向，也是检验你在日常生活工作中是否合乎道、合乎天理良心，有没有顺天之道而为。

《论语》中的“仁”出现109次，可别小看这“仁”，它就是仁爱之心，是本自具足的，是《大学》中“明明德”的“明德”的另一种叙述。在《易经》中“与天地合其德，与日月合其明，与四时合其序，与鬼神合其吉凶。先天下而天弗违，后天而奉天时。”包含在“天地万物一体”里面，凝成了王阳明的“良知”二字，孔子的“仁”一字。它不是修出来，而是当你打开智慧眼，发现了天地万物一体，自然流露出来大爱、仁爱之心，也就是基督教的“博爱”，佛教的“慈悲”即“同体大悲，无缘大慈”。同体即天地万物一体，天地万物同根同源，万物是生命共同体，万物是命运共同体。

在《论语》中还有一个“礼”字，共有74次，被很多人扭曲误解，而且是特别深。孔子推行周礼制度，构建礼运大同世界，被后人称为礼教，后来又演变为礼教吃人，要打倒孔家店，这都是依文解字，人云亦云，没办法体会到孔子心中“礼”活泼泼的样子，反而被束缚了手脚，让人活得很僵硬。

“礼”的深义到底是什么？它不只是有形的礼品、礼物、礼貌、礼仪、礼器、礼制、礼法等，在《论语》中，孔子是怎样说的呢？“人而不仁，如礼何？”“克己复礼曰仁”“非礼勿视，非礼勿言，非礼勿听，非礼勿动”“君君臣臣父父子子”等等，这就是孔子所叙述的“礼”，这是描述作为人，要尽人的本分，还要不过分，过犹不及，过分即是恶，就是不仁。人而不仁，如礼何？春秋末年，君不君，臣不臣，父不父，子不子，君王不尽君王的本分，臣子不尽臣子的本分，父亲不像父亲的样子，子女不像子女的样子，子杀父，臣弑君，天下无道，一片混乱，孔子推行周礼制度是时代需要。《中庸》云：“道并行而不相悖，万物并育而不相害。”就是说，每一个生命都是道之子，是天地父母的子女，每一个生命都是独一无二，是神奇又神圣，尊重每一生命的存在，和而不同，各得其所，各尽其能，各安其分，平等善待每一个生命，各美其美，美人之美，美美与共，天下大同。真正的“礼”就是这个实相的描述而已，也是道的一部分。

在《论语》中，也不断出现“君子”和“小人”，这并不是孔子有二元对立，他是将两种人的生命状态描述出来，供弟子们选择。你要做什么样的人，由自己决定，自己选择，做自己生命的主人，孔子并没有标准答案，完全信任每一个生命。这正是《道德经》所云的“为而不恃，长而不宰，功成而弗居”的高等心灵品质流露。“君子”代表高等心灵品质的人，体会了一体世界，回归一体意识，自然心量广大，心怀天下苍生，所作所为从道心流露，无条件无所求，内心坦荡荡，自然心安、自在、快乐、喜悦。“小人”代表心灵品质低下的人，并不是坏人，只是心量狭小，所作所为从自我小我出发考量，自私自利，不择手段，尔虞我诈，勾心斗角，活在二元对立的世界里。“小人”并不是一成不变，可以通过因材施教，由“小人”变成“君子、大人”，小人是可以上达，君子不学习也会下达。“学”如此重要！学者，觉也。“佛”的本义就是“觉者”。通过“学”可以改变命运，也就是提升人的心灵品质，人的生命自然就脱胎换骨，这就是为什么孔子称自己是“好学者”，而且“学”是整部《论语》的第一个字。真正知道“学”字的深义又能做出来，你一定能活出生命的喜悦，活出生命的神圣。而且每一个人都可以做出来的，千万别小看你自己！

张碧辉（无生）

2018年秋写于广州种茶人书院

/ 再版序 /

一个偶然的机会，得到一部作者馈赠的《〈论语〉心解》（以下简称《心解》，张碧辉著，广东人民出版社2017年版）。大略翻阅一下，发现很有些特别之处。此前，虽然也接触过一些著名的《论语》注本，比如杨伯峻的《论语译注》（以下简称《译注》）、南怀瑾的《〈论语〉别裁》、李泽厚的《论语今读》（以下简称《今读》）等，但觉得《心解》和诸名家注本都有所不同。究竟不同在哪，一下子又很难说清。想来想去，跳出这样一个念头：是否可以拿出某个章节，把几个注本比较一下，看看有何不同，从而窥斑知豹，发现《心解》的特别之处呢？

下面，便以《论语·述而第七》第四章为例，比较一下《心解》与《译注》《今读》等注本的不同。

《论语·述而第七》第四章："子之燕居，申申如也，夭夭如也。"

【译文】孔子在家闲居，很整齐的，很和乐而舒展的。

【注释】申申——整饬之貌。夭夭——和舒之貌。

——杨伯峻《论语译注》

【译】孔子闲居时，舒适而适意。

【注】燕居，闲暇无事之时。杨氏曰：申申，其容舒也。夭夭，其色愉也。

【记】（孔子）并非整天"作古振今"，老是一副紧张面孔和"圣人气象”……中国人之乐天知命，俯仰不怍，申申夭夭，倒是值得肯定的生活境界。

——李泽厚《论语今读》

《心解》注文中虽没有“【译】”“【注】”之类的标志，但依据行文依然可分出三个不同层次。为方便阅读，现将三个标示层次的词语（“注”“译”“心解”）分别用括号标出，置于段首。

（注）“子之燕居”。燕，通宴。燕居，平居，闲居。“申申如”。伸舒，放松。在这里描述孔子的内心宁静和畅，安详自在，无欲无求。“夭夭如”，弛婉的样子，孔子的内心轻松安详。

（译）孔子闲居时，身心正定而安详，从容又自然。

（心解）此章是弟子记录孔子在平常生活中闲来无事时的生命气象。他的整个神态像一棵苍翠的松树生机勃勃，“申申如也”就像大苍松的枝干一样的舒展；“夭夭如也”就像苍松的嫩枝条一样轻盈、曼妙、驰婉。孔子的生命是全然舒展绽放的，就是“绝学无为闲道人”的境界，这是夫子的生命品质。他在周游列国、颠沛流离，也是乐在其中，所作所为是从纯净本心本性流露，由良知发出，无我无私，心怀天下广利苍生，内心幸福安详自在。

——张碧辉（无生）《论语心解》

以上是《译注》《今读》《心解》对《论语·述而第七》第四章的解读。在三种解读中，《译注》唯有“译”和“注”两个部分，《今读》《心解》在兼有“译”“注”外，分别多了“记”和“心解”部分。据有人统计，《论语》注家不下两千，近五百章，在浩如烟海的后代注疏中，几乎每章都有不同解说。“各家注疏，许多时候差异和对立很突出。”（李泽厚《论语今读》）（序）。从这个角度上看，以上三家“译”“注”还真的算不上“大有异同”，只能说是“大体相同”，或者说“小异大同”了。

不同之处在于“记”和“心解”。

“记”是李泽厚先生的“评论、札记和解说”。“它们长短不一，品类不齐。或讲文本，或谈哲学；或发议论，或表牢骚；或就事论理，或借题发挥；并无定规，不一而足。”（《今读》）（序）譬如《论语·述而第七》第四章的“记”，在写孔子并非“老是一副紧张面孔和圣人气象”之后，便借题发挥，进行评论：“中国人之乐天知命，俯仰不怍，申申夭夭，倒是值得肯定的生活境界。”作者以饱含情感的笔触，赞美孔子日常闲居的时候，那副舒展整洁、轻松和畅的样子。认为圣人尽管忧国忧民，为天下苍生愁思，但还是能保持爽朗的胸襟、活泼的心情，能够超脱于尘俗之中，是多么的可爱。这些热情洋溢的评论，完全跳出了惯有的“依文解字”的框框，景仰赞美之情溢于言外。

《心解》上来同样是赞美孔子：说他整个神态像一棵苍翠的松树生机勃勃，枝干是那样舒展，嫩条是那样轻盈。然而，作者并没到此为止，而是追根求源，探究周游列国的孔子，虽然每天处在颠沛流离、居无定所、食不果腹之中，却“乐在其中”的内在原因。原来，这是孔子本来的生命气象与生命品质的生动展现，是一种全然舒展绽放的生命状态。当孔子无我无私，心怀天下，广利苍生时，他的一言一行就从纯净本心本性流露出来的，内心幸福安详自在就会自然呈现。

作者在“心解”孔子之后，进一步展开联想，把常人和孔子做了一番对比：虽然幸福从未离开过我们，但由于生命品质与孔子有所不同，也就不能在闲来无事时由衷地感受幸福知足。

这便是《心解》的“特别”之处。

这种“特别”不是表现在名物考证、史实讲疏以及注家争辩上，而是通过生命的体悟，使“心解”开始朝着“所以然”的方向迈进，去触摸孔子的心灵。

孔子到底发现了什么秘密、密码呢？就隐藏在《论语》的每一句每一章里。王阳明把《论语》读透了，非常佩服孔子。不读《论语》一生遗憾呀！

作者身为安溪第一代种茶人，通过长期的自然农法实践以及日常生活的体悟体证，不断打开生命的智慧。作者自称，在读了《道德经》后，发现《论语》就是《道德经》的具体实际操作版本，学习《论语》，完全可以用心、用生命把经典与现实生活接通。就是站在这个高度上，作者完成了对《论语》的“心解”。而“心解”《论语》的过程，又变成了体悟真理路上新的跋涉。

李泽厚先生说过：儒学“执着地追求人生意义，有对超道德、伦理的‘天地境界’的体认、追求和启悟。从而在现实生活中，儒学的这种品德和功能，可以成为人们（个体）安身立命、精神皈依的归宿”。从这个意义上说，不知《论语心解》这部书的创作过程，是否本身即可看做作者的精神皈依？

于树泉

2018年夏写于北京海淀

于树泉，人大附中语文特级教师，教授，国培专家，中国创新人才教育学会读书专业委员会秘书长，北大语言所、清华继续教育学院特聘专家，有“首都名师”之誉。有《道德经妙解、导读与分享》（合著）等论著8部。

/ 前言 /

《论语》，儒家经典，是四书五经之一。

《论语》是孔门弟子及再传弟子编撰的回忆录，记录了孔子在世时的身口意，可谓一门活生生的君子之学。“大道废，有仁义。”身处乱世，孔子躬行君子之道，构建礼运大同世界，绝大多数人认为他是“知其不可而为之”。而他的所作所为皆从本心流露，无我无私，无怨无悔，自然而然是温良恭俭让。孔子怎么会有这样一颗心，这颗心又是怎么恢复的呢？如何应用在日常生活中呢？是不是每个人都和孔子一样有一颗圣人的心呢？这是我们学习《论语》的核心，也是《论语》能够超越时空、种族，超越党派、政党、宗教、教派的关键所在。

《论语》其实就是一面无恶无善的镜子，协助人们反观自己，照见自己每个当下的起心动念，在活生生的日常生活中修正自己的为人处世，也就是王阳明先生所云：“人须在事上磨炼做功夫乃有益。”《论语》中的君子和小人都是每个人自己，时而流露君子般的心灵品质，也时而流露出和小人一样的心灵品质。

其实在《论语》中，问的人是你，答的人也是你；孔子是你，学生也是你。当你能够来至《六祖坛经》所云的“不思善，不思恶”，或是老子的“致虚极，守静笃”，就是回归到当下自己身心上，也就是归零，明了自己的本来面目、清净本心、良心、道心。也就是说，明白了人人都和孔子一样拥有相同的良知，每个人都和孔子一样有颗圣人之心。

解读经典亦是修行，《论语》是明镜，也是指月手指，协助人们开启自己的本心本性，也就是恢复明德、良知。也是检验自己的身口意三妙行，叩问自己为何嫉妒，为何心不安，为何不自在？其实自己在起心动念时，他人无法得知，唯有自己知道。因此只有自己能够改变，谁都无法帮到你，解铃还须系铃人。他人只是助缘，是指月手指，只有我们每个人慢慢地照见到自己也有贪嗔痴，发现到自己在内耗、消耗生命能量，发现最大的敌人原来是自己。自然而然地，就会止下来，心静下来，也就自然会放下种种包袱、束缚，全然接纳有丑陋、不足一面的自己，成为一个完整的人。自己改变了，世界也随之改变，神圣生命的意义也就能发挥出来，终究是来到大安心、大自在。

/ 自序 /

《论语》是每个人必读的一部经典，里面绝大部分是孔子去世后，弟子们整理的老师生前与学生的对话、语录。全书探讨的其实就是人与社会之间的关系，人与人之间的关系，人与自己的关系，更具体的是探讨孝、仁、为政，还有君子与小人的不同等。

历代对《论语》的解读数不胜数，代表性的版本有宋代朱熹的《四书集注》、清代刘宝楠的《论语正义》、现代钱穆的《论语新解》、杨伯峻的《论语译注》等。我在解读《论语》时，有十来个版本摆在眼前。我一个一个版本地细细体会，绝大部分解读是不能够说服我，不能让我震撼。我只能保留意见，不作评判。

我建议大家读这本《论语心解》时，最好也多准备几个版本对照，一章一章地细读，再回到当下来体证。就能明白《论语心解》中的每一句话都是在描述真实存在的活生生的实相，是可以用每个人的本心、良知去亲证的。当你读懂了《论语》，也一定能读懂《大学》《中庸》《孟子》，还有阳明先生的《传习录》。《论语心解》可以协助大家寻“孔颜乐处”，明白“存天理，灭人欲”深意。

读《论语》不仅仅是停留在记诵、依文解字上，而是要找到每字每句每章所指的实相，静下心来，用归零的心、宁静的心在日常生活、工作中一一地去求真求证。孔子为什么要讲这样一番话？目的又是什么呢？孔子绝不会讲一堆对他人没有用的废话，那是浪费自己的生命能量，也是浪费他人的生命能量，也是噪音污染呀。

孔子的所作所为是从清净的本心本性流露出来的，都是不得已要说，不得已要做。他看到弟子偏离中道，有过与不及，协助他们回归中道，回归当下。他说的每句话都是自己亲证过才说的，经得起检验。不怕人们求真求证，最怕的是人们不去怀疑，不去亲证。

我们知道，最初的宇宙是空无，无形无相，无声无臭，无香无色，也就是没有万物，但在这空无中有醍醐，充满着生命力。这就是老子所说的："玄之又玄，众妙之门"。也就是"道"，是"神""佛""自性""良知"等，名相不同，实指相同。

万物是众因缘和合而生，太阳系也不例外。有了太阳、地球，也就有了大地、流水、阳光、空气，加上本来就有的虚空，自然就孕育了植物、动物及人类。人类观察大自然，观察万物，为了相互协助、交流的需要而产生了言语。又为了把生命体验到、体证到的宇宙人生真理实相描绘、记载下来，代代相传，自然产生文字。有了文字也就有了经典。言语、文字、经典都是名相，是描绘实相的工具，是指月之指，而不是所指的月亮，也就是说并非实相本身。实相是存在于每个活生生的当下，不在过去，也不在未来。

我们静下心来，现观当下活生生的实相。万物都由大地、流水、太阳、空气，还有无形无相、无边无际的虚空支撑、化育、长养。离开任何一个缘，生命就不存在。所以，每个人都是大地之子，是流水之子、太阳之子、空气之子、虚空之子，也就是大自然之子、上帝之子，道之子，神之子。万物都是如此呀！

既然每个人都是大自然的恩赐，一定都具有大自然一样的心灵品质、特征特性："为而不恃，长而不宰，功成而弗居。"每个人的生命都是独一无二的，都是大自然、道、空的化育，是神奇、神圣的。每个人是完全平等的，这与地位、财富、年龄、相貌、种族、宗教、政党等一切外在无关，没有谁比较高贵，也没有谁比较低贱。只是你不知道、不明白而已，也不敢相信自己的生命是如此神奇、如此神圣呀！

孔子只是发现了这个看似秘密的秘密，也拿到了这把无形无相的钥匙，他打开了自己的无尽宝藏，恢复本自具足的清净本心。他深知每个人都有和尧舜一样的圣人之心，每个人都有一把无形无相的钥匙。也就是孟子所说的“人人皆可为尧舜”，王阳明先生所说的“个个人心有仲尼”。每个人都有无限可能，所以孔子珍惜每个因缘，也珍惜每个人的神圣生命，“有教无类”，又“因材施教”，还“诲人不倦”。

在《论语》中，孔子说的每一字、每一句都是从他本自具足的本心本性流露出来的，也就是从良知发出。他的内心是无我无私、无欲无求、清清净净。他的仁爱之心、良知是自然而然地流露。

自我、小我之心境是无法了解无我、大我之心境，只有宁静的心灵能与宁静的心灵相融相印。也就是来到老子所说的“致虚极，守静笃”的心境，自然就明白孔子的深意。孔子说的每一字每一句都是为了协助弟子们开启自己的无尽宝藏，恢复本自具足的清净本心。也就是让每个人找回自己本来就有的良知，让他们所作所为也从清净的本心本性流露，由良知发出，利益天下苍生，发挥神圣生命意义，脱胎换骨，让生命成为无限可能，充满生命力、活力。这就是一部《论语心解》的价值所在，也是笔者心解《论语》的动力与初心。孔子真的不愧是大成至圣先师!

张碧辉（无生）

2016年秋写于广州种茶人书院

/ 推荐序 /
永不受限的生命

（一）

相识无生，缘起国学。

相知无生，缘起悟心。

早在二〇一〇年，和无生夫妇相识在明伦书院，一起结伴为同学共同研修国学，后来又一起在明伦堂、中大管理博研班、缘起读书会求学。一路走来，六年有余。我们徜徉于经典之间，或聆听、或诵读、或分享、或游学、或禅坐……勤耕三省，知行合一，生命得以不断蜕变和成长。当得知无生用四百九十七天，三千小时书写的《论语心解》完稿时，心中充满无限赞叹！

《论语》始终是我们共同研读的经典之一。在无生心解《论语》期间，作为学习小组组长的我也曾和一帮志同道合的学友每日精读《论语》一则，并在线上交流和分享。走过方知路艰，对无生的不易深有感触，也更加赞叹无生的坚守、纯粹与道心。用明伦堂史玉妍女士的话来讲：能够把一件看似简单的事情做到极致就是伟大。

因此，当无生邀请我校对《论语心解》时，便欣然接受了，一心为了见贤思齐。作为道友，我持之以恒地关注无生的每日心解，但很多时候不能静心感悟，囫囵吞枣而食不知其味。校对期间，心无旁骛，这才体悟到其中的“无上甚深微妙法”。常常在阅到妙不可言处，或拍案叫绝，或合卷疾走，或掩卷沉思，或摘写纪要，或忍不住在卷稿上留下多处：妙！赞叹！好！以抒发澎湃之情。对我而言，整个校对过程就如同一次心的洗礼：心中的界限与疑惑在消散，心的疆域在不断拓宽，心在当下，无忧而无惧，解脱而旷达，常常不禁赞叹生命充满了无限的希望与可能。

（二）

在大多数人眼里，孔子是一位思想家、政治家、教育家，儒学学派的创始人。市面上新近出版的有关《论语》的解读，也多从这几个角度去注解。然而，在无生的眼里，孔子是一位体道、悟道、得道的圣人，孔子用其一生向世人诠释了“生命是如何不受限的”。因此，《论语心解》自然有别于其他而独树一帜。

按照无生的解读，当一个人心无挂碍，没有任何条条框框，没有任何是非、观念、界限，来到与虚空相应时，生命就不再受到任何限制。孔子的“七十随心所欲而不逾矩”正是抒写这般生命状态。阳明先生曾说：“圣人之学，心学也”。孔子之“学”是“尽其心者，知其性也”，学而无所学，知来本无知，故曰“空空如也”。在无生看来，“无所学，本无知，空空如也”即是归零，即清醒明觉地活在每一个当下，不惧过去不忧未来，当下的生命就是不受限的生命。

注解经典当然是见仁见智的，这何尝不是在讲解注者自己。无生其人，可谓是“讷于言而敏于行，微言而笃行之”。阳明先生说，知行本来是一体两面，知是行之始，行是知之成。若知而不能行，只是不知，唯具使命者方能知行合一。在我眼里，无生正是这样一位“唯具使命者方能知行合一”的人。他自二〇一四年起开始在老家福建安溪茶园践行自然农法。他发愿，不管有多难，这一生也要做一次傻瓜，坚持到底，把自然农法做好做透。一路走来，不知遭遇了多少反对、质疑、指责和埋怨，但在无生看来，尊重大自然的生生不息，保护地球母亲的道心始终没有丝毫动摇。耕心亦如耕茶，茶如其心，无生这个傻瓜终于收获了没有化肥、农药、除草剂的茶。

（三）

无生说：所有经典只是指月的工具，道法自然，我们最终还是要来到以大自然为师，向大自然学习思齐，大自然就是每个人的生命，本自具足，充满无限的可能。从某种意义上讲，一切都存在于空气中。当你在呼吸、喝水和吃饭的时候，意味着你在和周围的一切发生联结，和大自然万物融为一体，意味着在你的体验中万物都是你。

印度哲学家克里希那穆提认为，人类所有问题的根源在于那份把人与人分割开来的界分感。打破边界，打破将你限制于其中的边界，和大自然万物融为一体，生命将永不受限。作为一名职业心理咨询师，我常常就临床咨询中的感悟与无生分享。无生很认同我的观点：作为一名优秀的心理咨询师，当你愈来愈慈悲，能给予来访者无条件的爱与抱持；当你的心量愈来愈大，大到能足够容纳每一个来访者的喜怒哀乐；同时，当你坚信每个来访者就如同大自然中的一粒种子，皆具本自具足、永不受限的生命力，假以大地、阳光、雨露和成长的空间，来访者必将自愈。无生进一步强调，咨询师真正要做的就是和来访者不断确认：他的生命本自具足，他的生命永不受限！

我相信，无论您从事什么样的职业，无论您当下的生命呈现怎样的状态，开启永不受限的生命潜能，都曾是你我的初心。所以，请和我一起走进无生，走进《论语心解》，走进去，无尽的宝藏等着我们去探寻。

心理咨询师：赵明

2016年12月于广州

論語心解

学而篇第一

（凡十六章）

【〇一】子曰：“学而时习之，不亦说乎？有朋自远方来，不亦乐乎？人不知而不愠，不亦君子乎？”

孔子说：“学而时习之。”“学”是整部《论语》的第一个字，是可以改变生命品质的“无上甚深微妙法”。它贯穿了《学而篇》，贯穿了整部《论语》，乃至贯穿每个人的整个人生。一个人是上达还是下达，全在一个“学”字。这里“学”的深意所指向谁学？学什么？怎么学？只有彻证彻悟者，方能至“绝学无为闲道人”的境界。

“学”者，觉也。繁体字的“学”和“觉”的上半部分是相同的。“学”的下部分是“子”，这里启示不论你在什么阶段，在哪个年龄，只要你回归了赤子之心，用一颗清净的心、归零的心去学之习之，就能超越外相，如性别、年龄、容貌等，自然保持生命的活力，全然绽放，让神圣的生命意义发挥出来。

孔子就是这样的人，他“十有五而志于学”，不是说十五岁才读书识字。他十五岁以前“少也贱，多能鄙事”，农活、技术活、小六艺（即礼、乐、射、御、书、数）都很擅长。所以这里的“志于学”不仅仅是在学知识、技术、技能上，而是在学君子之道、大人之道，学习道与中道。也就是“志于道，据于德，依于仁，游于艺”。有道有术，才能利益天下苍生。那什么是君子之道、大人之道呢？什么又是道呢？什么是中道呢？将会在整部《论语心解》中一一地解读清楚，也协助大家直接去亲证。

时，就是指时时刻刻，每个当下。也就是觉知是贯穿生命全过程，在活生生的每一个当下存在，不常不断。习，即行。躬行实践即亲证，去做出来。在生活的点点滴滴中，在每个当下衣食住行、行走坐卧中，时时刻刻反复实践、亲证、体悟。其实“学”与“习”本一体，都是由清净本心、道心流露，由良知起作用。也就是体道，悟道，行道，逐渐与道合一，自然而然就会从内心深处流露出愉悦，这就是“不亦说乎”？

“有朋自远方来”。朋，同类，志同道合的人。这里的意思是：“志于道的人，从远方慕我而来，或是得天下之英才而教之。”这其中深意是，超越时间、空间，孔子、老子、释迦牟尼佛等大智慧者，还有宇宙天地间的万物，譬如青山流水、清风明月、鸟兽虫鱼、蓝天白云等，也都是朋友。还有一位朝夕相处的老朋友，是最近，也是最远的，既是熟悉的，也是陌生的，就是每个人自己。欲望在牵扯时，灵与肉分离，此刻是最远，也陌生。当清醒明觉活在当下时，心与身对焦，身心合一，此时是最近，亲切又熟悉。从最远回到最近，找到真正的自己，能不快乐吗？这种乐是孔颜之乐，非欲望之乐，是知足之乐，是真正的快乐，也就是“不亦乐乎”？

“人不知而不愠”。愠是恼怒、生气的意思。这里就是说：“当别人不了解自己时，内心不会恼怒生气，不就是一位真君子吗？”不愠，流露出君子的胸襟。其实真正大丈夫是能屈能伸，而不是忍辱负重，他是像流水、虚空一样，即便很多人不了解。譬如有人怀才不遇，或默默付出，没人能了解，能读懂他，反而遭到毁谤、诬陷，也不会恼怒，内心充满包容、慈悲，有大智慧。叩问自己能做到吗？

自古圣贤多寂寞，孔子曾说：“古之学者为己，今之学者为人。”为己，是充实自己，爱自己，做自己，开启自有的妙智慧、无尽宝藏，让神圣的生命全然绽放。若是盛开的花朵，蝴蝶自然来，自利才能利人。“为人”是展示我能、我是、我慢，是为别人而活。唯有明白读书学习的终极目的是“为己”，才能真正做到“人不知而不愠”呀！

其实真理掌握在少数人手中，人不知，是常事。真正的君子大胸襟，他是像太阳、空气、流水、大地、整个虚空一样，为众生默默地付出，无我无私，无欲无求。别人不知道，不感恩，自然也就不生气。本来就应如此，自然回归天人本合一的境界。这就是真正的君子呀！

【〇二】有子曰：“其为人也孝弟，而好犯上者，鲜矣。不好犯上，而好作乱者，未之有也。君子务本，本立而道生。孝弟也者，其为仁之本与！”

有子是孔子的弟子。有子说：“其为人也孝弟。”孝，孝顺父母。弟，同悌，恭敬兄长。孝悌是从每个人本自具足的本心、道心，本有的良知自然流露，若能把孝敬父母和恭敬兄长真正地落实做到，即是已经亲证到本自具足的良知良能、仁心、清净本心。孝要怎么孝呢？何谓真正的孝？何谓真正的悌？建议大家看《孝经》。孝顺父母和恭敬兄长几乎是人人都要面对的两件事情，从自己最亲近的人下功夫。就在历缘对境中“时习之”，在事上磨炼。当真正做到知行合一，就明白何谓良知，何谓道心、本心，就能应用遍一切处。一即一切，一切即一，闻一知十，推己及人，问问自己做好了吗？尽心尽力了吗？真诚真心、清清净净了吗？

“好犯上者，鲜矣”。好，欣喜。犯，冒犯。上，上位。若孝和悌两件事情都能时习之，落实在活生生的生活当中去，身体力行又尽心尽力、真诚真心做出来，这样的人是很少会去冒犯在上位的人呀！自然也就是“不好犯上，而好作乱者，未之有也。”这里意思是：“不喜好冒犯他的上司，而喜欢作乱的，像这样的人，是不会有的。”这里的深意是：“他对父母、兄长，对上位的人，所作所为都是从纯净本心、良知、仁爱之心流露出来的，是知行合一，内心满足、祥和、慈悲，自然而然就不喜欢作乱。”

“君子务本”。君子，大格局、大心量的人。小人，心量狭小、自私自利的人。意思是：“君子致力于根本。”“本立而道生”。心如大树般根深蒂固，枝叶自然也茂盛，也就是道自然流露出来。这个“立”与孔子的“三十而立”是异曲同工的，即陈寅恪先生所言的“独立之思想，自由之人格”。譬如说怎么孝顺父母，是孝其身、孝其心、孝其志？每个人的父母的成长背景、知识体系都不一样，生活方式也不一样，等等一切不同因缘和合，怎么做都是没有标准答案的。唯有保持恭敬，真诚真心是不变的，有因缘也可以协助父母开启本自具足的妙智慧。“道”是本自具足的清净心、本性，也就是阳明心学的良知，它是每个人本自具足的。“生”就是流露出来，很自然而然地。“道生”是描述本之妙用呀！

“孝弟也者，其为仁之本与！”孝与悌，是为仁、行仁之本，也是仁心、良知之用，并不是仁之本体。也就是仁心、良知的流露，体用本一体。仁，在这里是仁心，即是阳明先生的良知，也是道心的展现。其实，除了孝顺生身父母，还有一个天地父母，每一个人都离不开天地父母化育、长养与支撑。北京的天坛和地坛，是古人用来祭拜天地，感恩天地父母、法界、大自然！为什么要感恩呢？我们一日三餐的食物从哪里来？譬如大米、土豆、青菜等怎么长出来的，难道不是天地父母在化育吗？有谁能长出一粒大米出来，有谁能长出一个苹果来？有谁能不吃不喝呢？没有阳光、雨露、大地、流水、空气、虚空，我们还能活着吗？

再来看“悌”，你的生存跟宇宙的每个人都有联系，譬如吃一顿饭，要有种稻的、种菜的、运输的、卖菜的，做饭的等等一切，有那么多人努力地协助才能有这么一顿美味可口的饭菜吃呢！能不感恩一切吗？一个人想独立存在于这个世界上是绝对不可能的，我们每一个人都活在疏而不漏的关系网之中。还有每个人也都是靠天地父母的化育，来自同一个源头，本来就是生命共同体，本来就是兄弟姐妹，所以“悌”就是恭敬每个人。每个人真的是性本善，人人皆可为尧舜，人人皆可成佛。这就是实现礼运大同世界的真实大背景。

【〇三】子曰：“巧言令色，鲜矣仁。”

孔子说：“巧言令色。”巧言，花言巧语。令色，谄媚的脸色。“鲜矣仁”。鲜，少的意思。有些人会用花言巧语、谄媚的脸色去讨人喜欢，取悦于人。这样的人，是强颜欢笑，有很强目的性，是有所求的，很少是有仁德的，也就是本自具足的仁心、良知被泯灭被蒙蔽了。

静下心来，回来如实反观自己是否也有此等表现呢？若有发现自己身上也存在，问问自己为什么会有呢？在求什么呢？自己有丑陋、不足的一面并不可怕，谁能无过失？唯有真诚来面对，又接纳自己丑陋、不足，生起惭愧心，忏悔改正便是善。宁可做真实的丑，不做虚假的美，卸下面具，做一个真诚真心的人。但如果修行不扣住这核心，直截根源，不能恢复每个人本自具足的清净本心、道心、良知，而是在口才、谄媚这枝枝叶叶上在下功夫，用处不大，消耗生命能量。再怎么做还是浮在表面上，在修行门外绕，也就是在枝叶上，不在根源上，肯定是长远不了的。

真正的身、口、意三妙行，温文尔雅是从清净本心自然流露出来的，本来就具足的，不需任何装饰的。清水出芙蓉，天然去雕饰。若能找到这本自具足的良知、良能、良心、本心，在每一件事上去下功夫，去落实，真正做出来，自然就能随心所欲而不逾矩。

【〇四】曾子曰："吾日三省吾身：为人谋，而不忠乎？与朋友交，而不信乎？传不习乎？"

曾子说："吾日三省吾身。"省，反省反思。身，身心。这是曾子每天在做的事情，他每天多次反省自己有哪些不足？试问自己是不是也可以这样做呢？

"为人谋，而不忠乎？"谋，做事。忠，忠于自己的本心本性，尽心尽力，真诚真心。在协助他人做事时，将他人的事当做自己的事来做吗？尽心尽力，真诚真心了吗？有助于自己生命意义的发挥吗？

"与朋友交，而不信乎？"交朋友的时候是以心换心的，"信"不单是信誉，还要"信近于义"，许诺不仅要合法合情，还要合理合道。只要认定是朋友，就像对待自己一样真心诚意地协助，协助他开启本自具足的智慧，让他神圣的生命意义发挥出来。

这里分享一段话，"以利相交，利尽则散；以势相交，势去则倾；以权相交，权失则弃；以情相交，情断人伤；唯以心相交，方能成其久远。"这其中的"心"是纯净本心、良心、道心，也是良知。也就说，志同道合、君子之交淡如水，自然而然会长久。

"传不习乎？"习，亲自去练习，反复去练习做出来。意思是，亲自用科学家的态度去求真求证过的，又做到的，的确是好的，才传授给别人。自己没有做到就要求别人或传授给别人，不仅没有说服力，也可能是以盲引盲呀。

这里的"为人谋""与朋友交"的深意，其实就是为自己谋，与自己交。自己做到几分，是否有真心真诚，只有自己知道。所有这些都是用来如实反观自己，也就是“三省吾身”，真诚地做到我为人人，自然而然人人就会为我。追根溯源，每个人真的都来自同一个天地父母，住在同一个地球村，无法孤立存在，实相告诉我们本就是一家人。唯有发现天地万物一体，我们本来就是生命共同体，自然流露慈悲、大爱，这不是修出来，本来就如此。也唯有如此，才能真正做到共建和谐社会、和谐家园，自然渐渐地来到大同世界。

【〇五】子曰：“道千乘之国，敬事而信，节用而爱人，使民以时。”

此章是讲治国之要，看似至浅，人人都可看懂，但很少人真的能够静下心，到底怎样做到敬其事而信于民呢？怎样做才称得是真正的“敬”和“信”呢？怎样才称得上是“节用”？如何去爱才是真正的“爱人”？为什么要“使民以时”？若以上五者，做到极致，依天理而毫无一丝私欲，都从纯净本心、道心、良心流露，都是良知发出的妙用，尧舜之治亦不过如此。

“道千乘之国”。道，同导，治理、引导。千乘，指诸侯国。意思是：“治理一个有千乘兵车的大国。”“敬事而信”。敬，恭敬心。意思是：“对每一件事，领导者都能慎重、恭敬地去处理，并落实做到，不失信于民。这很难得的，百姓自然对你有信心，很拥护。”“节用而爱人”。意思是：“财政支出有所节度，不要铺张浪费或奢靡，用之有道，体恤百姓，顺民之情。”“使民以时”。意思是：“差使百姓，要注意时间、季节。”古代是农耕社会，农忙时千万不要扰民。这是很基本的，既是保证人民的温饱，也是保证国家的粮仓。

历史上“文景之治”时，汉文帝一件袍子穿了二十年，缝缝补补没有换。法制上尽量减轻刑罚，财政上减轻税赋，又减轻徭役，弛山泽之禁，“顺民之情，与民休息”。此章的深意和《道德经》里的“我有三宝，持而保之。一曰慈，二曰俭，三曰不敢为天下先”也是异曲同工的，也就是说为政者，所作所为都从本心、良知流露，自然就无我无私、无欲无求，心怀天下苍生，也真诚真心，无为无不为。

【〇六】子曰："弟子入则孝，出则弟，谨而信，泛爱众，而亲仁。行有余力，则以学文。"

弟子，狭义指孔子的学生，广义指每个人。这里讲孝悌，谨信，爱众亲仁，学文，都只是经典、文字、名相，也只是头脑知见，概念而已。纸上得来终觉浅，这些都要去一一求真求证，自己又一一地做出来，也就是在事上磨炼、下功夫。

孔子说："弟子入则孝，出则弟。"孔子眼中，孝悌是弟子的基本立足点。有子也说孝悌是"为仁"之本，在家或出门在外都要去做。"孝"是有很深的内涵，《孝经》里面有讲到小孝、中孝、大孝。不仅在家孝敬父母，出门在外也要考虑到父母的感受，不要胡作非为，更重要的是开启自己本有的妙智慧，把生命意义发挥出来。《孝经》有云："立身行道，扬名于后世，以显父母，孝之终也。"

"出则弟"。弟，同悌，不仅仅是自己的兄弟、志同道合的人要恭敬，每个人都是值得尊重的，每个人都是独一无二的，都在协助彼此成长，我们的存在离不开每一个人的协助。每个人都是天地父母的子女，我们是生命共同体，这是实相。当能深观这实相，佛教"同体大悲，无缘大慈"就能自然做出来的，而不是修出来。基督教的"博爱"，孔子的"仁"皆是如此。

"谨而信"。谨，小心行事。像曾子说的"如临深渊，如履薄冰"。"泛爱众"，大家本就是生命共同体，住在同一个地球、太阳系、银河系，同一个宇宙，都是浸泡在同一个虚空中。我们是相亲相爱的一家人，都是兄弟姐妹。哪有不爱的呢?

"而亲仁"。若能亲证到这样，自己自然会亲近有仁爱的人，有仁爱的人自然会亲近你。

"行有余力，则以学文。"这句话意思是："能将自己这实质、根本的做好了，也就是把根养好，还有闲暇的时间，就可以看古圣先贤留下的经典文献。”孔子教育的总纲是“志于道，据于德，依于仁，游于艺”，如果还没有余力而学文，就是“摘叶寻枝”，不能“直截根源”，要成为文质彬彬的君子，难矣！

【〇七】子夏曰：“贤贤易色，事父母能竭其力，事君能致其身，与朋友交，言而有信，虽曰未学，吾必谓之学矣。”

这一章讲的是四伦：夫妻，父子，君臣，朋友。

子夏说：“贤贤易色。”贤，尊敬。贤，有贤德的人。第一层意思是娶妻要以贤德为重，不受美色所扰。要尊敬妻子的贤德，不对外貌要求过高。第二层意思是好色之心常有，尊圣贤之心不常有。要以尊贤之心代替好色之心。其实在活生生的日常生活中，两层都合乎实相，尊贤之心可有，好色之心也可有，关键怎样保持合宜、适度，这是核心。

“事父母能竭其力”。侍奉父母是天理，是理所当然的，自己能不能竭尽全力呢？怎样才是“竭其力”？“事君能致其身”。这里不是说为某人献出生命，而是协助君主或上司，用自己生命能量来成就一件有意义的事情，就是有利于他人，有利于社会，有利于天下苍生，让各自的生命意义发挥出来。“与朋友交，言而有信”。与朋友交往能不能言而有信？有信不是必信，根据当下因缘会有变化，但答应朋友的事情要像做自己的事情一样，真心诚意，无欲无求，自然而然就会给朋友信心、信任、信服。这里的事父母、事君、与朋友交，每个人在日常生活都会去做，关键是能不能从纯净本心、道心出发，依着天理、良知流露出来。

“虽曰未学，吾必谓之学矣。”也就是说：“即使还没有学君子之学，我（子夏）肯定他已经学了又有所得，也就是说，能做到这样的人，他就是基本具备君子的心灵品质。”《中庸》里面有云：“生而知之，学而知之，困而知之。”这样的人就是“生而知之”的，但大部分人是“学而知之，困而知之”。

此章的深意，每个人都是独一无二，神圣又神奇的，一人一世界，皆有独立之思想，自由之人格，选择的权利是公平、平等的，这是实相。关键是自己没有发现而已。这里面没有谁能掌控谁，也没必要掌控谁。在现实生活中，更需要是每个人互相尊重、包容、又彼此协助将各自本有的无尽宝藏开发出来，让生命全然绽放，每个人都可以很精彩，不论做什么角色，都能做自己，放出自己耀眼的光芒。这才是真正的“和而不同”。

【〇八】子曰：“君子不重则不威。学则不固。主忠信。无友不如己者。过则勿惮改。”

孔子说：“君子不重则不威。”重，庄重、自重，是内心宁静、厚重。威，威严，威而不猛，是圆润，是内心柔软祥和。当有人流露着这样的生命状态，他就是君子。君子不浮躁，内心宁静祥和，不是为己私，而是为天下苍生。当一个人不为己私，所作所为不从自己的私欲、欲望去考虑，内心自然就不会有恐惧不安，生命就会全然绽放，自然就是心安、自在、祥和、快乐，自然而然流露出威而不猛，温文尔雅，宁静而厚重，给人感觉就是温良恭俭让。这就是“明明德”。

“学则不固。”学，不仅是为了上知天文，下知地理，中知人事，也是学君子之学，中庸之道，大学之道。固，是常，是坚固，是牢不可破，是我执。不固，也就是不器，就像流水、像空气一样流动变化，没有固定标准、条条框框，不僵化也就有无限的可能。若是只停留在学书上的知识、经典、文字，而不能及时归零，回到当下，现观大自然这部无字天书，就是所知障，就像用城墙把自己封固起来，内心画地为牢。真正的君子或开悟者，他们充满生命力、活力，生机勃勃，像大自然一样生生不息，无比精彩呀！

“主忠信。”忠，不单是忠诚，也是忠于本自具足的清净本心、良知良能。信，自信，相信。是通过自己求真求证的信，发现自己与孔子一样都有一颗圣人的心，这样的信是真正的自信，是有力量，而不是迷信、信仰。自然也就相信自己是能开启本自具足的无尽宝藏，能入圣者之流，成为真正的知足者。

“无友不如己者。”无，通勿。友，交朋友。如，相似，一样。不如己，不要与无相似或一样志向的人交朋友。譬如一个忠信之人，和耍权谋、玩狡诈的人就是志不同，道不合。也可以这样理解：“无友，不如己者。”也就是说，每个人的生命都独一无二，都是神圣的，神奇的，都是完全平等的。没有谁是最高，最伟大，最神圣，都是大自然的伟大杰作。本人趋向第二种解说。

“过则勿惮改。”惮，害怕。有过错，不要害怕改正。每个人都有过错，都会因为过失而成长起来。只要勇于真诚面对自己的不足、过错，接纳真实的自己。也正因自己也有不足，看到自己的脸没有比别人白，自然能包容别人的不足、过错。唯有真正慈悲善待自己，才能慈悲善待每个人。实相是每个人都有圣贤一样的心灵品质，只是不知道而已。

【〇九】曾子曰：“慎终追远，民德归厚矣。”

曾子说：“慎终追远。”慎，谨慎，慎重，内心充满敬重。终，丧礼，寿终，指父母去世。远，有两个含义，可以是父母去世久远；也可以是祖父母以至历代祖先，距今已远。这里讲两件事，慎终，追远。这两件事都是实相，每个人都要面对的。终有一天，每个人的有形身体都会终结，成为被追思的人。平时很少人谈及这事情，曾子在《论语》里面就把这件事提出来，让人们能够深观这实相，其实每个人的结果都是一样的，绝对平等的。不论是首富、总统，还是有十个博士学位的人等，到最终都是“荒冢一堆草没了”。

慎终，就是要尽其哀，是自然而然的流露，真诚真心。追远，追思祖先，所追思的是他们的志向、精神。这两件事，都可以让每个人重新思考自己人生的意义，生命的意义。思考人活着到底干什么？这是给每个人心灵的洗礼。

“民德归厚”。德，是《大学》里“大学之道，在明明德”的“明德”。民德，百姓皆有孔子一样的明德，只是不知道而已。厚，淳朴或仁厚。每个人本来就具有仁厚的明德，但很多人由于外在名利的诱惑，唯利是图，一心扑在名闻利养上，让自己德行摊薄了，分散了。当明白人生的结果是这个样子，了悟了生死大事，再回归到当下，重新思考生命的本质、核心，自然就会慢慢地回归到生命本来的样子，就是“厚重、宁静、淳朴”。

因为绝大多数人一直向心外求，只停留在枝枝叶叶上，不能直截根源，所以才要止下来，静下心来，慢慢回归，恢复自己本有的明德、厚德。

【一〇】子禽问于子贡曰：“夫子至于是邦也，必闻其政。求之与？抑与之与？”子贡曰：“夫子温、良、恭、俭、让以得之。夫子之求之也，其诸异乎人之求之与！”

子禽、子贡都是孔子的学生。子禽问子贡说：“夫子至于是邦也，必闻其政。求之与？抑与之与？”就是说：“夫子每到一个国家，一定能听闻到这个国家的国政。到底是我们的老师自己四处去打听而求得的？还是人家主动告诉他的呢？”

子贡回答说：“夫子温、良、恭、俭、让以得之。夫子之求之也，其诸异乎人之求之与！”温，温和、含蓄、温文尔雅。良，心善。恭，恭敬。俭，节约节制。让，谦让。就是说：“孔子流露温、良、恭、俭、让这五种高等品质，就可以自然得到。我们夫子的求，总该是不同于别人家的求法吧！只解释五个字是很抽象的，关键是要怎样做到，怎样形成，怎么去培养？

这则话的核心就是温良恭俭让。当一个人自然而然流露出温良恭俭让，真不需要“求”，自然而然“得之”。也就是花儿若是盛开，蝴蝶自来。这就是无为而治。这里让人明白如何去见贤思齐，要学孔子的真精神、真精髓，体悟、体证孔子的神韵。孔子是如何做到的呢？

从“温、良、恭、俭、让”五个方面去下功夫，问问自己能不能自然流露出这种温和，问问自己真的善良吗？有没有慈悲心？对待人和事是不是恭敬、真诚真心呢？生活各方面节俭、节制吗？还有人与人之间的关系能互相谦让、相互包容吗？其实人与人之间就是相互协助彼此成长，让每个人都得以充分发挥，尽情伸展。别让松树成为盆栽，回到大地，让它尽其性，任其情，成为松树本然，参天大树。

温、良、恭、俭、让这五种品质，是每个人本来就有的，孔子通过学习，发现了每个人也都本来就有仁、义、礼、智、信。他开启自己的无尽宝藏，让这些品质是从纯净本心流露出来的。每个人学习孔子的温良恭俭让，更重要发现自己本来就有和孔子一样的心灵品质，将它开启、开发出来而已。这才是这句话中最核心的地方。这些品质无形无相，无香无味，无声无息，但是可以感受到圣人之心的存在，像阳光，像春风，像雨露，给人感觉是宁静、舒服、威而不猛。每个人自然而然会去亲近有这样气质的人。

【一一】子曰：“父在观其志，父没观其行。三年无改于父之道，可谓孝矣。”

孔子说：“父在观其志。”父在，父亲在世。观其志，就是看孩子的心之所向。孔子三岁没有父亲，十五岁志于学，学君子之道，一般人志于权力，志于名利。“父没观其行”。行，也就是身、口、意三妙行。父亲去世后，看孩子的身口意，也就是孩子的所作所为所言所思。

“三年无改于父之道”。这里有两个意思，一个是不改父之道。如果父亲是真正的体道，悟道，证道，与道合一的话，那这种道是可以终身不改的。但如果父亲不知道“道”是什么，背道而驰，那无需等三年，当下即改，不能死守。如果父辈背道而驰，子女还死守就不是真孝，是愚孝。

作为父亲的孩子，如果父亲是一个体道悟道的得道者，我很愿意传承他的志向，也很愿意见贤思齐，弘扬父亲的大道。也就是说父亲是一位明师，那该多好呀！作为孩子的父亲，若孩子自己能够开启本自具足的妙智慧、无尽宝藏，去践行他自己的人生，让神圣生命全然绽放，放出耀眼的光芒。我是非常高兴的，这与他考多少分数、上什么名牌大学无关。

“可谓孝矣”。这里讲的孝，是真正的孝，是有智慧的孝。子女要孝智双运，根据自己不同的因缘，扣住孝的核心、精髓，去践行真正的孝道。如果父亲本身只停留在自己的私欲，自私自利，无恶不作，勾心斗角，尔虞我诈，消耗他自己的生命能量，像这样的父亲就不要效仿，须反复劝说，让其归正，协助他开启智慧，让他的生命意义发挥出来。

【一二】有子曰：“礼之用，和为贵。先王之道，斯为美。小大由之，有所不行。知和而和，不以礼节之，亦不可行也。”

有子说：“礼之用，和为贵。”礼，就是规矩、秩序、条理，就是“万物并作而不相害，道并行而不相悖”的秩序。和，就是和谐，节奏、韵律。这里就像《礼运·大同篇》里描述的“使老有所终，壮有所用，幼有所长，矜寡孤独废疾者，皆有所养，男有分，女有归”。这便是礼之用的景象。

礼的运用，贵在达到和谐，有秩序，让他们各得其位，各有其职。就像古琴的七根弦，按照自身的一定次序排好就是“礼”。接下来关键是怎么弹奏，不同弦按照合宜的乐理配合，弹出一首好听的曲子就是和，更重要的是每个人的内心平和、柔软、祥和，也就是《中庸》所云“发而皆中节，谓之和”才是真正的和睦、和谐，天下一片祥和。

“先王之道，斯为美。大小由之，有所不行。”先王之道，它美好的地方正在这点上。所有的事情不论大小，都是从纯净本心流露，有些事情不符合自己的本心本性，背道而驰的时候，即使可以获利再多，也是不做的。

“知和而和，不以礼节之，亦不可行也。”不能为了迎合“和”而委曲求全，这样的“和”就不健康了。真正的“和”是自然而然的，是

“和而不同”的，是每个人的个性都充分发挥出来，生命得到绽放的。当然自己的个性可以自然伸展，但也不能太过。譬如《中庸》说：“喜怒哀乐之未发谓之中，发而皆中节谓之和。”也就是要用礼来约束，经过一段时间反复去练习做出来，自然而然就会从未发即本心、良心流出，这就是中，当然中也是本心、良知。在发出来时，是合乎中道，合乎本心，自然就有节奏、韵律。就如一年四季一样无常不断，流动变化，这就是真正的和呀！若不是这样，很多事情就行不通了，也不可长久的。

所以“礼之用，和为贵”的意思是，礼展示出来的目的就是要达到和谐。人人各安其分，各得其所，才能达到社会和谐，世界大同。

【一三】有子曰：“信近于义，言可复也。恭近于礼，远耻辱也。因不失其亲，亦可宗也。”

有子说：“信近于义。”信，承诺。义，宜，合乎本心，合乎道。“言可复也”。复，就是覆，是践行、往来的意思。如果你的承诺是合乎本心，合乎道的，就可以反复说，可以去践行了。如果你说过的话不符合本心，不合乎道，可以不去践行。

《孟子·离娄篇》就讲：“大人者，言不必信，惟义所在。”《史记·苏秦传》里面也有一个例子。一个名叫尾生的男子与女子约会于桥下，女子没有来，突发洪水，尾生为了信守诺言死抱桥柱不走，最后被淹死了。这就是不近于义的信，是可以不必兑现承诺的。

“恭近于礼”。恭，恭敬，但恭不能滥。礼，就是要符合一定的规则，符合父父、子子，君君、臣臣这些人道，也要符合天道。比如鸟在天上飞，鱼在水中游，该是怎么样就怎么样，让它顺其自然。“万物并作而不相害，道并行而不相悖。”这是礼的本质。合乎礼的恭敬是从真诚真心产生的，是由内而外流露出来的，不是为了面子而逼迫自己去做出来的，也不是为了某种目的。“远耻辱也”，不失恭敬也就不失礼，自然就远离耻辱了。

“因不失其亲，亦可宗也。”因，依靠。亲，亲近的人。有什么事依靠亲近的人，这样的做法也可以效仿、参考、学习。譬如孔子有弟子三千，其中又有七十二贤。那孔子是一个有仁德的人，是弟子们所亲近的人，可以让弟子们内心很安宁，还可以协助弟子们开启本自具足的智慧，将生命意义发挥出来，像孔子这样的做法，是值得学习、参照的。

【一四】子曰：“君子食无求饱，居无求安，敏于事而慎于言，就有道而正焉。可谓好学也已。”

此章的主旨是如何好学。孔子说：“君子食无求饱，居无求安。”当人只停留在个人私欲上，自然是欲壑难填，无穷无尽呀！这里的意思是：“君子吃饭不是为了满足无穷尽的欲望，只是满足基本的需求。君子居住的地方也不是求奢华安逸，只要有一个遮风避雨的地方就可以了。”正如孔子的高徒颜回，“一箪食，一瓢饮，居陋巷。人不堪其忧，回也不改其乐。”这里也与朱熹讲的“存天理，灭人欲”的“灭人欲”之深意相同。“灭人欲”是尽量让欲望减少，满足基本生存需求，而不是消灭掉。千万别误解呀！而“存天理”就是所作所为从本心、本性、良心流露出来，自然而然是合乎天理。本心就是天理，就是良知，本心也就是天地心。

“敏于事而慎于言”。意思是：“做事情勤劳敏捷，说话是很小心翼翼的，要合乎道，合乎本心。”怎么样才能做到慎于言呢？每一句话都要发乎自己的本心、良心，从良知发出，要放慢语速，能够清楚听到自己所讲的每一句话的内容。也就是所说的话是如实说，是要自己能做到，已做到，亲证到的才说。

“就有道而正焉”。这里的“就”是接近、亲近。意思是：“要亲近得道之人，就像孔子这样心灵品质的人，他流露出温良恭俭让，自然会被他深深地吸引，见贤思齐，让自己的心慢慢正起来。”心正了身也就自然正了，慢慢也就自然流露出身口意三妙行，自然而然给人的感觉是温良恭俭让。

“可谓好学也已。”能这样做出来的这就叫做好学呀！为什么呢？从吃饭、居住、说话、向谁请教等，一件件地去亲证、去落实。其实并不只是这几件事情，在此处只是举例说明。实际上孔子是在行走坐卧的日常生活中，从点点滴滴上协助弟子们去践行，在事上磨炼，下功夫，去亲证。

日常生活中，衣食住行、行走坐卧等不足为奇的小事，每个人都可以做到，却蕴藏着大智慧，这也是无字天书的一部分，有多少人能读懂呢？唯有空明觉，活在当下，过程即目的，生活即修行，才能真正读懂这部无字天书，才能处处现观三法印。

【一五】子贡曰：“贫而无谄，富而无骄，何如？”子曰：“可也。未若贫而乐，富而好礼者也。”子贡曰：“《诗》云：‘如切如磋，如琢如磨。’其斯之谓与？”子曰：“赐也！始可与言《诗》已矣！告诸往而知来者。”

子贡说：“贫而无谄。”贫，物质缺乏的人，更深层次理解是不知足的人。有十万想着百万，有百万想千万，有千万想十亿，永远处于不满足的生活状态，向外不断乞求。过着乞丐的生活，财富越多，人越贫穷。挣钱这事本身是没有错的，若是像自然农法农夫一样适地适种，遵循大自然运转法则，那样的心态就不累，是放松、自在的。因上努力，果上随缘，自然而然。无谄，谄，谄媚、奉承，卑屈于比自己富有的人。知足的人即使是物质匮乏，也不会卑屈于任何一个人，也不会要求他人卑屈于自己，以平等心善待每个人。“富而无骄”。富，是知足者或物质财富充实的人。骄，贡高我慢。

“未若贫而乐”。为什么能贫而乐呢？贫包含物质缺乏或不知足。物质只要满足基本生活需求即可，但若从外相给人的错觉是有不知足，也一直追求需要更多财富，为了做更多利益众生的事。不是为满足私欲，也不是展现我是、我能、我慢，内心不会拉扯，住相，自然而然生起由衷的快乐。“富而好礼者也”，为什么富而好礼呢？财富很多的人或知足者，他能体证到每个人皆有无尽宝藏，每个人都是平等的，独一无二的，自然而然流露出礼者的风范。即便有很多财富，他所拥有的一切都是大自然各种因缘和合而生，来自整个宇宙、大自然的化育与支撑，不是我是、我能、我慢能做到。能不感恩吗？能不好礼吗？能不克己复礼吗？

“如切如磋，如琢如磨。”想起《大学》里面“如切如磋者，道学也；如琢如磨者，自修也。”这句话是《大学》的作者曾子引用自《诗经》。道学，志于道。悟后起修方真修，也即理上顿悟，事必渐修。切磋琢磨，是玉雕工艺中越来越细的动作。就像一块粗料经过切磋后，再经过琢磨才能成为好的艺术品。如何切？如何磋？决定玉石成为手镯、佩件或其他玉器。在前面的切、磋之后，才能精心雕琢，细细打磨。

人也是一样，像刚从大学出来的年轻人是一块好料，经过切磋琢磨才能成为一块美玉。子贡听了老师的这番话，知道自己还需多在事上磨炼，下功夫才能成长，还要经过切、磋、琢、磨才能到达老师所说的境界。其实每个人都是一块美玉，都有良知、良能、良心，有无尽宝藏。如果能真正地归零，又能够有意识地去切磋琢磨，就有了无限可能。

子贡便问孔子说：“其斯之谓与？”意思是：“这番话是不是这意思呢？”孔子听完子贡所说的很高兴，发现他还能在《诗经》中有这样的体悟，所以孔子说：“赐也！始可与言《诗》已矣。”意思是：“赐呀！可以与你讨论《诗经》了。”在《诗经》里所描述的情景，都来自大自然，能从中得到启示。所以经典是协助人们回到大自然，以大自然为师，整个宇宙、大自然就是我们的老师。在这里子贡与孔子的对话很活泼，也很可爱，子贡是再次被开启了，正因他有很深体悟才能恰到好处地描述出来，不愧是出色的外交家。

“告诸往而知来者”，其实就是温故知新。这个“知”最重要，也就是觉知、良知，每一个人都须臾不可离。用好这个本自具足的万能钥匙，协助每个人开启无尽宝藏，这样就可以为天人师矣。

【一六】子曰：“不患人之不己知，患不知人也。”

孔子说：“不患人之不己知，患不知人也。”孔子正是深观到当时人们有如此的心理特征，他才说：“不患人之不己知。”意思是：“不要担心或忧愁他人不了解自己。”可以问问自己，能不能做出来呢？这里也是孔子说的“人不知而不愠”的君子境界，不因为他人不了解自己而恼怒或忧愁。最重要的是做好自己，正心诚意，让自己的生命全然绽放，花开蝶自来。

孔子告诫弟子说：“患不知人也。”“知人”就是要如实观到，每个人的存在都是依靠他人太多太多的协助，若要开启智慧，需要善知识协助。如古代老子、孔子、佛陀、耶稣等，还有当代的大德的协助。还要从一些看似微不足道的平常小事上去深观，譬如吃一顿可口的饭菜，要依靠农夫、运输司机、加工工人、厨师等默默的付出。自然就会常怀感恩之心，不要因为自己有一些财富、学识就不断地展现我是、我能、我慢。更深一层意思是，要知道每个人的生命都是独一无二，都是神奇、神圣的，没有谁比较高级，谁比较低贱，都是一样高贵的。只是因缘不同，分工不同而已。

在当今社会，绝大多数人是恰恰相反，是“患人之不己知，不患不知人也”。有的人拥有财富，就不停炫富，担心别人不知道。也有的人做了好事，害怕别人不知道，要到处宣说。大多数人在为自己的私欲、名利等绞尽脑汁，为的是让更多人了解自己，也不断展现我是、我能、我慢。

这里的“患”是担心害怕自己不能深观到他人的协助、付出，不能生起惭愧心、感恩心、慈悲心。当一个人能从自己的内心深处由衷生起惭愧心、感恩心、慈悲心，自然愿意将自己拥有的财富或体悟分享出来回馈给社会、他人，这才是真正相互协助彼此成长，就能做到你好、我好、大家好，也自然来到和谐社会。

論語今解

为政篇第二

（凡二十四章）

【〇一】子曰："为政以德，譬如北辰，居其所而众星共之。"

"为政以德"。政者，正也。正者，正己、正心，正身，无言的身教胜于一切言教。为政，是作为领导者或上级的人要让自己的心正起来，心正了，身也就自然正。若为政者自己不能正，怎么能要求别人呢？那用什么来正心、正身呢？用的就是"德"，也就是《大学》里"明明德"中的"明德"来正，明德是本自具足的。怎么知道自己有明德，又怎么恢复、彰显呢？在《大学》这部经典中讲明白了，关键要做到书中所说的"知止而后有定，定而后能静，静而后能安，安而后能虑，虑而后能得。"这样自然就能"明明德"，就是佛教的"明心见性"，也就是知道了自己的明德，又让自己的明德彰显出来。

具体怎么下功夫呢？可以参考四书之一、儒家心法《大学》去开展、去实践。正如《大学》中的"所谓修身在正其心者：身有所忿懥，则不得其正；有所恐惧，则不得其正；有所好乐，则不得其正；有所忧患，则不得其正。"心正一切皆正。整部《论语》就是让人在事上磨炼，下功夫，是让人的心正了，学会去做出来，自然就做到修身、齐家、治国、平天下。这就是外王，也就是本心、良知的流露，就能将生命意义发挥　出来。

"譬如北辰，居其所而众星共之。"北辰，北极星。共，同拱。一位有大智慧的君主或领导者，他的生命是全然绽放，所作所为从本心、本性流露，无欲无求，无我无私，只要像北极星那样守在自己的本位上，周遭的人自然而然就会如同众星一样环绕着他。这是真正的无为而治。

要实现真正的无为而治，最重要的是修己，克己，胜己，成为大丈夫、大雄，而不只是英雄。英雄是征服别人，大雄是战胜自己的人，是自胜者，自胜者才是真正的强者。这是最核心，非将相之所能也。若一个人能用自己的生命能量来贯注于生命中最重要的事里，生命就会全然绽放。也唯有自己真的先做到，才能协助他人也去达到，这就是"自达达人，自利利人"。

【〇二】子曰："《诗》三百，一言以蔽之，曰：'思无邪'。"

"《诗》三百"。《诗》指《诗经》，共三百零五篇，取其约数三百。"一言以蔽之"。蔽，概括。"思无邪"出自《诗经·鲁颂·駉》篇，原文是："以车祛祛。思无邪，思马斯徂！"祛祛，强健的样子。徂，行。以马来赞颂鲁国的国君鲁僖公。马哪有所谓邪正呢？此章是孔子借用"思无邪"，概述《诗经》三百篇，皆归无邪。

"思"是语气词，无实义，不作思维解。若"思"作思维讲，是有我之境，还有个"我"在思。"我思故我在"，有"我"，就有我所，有我能我慢，有主客，还是活在二元对立的世界。有好坏、祸福、苦乐、高低、上下等，也就是"有所恐惧，则不得其正；有所好乐，则不得其正。"若"思"不作思维解，则是无我之境，是纯正纯粹，融入整个宇宙大自然，这是天人合一，是一体的世界。

其实整部《诗经》就是指月手指，用经典、文字在描述大自然的真实存在，宇宙人生的真理实相。这里的"无邪"本来就是中性，就是纯正、纯粹、天真，也就是描述清清净净、寂静涅槃的境界，亦可以用"诚"解释。当一个人的心清静如湖水，像一面镜子，无有个人的好恶标准、条条框框去看待每一个人、每一件事，让每个事物如实呈现出来，也就是"如实观"。这也就是不会戴上有色眼镜去看每件事物，圆的就是圆的，方的就是方的。保持纯净纯粹，以归零的心接受每一个当下存在的一切人、事、物，也有助于协助人们了悟宇宙人生的真理实相。

【〇三】子曰："道之以政，齐之以刑，民免而无耻。道之以德，齐之以礼，有耻且格。"

"道之以政，齐之以刑，民免而无耻。"道，同导，是治理。政，政策、法令 。齐，单一、整齐、约束。刑，刑罚。免，避免犯罪。无耻，是无羞耻之心。意思是："如果使用政策法令治理国家，用刑法去整顿约束百姓，虽然简单且成效快，却是很粗暴。如此治理国家，百姓就会是没有感恩之心、柔软心、羞耻心的，因为他们不是自愿、主动去接受，而是为了避免犯罪受罚，而被动接受，是心不甘，情不愿的。”

其实这样做是有后遗症的，只要是不犯法的事情，或是法律有漏洞，就会有很多人削尖脑袋钻空子，唯利是图，为非作歹。在现实生活中，很多事情虽然符合法律程序，但不合乎道，不合乎本心、良心。法令是工具，肯定会出现漏洞，就需要越来越多的法令堵漏。有越多的法令，自然就会有更多漏洞要去堵，也就有堵不完的漏洞。

“道之以德，齐之以礼”。德，《大学》里“明明德”的明德，是每个人本自具足的本心、良心、良知。礼，秩序、次序、规矩。尊重每个人的伟大存在，各安其分，各得其所，相互协助，共同成长，自然形成你好、我好、大家好的和谐社会。

“有耻且格”。格，有“正”或“至”的意思。反之，若领导者以身作则，先把明德彰显出来，百姓自然会被感化。领导者用相应的礼来约束自己，流露出的是温良恭俭让，百姓自然也会以相应的礼节约束自己。若是做恶事时，每个人的良知自然就会知道违背自己的本心、良心、良知，自然而然会感受到是一种耻辱，马上就会去改正，不再出现第二次，也就是“不二过”，这正是领导者所要的效果呀！也正是老百姓所要的方向呀！

【〇四】子曰：“吾十有五而志于学，三十而立，四十而不惑，五十而知天命，六十而耳顺，七十而从心所欲不逾矩。”

本章是孔子对自己一生的回顾。

“吾十有五而志于学”。首先什么叫志于学？志，心之所向。学，觉也。学大学之道、君子之道，是孔子心之所向。“学”贯穿整部《论语》，贯穿孔子一生，也贯穿每个人的整个生命，也是存在于每个当下，“学”一定是在当下即刻发生的事。这里的“学”不只是学习知识、技巧、方法等技术。孔子是志于学又志于道，是在学道，向大自然学习，向古圣先贤学习，了悟宇宙人生的真理实相。也可说是学习践行《礼运大同篇》里的“大道之行也，天下为公”的“大道”。有道有术，利益天下苍生。

“三十而立”，立，肯定不是成家立业的立，因为孔子19岁已经成家，20岁时有儿孔鲤。这里的“立”是特立独行，有自己的主见、思想、见解，已经能够独立思考，不会人云亦云。正如陈寅恪先生所说的“独立之人格，自由之思想”，有担当，有力量，有信心，有安全感，不会像蓬草般一样随风飘动。

在《论语·尧曰》里，孔子也说：“不知礼，无以立也。”可以说孔子三十岁时已深知礼是天地之序，他深观实相发现“道并行而不相悖，万物并育而不相害”，也就会在人与自己、人与人、人与大自然之间保持敬畏之心，这才是“立”的真正意义。

“四十不惑”。惑，迷惑不解、无明。不惑，是能格物致知，已无无明，也就是阳明先生的“致良知”。这是真不惑，也是明“知其不可为”，还要为之。也就是说，所有一切事物的发生皆是众因缘和合形成，不是你我能决定。他唯一能做的是爱自己、做自己，放出自己耀眼的光芒，放松、自在过着无惧的生活。所作所为从本心、良心流露，由良知发出。

譬如，每个人的生、老、病、死都是自己无法控制的。春秋末年“礼崩乐坏”，也是众因缘和合形成的，不是孔子一个人能够去改变的，他也无法阻止这种局面的形成。他也明白，要成就一件事需要众因缘及很多人协助与支撑才能完成。大同社会建设也是众因缘和合形成的，即使今日的因缘还不成熟，就从我做起，从教育做起，四处宣说“大道之行，天下为公”的理念。终有一天，大同世界是会实现的！

“五十而知天命”。宇宙中的每个生命都是独一无二的，都是神圣的，都是大自然的恩赐。都有它存在的价值和意义。但如何把生命意义发挥出来呢？

《中庸》有云：“天命之谓性，率性之谓道，修道之谓教，道也者，不可须臾离也，可离非道也。”“天命之谓性”。天命，可称之为良知良能、本心本性，是每个人本自具足的。“率性之谓道”，所作所为从自己的本心本性自然流露，这也叫与道合一，也叫知行合一。知越深，行越深。所以格物致知是生命中最重要的事。“修道之谓教”，修正自己的身口意中与道相违背的部分，回到与道合一的状态，即称之为教诲、教正。“道也者，不可须臾离也，可离非道也。”道即良知良能、本心本性，是每个人本自具足的，是每个时刻都离不开的，也存在于每个活生生的当下，应用遍一切处。

这里“天命”有两层含义，“天”代表大自然宇宙一切（包含虚空）；“命”就是当下活生生存在的生命。天与命本来就合一，是一体的。五十岁时孔子亲证天命是什么，亲证到本自具足的良知良能、本心本性，这纯净的本心本性又与虚空相同，能生妙有。即便在春秋末年恢复周礼是“不可为”，但他也要“为之”，他知道作为人本应该如此，只是让自己的生命意义发挥出来而已。

“六十耳顺”，既然耳顺，也就是心顺了，心顺了，那眼也就顺了，鼻也顺了，舌也顺了，当然身也会顺，意也会顺。“耳顺”只是“六根”中的一根，其他五根也一样的，都是由良知发出。

这里有多层含义。

第一层是描述“八风吹不动”之境界。八风，又作八法、八世风。指实际生活上所遇到的“称、讥、毁、誉、利、衰、苦、乐”八种境界，因为这八种境界能让人的心境产生波动、波澜，就不能如实观，也看不清楚实相，所以称为风。

第二层意思是，已然的事要全然接受，因为是无法控制的，抱怨是没用的。积极去面对它，接受它，让它自然过去。未然的事也不是自己能掌控，是众因缘和合而生的。不论发生什么都是上帝最好安排，自然也就“耳顺”。

第三层，如《金刚经》所说的“应无所住而生起其心”，无论可意不可意之境，都是无常流动变化的，是抓不住的，只能是随顺当下因缘，顺其自然，一起脉动。空明觉活在当下，清清净净，无恶无善，不去作评判，哪有不顺的呀！

第四层，孔子已经是大智慧者，了悟宇宙人生真理实相，一切事物都能知其所以然，心量又广大，能不耳顺吗？

“七十从心所欲不逾矩”。从，遵从。或说，从字读纵，放任的意思。所欲，不是一般人的私欲，无穷无尽的欲望，而是感恩一切，利益他人，协助他人成长，无条件回馈给天下苍生。矩，曲尺，这是指身口意的法度准则。

到了七十岁，孔子与道完全是合一，是道的代言人，他就像太阳一样，放出耀眼的光芒。此时放任或遵从己心所欲所至，不再检点管束，但又无不合乎规矩、法度准则，是在尘不染尘，此乃真正逍遥自在之境界。因为他所欲所为没有不是从本心本性自然而然地流露出来的，哪有不合乎道呢?

他已经与大自然融为一体，天人合一，无为而无所不为。像宇宙大自然一样，为而不恃，长而不宰，无我无私，无欲无求地付出，自然不会背道而驰，也不违背自己的良知良能、本心本性。如孔子删述“六经”，也只是协助人类，开启本自具足的无尽宝藏，不受任何的束缚。这是一位大安心大自在的真人呀!

【〇五】孟懿子问孝，子曰：“无违。”樊迟御，子告之曰：“孟孙问孝于我，我对曰：‘无违’。”樊迟曰：“何谓也?”子曰：“生，事之以礼。死，葬之以礼，祭之以礼。”

孟懿子是鲁国大夫，又是孔子的学生。他父亲孟僖子贤而好礼，在临终遗言要他跟孔子学礼，而他不能谨守父亲的教诲。所以他问孔子怎样是孝道，孔子就教他说：“无违。”违，违背。意思是：“孟懿子不违背父亲的遗言，修成父亲的志向。”

樊迟御，子告之曰：“孟孙问孝于我，我对曰：‘无违’。”樊迟，孔子的学生，也是孟懿子的家臣。御，驾车。意思是，有一天樊迟帮孔子驾车，孔子告诉他说：“孟懿子向我请教孝是什么。我回答他说，‘无违’。”樊迟不明白，就问：“何谓也?”意思是说：“这是什么意思呀?”

这里的“无违”到底是不违背什么呢?孔子为什么要把这件事告诉

学生樊迟呢？因为当时鲁国三大大夫僭礼，孔子希望通过樊迟转达给孟懿子，让他明白“无违”就是不要违背礼。孔子不直言相告，是要让孟懿子自己好好琢磨一段时间，对“无违于礼”，可以从孝道上下功夫，体悟会更加深切，因为他的父亲刚去世不久，父亲的音容笑貌，谆谆教诲，历历在目。

孔子深知父子之情至真至诚，是天理，必会震撼孟懿子的心灵深处。他父亲用生命告诉他何谓礼，孔子捉住时机教诲他，将具体要怎么做也说出来。孔子说：“生，事之以礼。死，葬之以礼，祭之以礼。”事，侍奉。孔子说：“父母在时，当以礼侍奉。死了，以相应的礼葬，也以相应的礼祭祀。”孔子为什么说这三件事呢？因为这三件事是孟懿子在不久前亲身经历过的，有没有违背相关的礼，他自己清清楚楚，了了分明。有没有恭敬心、真诚心，还是为了形式？也只有他自己最清楚。孔子只是协助孟懿子回来反观自身而已，至于做不做还需靠孟懿子本人。

无论是身居高位，还是平民百姓，这是每个人皆要面对的，都要自己去经历。这与孟懿子也是息息相关，可以亲证礼是什么，孝又是什么。只有自己亲身去做出来，才不再是头脑中抽象的名相、知见。

礼是对每个生命的尊重，保持每个人的尊严。不论僭越哪方面的礼，都是对自己不利。若是“君不君，臣不臣，父不父，子不子”的话，君主所要遵从的礼没有真正做到，臣子所要遵从的礼也没做到，父亲没有像父亲，儿子也不像儿子。这样的社会能和谐吗，能幸福吗？所以克己复礼，以礼事亲，斯为孝。对于每个人来讲都是大有好处的。

孔子从具体的事实上去告诉孟懿子，怎样去体悟礼践行礼。若每个人都能各安其分，各得其所，逐渐从点、线、面，再到整个天下去展开，这是每个人的福气，也是全人类的福分。

【〇六】孟武伯问孝，子曰：“父母唯其疾之忧。”

孟武伯，姓仲孙，名彘，谥“武”，鲁国大夫孟懿子的儿子。他出身贵族，骄奢淫逸，有声色犬马诸多切身之疾。有一次他问孔子何谓孝道，孔子回答说：“父母唯其疾之忧。”唯，只。忧，担忧，忧虑。意思是：“你的父母只忧虑你的疾病。”对于孟武伯这样一类人来说，能做到这样就已经算是尽孝了。

为什么呢？因为父母爱自己的子女，无所不至，这是世间上最纯净的爱，接近无条件的爱。如果“父母唯其疾之忧”，也就是只忧其疾，其他无所忧，也就是说子女在方方面面都做得很好，不需要父母担忧，只有担忧子女的身体。孔子这么说，是知道孟武伯的生命没有全然绽放，发挥生命的意义，还没有做到让父母“唯其疾之忧”，还是有很多方面没有做好，做出来，让他父母担忧。并不是只剩下担忧他身体的疾病。

在这一点上，我是深有体会的。我的父母亲，总是嘱咐我要吃饱、吃好，总觉得我瘦了好多，担心我身体有毛病，其他事情他们很少过问。因为在其他方面，我所做的一切，是我父母亲连想都不敢想的事，他们都觉得不可能，但我做出来了，所以他们也就没有什么可担忧的。

【〇七】子游问孝，子曰：“今之孝者，是谓能养。至于犬马，皆能有养。不敬，何以别乎？”

子游问孝，子曰：“今之孝者，是谓能养。至于犬马，皆能有养。不敬，何以别乎？”子游是孔子学生，比孔子小四十五岁。养，方言是去声。意思是，子游问孔子何谓孝道，孔子说：“现代人皆以能养好父母的身体，也就是有穿有吃有住就算孝了。但犬马也一样有人供给它吃、住。若对父母没有一片恭敬心，从哪里能看出其中的分别呢？”

说句心里话，多数父母对于吃、住、穿的要求真不高，“能有养”是很容易做到的。孔子在这里用犬马做比较，是语言表达的需要，绝无歧视，只是为了更形象，更震撼的效果，都是因为人心麻木了。在当时，绝大多数的人对父母如犬马一样，给吃，给住，给穿，只养其口身，不能养其志。今日也是很多，是不是这样呢？可以问问自己，也去周遭看看，所描述的是不是实相呢？

“不敬，何以别乎？”这里的“敬”是从纯净的本心、良心流露出来的，是真诚真心地对每个生命的尊重与恭敬。父母的生命也是独一无二的，神奇、神圣的，也是有无限可能，作为子女有缘也要协助父母亲成长，开启妙智慧，让他们的生命意义发挥出来，他们也自然从心底流露出自在、安详、快乐、幸福。

【〇八】子夏问孝，子曰：“色难。有事，弟子服其劳。有酒食，先生馔，曾是以为孝乎？”

子夏问孝，子曰：“色难。”色，是指子女的脸色。子女的脸色难在哪里呢？就是不给父母不好的脸色看。侍奉父母能做到和颜悦色，真的不容易。父母辈同子女辈有很多固有的观念、知见、生活习惯等方方面面的不同，如果以自己固有的框框去套父母的观念知见，难免会产生嗔恨、不愉悦。譬如子女的教育，很多人都深有体会。

这里的“色”，也指父母的脸色。父母的脸色又难在哪呢？《礼记·祭义》里说：“孝子之有深爱者，必有和气；有和气者，必有愉色；有愉色者，必有婉容。”

人的脸色，是内心的真情流露，难以遮掩的。色难，即是心难。若是要让父母保持内心快乐，和颜悦色，子女最关键的是要真诚真心去做子女该做的事情，勿使父母操心担忧，有因缘还能协助父母开启本有的智慧。

孔子还说：“有事，弟子服其劳。有酒食，先生馔，曾是以为孝乎？”馔，饮食、吃喝。若父母亲有事，年幼的要为他们操劳。有了酒食，先让年长的吃。难道仅仅如此就是孝吗？其实，这里蕴含有更深层次的孝。

譬如有个人，没有照顾好自己的事业，却整天守在父母身边，即使勤快地帮着他们做事，好吃的酒食也先让他们吃，父母也不会很开心。父母亲认为子女读了那么多书，却没有把生命的真正意义发挥出来。反之，就算不常在父母身边，但他们知道子女的所作所为合乎道，不做坏事，也会打心底为子女高兴。

什么是孝，在文字层面上很抽象，不容易全懂。但要知道，双方都能和颜悦色地相处，真诚真心，从良知发出，这肯定不会错的。

【〇九】子曰："吾与回言，终日不违，如愚。退而省其私，亦足以发。回也不愚。"

孔子说："吾与回言，终日不违。"违，违背、违逆。意思是："我跟颜回讲，他终日不违背。"这里的深意是，颜回闻一知十，悟性极高，孔子所分享的正是他自己所思所想的，只是还不能全面通达。在夫子同他分享时，颜回醍醐灌顶，全神贯注在其中，完全沉浸在里面。这种状态就是言语道断的世界，无法用言语描述呀！

"如愚"就是大学所云："知止而后能定，定而后能静，静而后能安，安而后能虑，虑而后能得"的状态，也就是处在禅思、静虑的心灵品质；也是佛法的止观双运的"止"，心如一面明镜。颜回是用宁静的心灵品质在聆听孔子的分享，与孔子是心心相印，是融为一体，一起脉动，无需用语言、眼神、动作来交流。完全浸泡其中，就像呆鸟的样子。

"退而省其私"。退，回去。私，看不见的地方，即"慎独"的"独"，单独和自己相处时。"省其私"，有两方面的深意，一方面是颜回省察自己的用心。还有一方面是孔子省察颜回的言行，私下里悄悄地观察他，发现颜回真的不一样了。也只有孔子具有这样的慧眼，能在颜回的语默动静之间，窥见其"私"，也就是说孔子看透颜回的内心世界。

"亦足以发"是指颜回对孔子所言的，不但说的好、完整，又能得其精髓、精神。他把老师所说的发挥到淋漓尽致做出来，又有自己的发现、心得、体悟。所以孔子才由衷赞叹说："回也不愚"啊！这才是真正的大智慧者，真的是大智若愚呀！

【一〇】子曰：“视其所以，观其所由，察其所安，人焉廋哉？人焉廋哉？”

首先，“视”“观”“察”，都是看的意思，是层层递进深入，越来越细腻，越来越微细。“视”是用眼睛来看吗？“观”是怎么观呢？“察”是如何察呢？其实，这里的能视者、能观者，能察者，皆是要亲自体证过“何其所以”“何其所由”“何其所安”，才能够有如此心眼、慧眼深入地去视、去观、去察。像这样的人，一般是内心相当宁静、安详，才能够觉察到他人内心的安不安，唯有如此，才能真正做到“视其所以，观其所由，察其所安”。

从大体上来看，“视其所以”是通过浅层交流及视来者的神色，就能够看到他来此目的。然后再“观其所由”，也用宁静的心灵去审视他来的理由是否充分。最后用宁静的心去觉察他的心安不安？给人自在、祥和的感觉吗？最后两层要看一个人的眼睛，当一个人内心有事，魂不守舍，眼神是漂浮不定的。

从以上三个步骤，由浅入深去深观他人。“人焉廋哉？人焉廋哉？”意思是：“这个人还隐藏得住吗？还能隐藏得住吗？”

所以做人做事的关键是发心、初心，如果所作所为是从纯净本心、良心流露出来，自然就不会背道而驰的，但如果所作所为是从个人的私欲、欲望出发考虑，自私自利，用心不良的，隐藏再深，包装再好，总会露出马脚。也就是发心、初心是为了你好、我好、大家好，利益他人，社会和谐，即便现在很多人不了解你，内心也会很安详的，无欲无求，天底下没有秘密、机密，也没有什么可以隐藏的，光明磊落，坦荡荡。于是，人就自然能活得很轻松、自在呀！

【一一】子曰：“温故而知新，可以为师矣。”

这句话看起来很简单，也经常被引用，但它的深意是什么呢？为什么《礼记》有云“记问之学，不足以为师”呢？而为什么孔子说“温故而知新，可以为师矣”呢？

“记问之学”的“记”，是指你的记忆力很好，把很多经典全部记下来。譬如，今日很多人把《中庸》《大学》《论语》《孟子》等多部经典都背下了，可是他们都成君子了吗？没有，为什么呢？可以不断地追问读书学习是为了“为学日益”吗？但这一切问题的最终是没有答案的。所以要明白大学问家与开悟者、解脱者之间的区别在哪里，这是值得大家好好深思的。这也决定你成为什么样心灵品质的人，能否“足以为师”，成为孔子心目中真正意义上的天人师。也是韩愈所说的“师者，传道授业解惑也。”

什么是“温故而知新”呢？这里的“温”可作形容词或名词解，柔和，慢火，浸泡，如沐春风的状态。这样的解读，比“温”作动词“温习”解，更有味道，更有意境。

这里的“故”，有若干层意思，第一层是文学史料，也就是故事，曾经存在过的，或旧制度，如周礼。往圣即故人，如伏羲、周文王、周公、孔子等，可以见贤思齐。还有我们每个人，包括每个人自己的祖先以及息息相关的宇宙大自然。

“故”第二层意思是，当下这一刻之前的一切即为故，我们所经历过的一切人、事、物，所见所闻，都是故。有了故，当下再加入慈悲、大爱，过去所有的烦恼就转化为你的智慧、动力、资粮，也就有无限可能，你的生命就会开花绽放，才能协助别人生命开花绽放。

“故”第三层意思是，是过去的一切烦恼，是水面下的冰山。烦恼是菩提，以苦为师。苦就是故，把苦吃透了，人到绝处是重生。不要停留在过去的悲伤痛苦中消耗自己的生命能量，过去发生的一切就犹如荷塘中的淤泥，淤泥没有不好，它是每个人生命成长的养分，正因为有了淤泥，心中的莲花才会盛开。莲花就是菩提，莲花就是智慧。以上种种，都是“故”所指的实相。

“温故”，也是指浸泡或沉浸在无字天书宇宙大自然中，还有文字经典譬如《论语》《中庸》《大学》《易经》《老子》《庄子》及《金刚经》《心经》《六祖坛经》等。

“知”是此章的文眼。作动词解，了解，体悟。能从温习旧知悟出新知，这样解读是不错。作名词解，就是阳明先生所指每个人本自具足的良知，这完全不一样。其实“知”既可以作动词也可作名词，就是用良知体认良知，也就是致良知，再由良知流露出一切，也就是身口意三妙行。

还可以用每个人本自具足的良知、良能、觉性来觉知当下存在的一切，空明觉活在当下，发现整个宇宙大自然是无常流动变化，真空生妙有，充满生命力。

这里的“新”是自然而然流露出来的，就如源头活水自然来，源源不断，是无穷无尽，无限的可能，妙智慧。当每个人打开无尽宝藏，自然而然地源源不断、常新弥新，每个当下皆如此。像这样的人，才能够协助人们开启妙智慧，成为有无限可能，才能真正为天人师。孔子也只是以大自然为师，述而不作，温故知新而已呀！

中华传统文化是属于每个人的，其实每个人和孔子一样，都有一颗圣人的心。孔子和老子等圣贤也都是每个人的老师。在今日互联网时代，资源更加公平。譬如一部《易经》，既属于你，也属于我，属于大家。孔子告诉每个人“温故而知新，可以为师矣”，他只是把方法、方向告诉你，不是教你怎么“知新”，而是让你学会怎样去体会“知”，怎样去开启本自具足的妙智慧。智慧开启，源头活水自然来，自然就会有新的东西源源不断而来。

孔子的学生为什么个个那么活泼？因为他们本自具足的妙智慧开启了，潜能激发了，生命自然绽放了。也是《道德经》的“敝则新”，就是反观到自己不好的观念、知见、习性，全然接受，然后转化过来，树立正确的观念，让自己重新活出新鲜、丰富的生命。

【一二】子曰：“君子不器。”

“器”是什么意思呢？《易经·系辞》里说：“形而上者谓之道，形而下者谓之器”。若说“虚怀若谷”“海纳百川”，谷、海还是有形有器的，还是小器。只是用来作比喻，让人们更好体证而已。“大器”

有多大呢？天地、太阳系、银河系，三千大千世界，一望无际，算大器了吧，但比起不器还是小器的。

“不器”是啥样子，要用心灵去体会，唯有用心眼才能见到不器的样貌。“君子不器”，就是心与空相应，又融入空，像虚空一样“本来无一物”，无所挂碍，无形无相，又是“玄之又玄，众妙之门”。不器也是没有分别，没有条条框框，超越二元对立，来到一体世界，包容一切，无边无际，无穷无尽。君子所作所为从他的本心本性流露出来，就有了无限的可能。譬如，一棵松树种在小盆里，能长成参天大树吗？器小，肯定只能是小盆景。若将松树移植到大地上，让它尽其性，自然就会生长成参天大树，这是它的本性。

开启妙智慧，就是知道每个人的本心、自性与虚空是一样的。只要能尽人之性，尽人之心性，就是让人的心与空相应，又融入空，这不是将相所能做到的。其实小人与君子的区别在“小器”与“不器”而已矣！

这句话还蕴含另一层意思，如李卓吾说“下学而上达，便是不器。”此言的启示是不器如水，不断变化。每个人都有无限的可能，无限的潜力，都能达到不器的境界。

【一三】子贡问君子，子曰：“先行其言而后从之。”

“子贡问君子”，子贡问如何算是君子呢？孔子说：“先行其言而后从之。”意思是：“君子做事，在说话之前先做出来，然后按照自己已经做出来的去如实描述。”

正所谓“说得一尺，不如行得一寸”。《论语》亦有云：“君子敏于行而讷于言”。若只说不做，说得再多都只是头脑里的知见、观念、想象而已，只是记问之学，人云亦云。这样的人没有亲自去体悟体证，只是活在想象当中，到处宣说，有可能是以盲导盲。

还有一部分人的确有相当高的体悟、丰富的经验及阅历，有计划有思想，急于同他人分享。但他忽略了宇宙人生的真理实相是无常无我，成就一件事都是众因缘和合而形成的，不是我是我能就做出来。计划好的事莫名其妙地黄了，事与愿违，绝大多数人会觉得他是在吹牛，不可靠。这种情况很多人都有遇到吧！所以懂得“讷言、慎言”是非常重要的。

若能自己先做到或是历缘对境后再来分享，对错与否，能不能做出来，自己就能清楚知道。孔子、老子、佛陀都是这样。他们先亲证宇宙人生真理实相就是自己做到，再按照自己所亲证的去宣说、分享、描述。只是说实相，如实描述自己所亲证，如人饮水，冷暖自知，就非常有力量了，也很自信，自然生起无畏智。

【一四】子曰：“君子周而不比，小人比而不周。”

周，心量广大，遍一切时一切处，这就是公心，唯义是从，所作所为是从本心、本性、大我出发。比，心量狭小，活在二元对立的世界，比高比低、比大比小、比强比弱。偏其私，有私心，唯利是图，大都是从私欲、小我的立场去考虑。

“君子周而不比”。君子心量广大，心如虚空，遍一切时一切处。有公心，自然就有仁爱之心，能包容一切，超越二元对立，溶入一体的世界。君子是利益大众的，他是协助他人一起成长。天下本来就是一家人，只有你好、我好、大家好，社会才能和谐。就如《礼运大同篇》所描述的大同世界。

“小人比而不周”。小人心量狭小，有私心，活在二元对立的世界，己是人非，己高人低。面对比自己有钱有势的人就阿谀奉承，不如自己的人就看不起；对自己有利时巧言令色，对自己不利时便推脱责任。竭尽全力只为自己或同党牟利，社会的不和谐也就自然产生了。

其实，君子与小人在大多数人身上是同时存在的，很少人是纯君子或纯小人。实相就是如此。所以修行是很有必要，也是很有意义的事，可以提升每个人生命品质。当回来净化自己的心灵，恢复自己的本来面目，就是一位内心清净的真君子呀！

【一五】子曰：“学而不思，则罔。思而不学，则殆。”

孔子说：“学而不思，则罔。”罔，迷惑。“思”是很有深度的正思维，用宁净的心灵去体悟。也就是《大学》里说的“知止而后有定，定而后能静，静而后能安，安而后能虑，虑而后能得。”“止、定、静、安、虑”就是这里的“思”。它是禅思、静虑，也是佛法的“止观”，这里的“止观”是止中有观，观中有止，就会自然开启本自具足的妙智慧，也就是恢复阳明先生所体证到的良知。智慧与良知是名相不同，所指相同，人人本自具足，在凡不减，在圣不增。

当有了智慧，有了良知后，迷惑自然消失了，就像太阳出来，黑暗就能消失。为什么很多人一辈子在学习，即使是成为知识渊博的大学问家，最终还会迷惘痛苦，还是死不瞑目呢？因为缺乏禅思、静虑，不能止观双运，开启本自具足的妙智慧，也就是没有恢复良知良能、本心本性。其实“学”的目的不仅是反观、反思自己，看到自己的不足，更重要恢复本自具足的纯净本心、良知，自然就不会迷惑。[①]

“思而不学，则殆。”殆，疑惑，危险。如果一个人很聪明，能禅思、静虑，但不学习，不知方向，不知道“道”是什么，也不知道“中道”是什么。仍是井底之蛙，活在自己的世界里，不知天外有天，人外有人。像这样的人，很难能见贤思齐，也不能向大自然学习，而是一再展示我是、我能、我慢，仍是一个无明的人，也不是大智慧、大格局的人，这是很危险的。所以不学也是很可怕的。

学与思本是一体，学即思，思即学，不当做两事做，其实“思”只是思其所学，原非两事。存在于每个人的身上，皆是从每个人的本心本性流露，由良知发出。若偏于哪一端，也就是执著一边，都是不知中道，也不能体悟体证中道，都是有害的。

---

① 本章可与《论语·学而·〇一》合参。

【十六】子曰："攻乎异端，斯害也已。"

《中庸》有一句"执其两端，用其中于民"。两端，就是二元，有此端，就有彼端。中，作中道解。《道德经》也说道："故有无相生，难易相成，长短相形，高下相倾，音声相和，前后相随。"这是告诉我们两端是同时存在的，但不在有，也不在无，不在难，也不在易，只存在于每一个活生生的当下。还有在两端中的任何一端都不能独立存在，二者是完整的一体。

任何一件事物，有好即有坏，有前即有后，等等。譬如说体育运动，适当的运动，是有利身体健康，这就是运动的"味"；但过量或不合时宜的运动会造成身体的伤害，这是运动的"患"。所以运动是"好"还是"坏"呢？这其中的度只有当事人自己才知道，这就是中。

"攻乎异端"。何谓"异端"呢？当致力于此端时，彼端就视为异端；反之，致力于彼端时，此端又被视为异端。无论在哪一端用力，都是偏向某一处，都不是行走在中道上。若是如此，二元对立的世界在心中自然而然形成，也不能融入一体的世界。这样子就会苦海无边呀！真的不知道中道是什么，想行走在中道上是不可能的。只能瞎猫碰到死耗子，太难！一直在消耗生命能量，也就"斯害也已"了。

中道是要在整体中体会，唯有用宁静的心才能看到。它是不偏不倚，又是动态无常灵活变化的，是不固定的，是完整的。中道是在一体的世界里面看问题，能够从根本上解决问题，超越二元对立。实相是存在有两端，也就是二元，但没有对立，不偏不倚，相辅相成，相互促进，不断变化。也唯有如此去体会去亲证，每个人的生命才能全然绽放，生命的意义才能发挥出来。

【一七】子曰："由，诲女知之乎！知之为知之，不知为不知，是知也。"

孔子说："由，诲女知之乎。"由，仲由，字子路，孔子早年弟子。诲，教也。女，同汝，你。孔子说：“仲由呀，我教你怎样是如实知吧！”千万不要认为知是很简单的，能够体会到真正的“知”，才能明白王阳明的“知行合一”，也才能去体会“佛”是什么样子。其实“佛”的真正深意就是觉悟者、觉知者，也就是能够保持空明觉活在当下的人而已呀！当一个人能清醒明觉，活在当下，就能清清楚楚地觉知每一个活生生的当下，这就是“佛”。

“知之为知之”。意思是：“你如实知道你所知道的，这才是正知。”这是非常难的。何为正知呢？《大学》里说：“身有所忿懥，则不得其正。有所恐惧，则不得其正。有所好乐，则不得其正。有所忧患，则不得其正。”无忿懥、无恐惧、无好乐、无忧患，内心就能保持如实客观、真诚真心、清清净净、不带有色眼镜，没有个人的好恶标准、条条框框，这样的“知”就是正知。也就是能够如实知道我所知道的本来面目、实相。

譬如“情人眼里出西施”。看待情人是带主观色彩的，也就是有色眼镜，就是不能如其本来面目地去看出现在自己面前的情人，所以情人眼里出西施是不奇怪的。“正”也就是《大学》里的“正心”的“正”，它是超越二元对立的，不是正邪的“正”，正邪还是二元对立的，这里的“正”是超越正邪的“正”，是无正无邪，有二元不对立，是一体世界中的“正”，也就是《中庸》云：“喜怒哀乐之未发谓之中”的“中”。

“不知为不知”，有两层含义。一是不知道就说不知道，这还是按照自我的标准来判断。第二层是如实地知道有绝大部分不知道的是永远无法知道，这才是真正的知道。明无明才是真正的明，真正的知呀！其实人类所能知道的只是冰山一角，绝大部分是目前科技无法了解的，也是人类永远不能知道的。也就是说，当知道了自己是无知的，体会到宇宙的浩瀚，体证到大自然力量的伟大，法界的奥秘与神奇。人类自然臣服于宇宙大自然，我是我能我慢自然消失，自我消融，自然而然融入整个宇宙大自然，活在每一个活生生的当下，内心自然柔软、轻松、自在呀！回归到生命究竟归依处。

“是知也”。意思是：“这是真正的知道，是真正的大智慧。”

知道永远无法知道的部分是永远无法了解的，这才是真正的知道。也就是《道德经》所云："玄之又玄，众妙之门。"就是说宇宙、大自然永远是无法知道，一切的存在都是缘起的，是由众多因缘和合而生，也就是由空、道、法界生出来的。若能真的明无明，自然而然就会流露出无学、无修、无证、无为的心灵品质。

【一八】子张学干禄。子曰："多闻阙疑，慎言其余，则寡尤。多见阙殆，慎行其余，则寡悔。言寡尤，行寡悔，禄在其中矣。"

"子张学干禄。"干，求。禄，俸禄。子张问如何向外求取俸禄。孔子说："多闻阙疑，慎言其余，则寡尤。"多，作多方面、多角度或多次解。阙，缺，空，保留。寡，少。意思是："静下心来，多方面多角度去听他人的分享，觉得有疑问就保留意见，先放一边空着，即使有道理的地方也要自己亲证，在日常生活中一步一脚印地去做出来。剩下的就是放慢讲话语速，小心说话，知道自己在说什么，最好是自己做到或亲证过再分享，过错就更少了，不会以盲导盲，自然就会很少担忧。"

"多见阙殆，慎行其余，则寡悔。"殆，内心觉得不安全、不自在。悔，悔恨。每个人都是我们的天使、老师。多去看看他人行事，若觉得他人的所作所为让人内心不安，问问为什么？也问问自己有这样做吗？剩下的也要小心谨慎去行事，就能减少很多悔恨，或几乎没有悔恨。那人生有多美好呀！

"若无闲事挂心头，便是人间好时节。"这样的境界，是不易做到。大智慧者与每个人生活在同样一个世界中，为什么他们如此自在，逍遥，心安呢？关键是他们能防患于未然，又对于已然的事全然接受。像孔子、老子、佛陀等大智慧者，他们身体受伤也是会疼会痛，一样也有生老病死。唯有他们那一颗心与一般人不同，他们只是恢复了清净本心。全然接受存在一切，不迎不拒，清清净净。

"言寡尤，行寡悔，禄在其中矣。"言语少有或没有过错，所作所为没有或少有悔恨，内心清清净净，没有不安。该有的一切俸禄都在其中，不是去求就能求得到的。里面不是简简单单的有形物质上的俸禄，更重要的是心灵方面的富有，内心安宁、自在、快乐。譬如当今拿高俸禄的官员们，其中有多少人真正是内心清净安宁的呢？

【一九】哀公问曰："何为则民服？"孔子对曰："举直错诸枉，则民服。举枉错诸直，则民不服。"

哀公问孔子说："何为则民服？"意思是说："怎么做，才能使百姓心服口服呢？"孔子对答道："举直错诸枉，则民服。"举，选举。直，正直的人。错，同措，放置。枉，邪曲的人。意思是："举正直的人放置在邪曲的人上，百姓自然心服口也服，全身心都服了。"要让百姓真正心服口服，能做到这样的人，他本身就是一位大智慧者，无我无私，无欲无求，真诚真心。只有他自己是正直的人，才能了解所要推举的人是否正直？这只是其中的一点，还有自己都要先做到，也才能要求他人也去做出来。更重要了解他人，要了解他人，必须先了解真正的自己是谁，唯有如此做，才能真正读懂他人。

反之，孔子又说："举枉错诸直，则民不服。"意思是："推举枉曲的人，放置在正直的人上，也就是枉曲的人要领导正直的人。这样的人是不懂得什么是正直，自己也不是正直的人，怎么能懂得去推举人才呢？那老百姓怎么会心服口服呢？"这里关键在于推举者自身先有公心、正直，所作所为自然是由公心、正直发出，百姓自然心服口服，就不需再要求百姓。

这里的"举者"，若是企业老板、一家之长，就很有意思，等于自己推举自己，把自己放置他人上面。试问自己是什么样的人？是正直的？还是邪曲的？静下心来，细细思量，若自己的老板、上级及父母是邪曲的人，将心比心，我们能服吗？所以，做老板、上级或家长的，先让自己成为正直的人。这是每个人生命的必修课呀！

【二〇】季康子问："使民敬忠以劝，如之何？"子曰："临之以庄，则敬。孝慈，则忠。举善而教不能，则劝。"

季康子，鲁国三大夫之一。季康子当时把持鲁国大权，为赢得百姓芳心，才问政于孔子。季康子问："使民敬忠以劝，如之何？"这里的"使"是命令式，从中可看出季康子的境界，他想到的是自己的私欲，虽处在高位，却还是一般人的境界。一个人的高贵，不在于有钱有势，而在于所作所为对地球、人类带来什么益处。季康子想的是要让老百姓都恭敬他，忠于他。从这点上，可以看到季康子的初心、发心是向外去追求，去抓取的，是从个人私欲，以自我的立场去考虑。意思是说："季康子想通过劝告百姓忠于自己，恭敬自己，这怎么去做到呢？"

孔子听到这样的话，就当场给他开一副药方。孔子说："临之以庄，则敬。孝慈，则忠。"临，亲近。亲近百姓，自己的内心有了庄严庄重，自然而然百姓就会恭敬你。若能对百姓生起恭敬，为百姓的利益去着想，自然就会流露出庄重、庄严。百姓临近你时，就自然而然回馈给你恭敬，无需去抓取。

若你能孝敬长辈，爱护子女，自己家先齐了。邦国就是一个大家庭，自然就会孝敬大家庭中的每一位老人如自己亲生父母，爱护大家庭的每一个子女如同自己的子女，百姓自然而然就会忠于你。

"举善而教不能，则劝。"当你能举用有智慧的人，教诲智慧不足的人，协助他们开启本自具足的智慧、良知。他们之间自然而然互相劝勉、学习、交流，共同成长。

所以这一切都是在正心克己上下功夫，这就是直截根源。也就是说："行之不得，反求诸己。"为政在于正己，利益百姓。百姓自然会敬忠，无需向外求取。这才是从根本上解决问题，也就是真正的无为而治。

【二一】或谓孔子曰："子奚不为政？"子曰："《书》云：'孝乎惟孝，友于兄弟。'施于有政，是亦为政，奚其为为政？"

或谓孔子曰："子奚不为政？"或，代词，有的人。奚，怎么，为什么。意思是，有的人对孔子说："你为什么不从事政治呢？"可见，春秋时期，有些人认为做官才叫为政。但在孔子心目中，什么是为政呢？

孔子说："《书》云：'孝乎惟孝，友于兄弟。'施于有政，是亦为政，奚其为为政？"这是引用《尚书》的"孝乎惟孝，友于兄弟"。第一个"孝"指孝敬父母；第二个"孝"是做到大孝。也就是《礼记》说的"孝有三，大孝尊亲，其次不辱，其下能养。"友，善待。意思是："一个人对父母的孝敬能做到大孝，又能善待家族兄弟。也就先齐家，让家族里面的每个人都各司其职，各尽其能，和和美美。"

"施于有政，是亦为政，奚其为为政？"施，作法布施、分享或影响解。自己做到家齐，他人感受你家和和美美的家庭氛围，自然而然会受感染也就会见贤思齐，这也是为政。为什么非要做官才叫为政呢？

在孔子心目中的为政，最关键的点是"政者，正也"，己正家正也就是真正为政。为政以德，先让自己的"明德"彰显又流露出来，从孝敬父母、善待兄弟这两件具体的事上磨炼下功夫、落实，又去做出来，让家庭家族先和谐，这是为政之根本，也是为政的基础。

做企业也一样，企业也是一个家庭，营造良好的氛围，内部没有勾心斗角，而是相互学习，彼此协助，共同成长，这也是为政，不一定非要做公务员。有些人虽是公务员，但不一定是真正在为政，而是利用职务之便在谋个人私利呀！

【二二】子曰："人而无信，不知其可也。大车无輗（ní），小车无軏（yuè），其何以行之哉？"

孔子说："人而无信，不知其可也。"信，有两层含义，一是信誉、诚信；二是相信自己有良知良能、本心本性。两层含义皆可，第二层很少人去涉及，我来分享，正确与否，通过自己亲证去判断。可，无限的可能，无限的潜力。意思是：“作为一个人，如果不能深信自己有良知良能，也就不能知道自己到底可以做些什么！”也就是说，一个人不知生命方向、目标，他所做的一切都是向外求的，越抓越多越苦。但很多时候，想要的不一定能抓到，即便是抓到，也很容易失去；不想要的也不一定能拒绝，能逃避。自然越来越觉得无力，越是有无力感越觉得未来渺茫，内心越是不安痛苦。停下来，心静下来，问问自己这是不是实相呢？

智慧、良知不能被开启、恢复，就如孔子说：“大车无輗，小车无軏，其何以行之哉？”大车，牛车。小车，马车。輗軏，古代车辕前面用来驾牲口的横木两端都有活销，大车的叫輗，小车的叫軏。没有活销，自然无法驾驭牛马，车子无法行走。这个活销是很微细的，相当于小螺丝一样，不容易发现，但又很重要。

每个人的良知良能、本心本性也是无形无相、无声无息的，看似藏得很深，其实在每个人身上从未离开过，反而很难被发现。所以能真正做到知行合一的人，也是很少数的。因此，格物致知是最重要，它也是自知、内圣的过程，这样才能够真正的知行合一。真正自知了，也就是恢复本自具足的良知，才可以说是一个明白人。

【二三】子张问：“十世可知也？”子曰：“殷因于夏礼，所损益可知也。周因于殷礼，所损益可知也。其或继周者，虽百世可知也。”

子张问孔子说：“十世可知也？”世，古人以三十年为一世代。意思是说：“子张问三百年即十世以后的事情可以预知吗？”子张为什么要这样问呢？因为他无法预知未来的事情，内心很不安，很想去了解去知道。

孔子说：“殷因于夏礼，所损益可知也。”因，沿袭。损，删减。益，增加。意思是说：“殷朝的礼制是沿袭于夏朝的，所要删减，所要增添是可以知道的。”孔子是告诉子张在这沿袭过程中，有些为什么要删减？有些为什么要增加？这里面有些为什么是不增不减？其实，夏朝有夏朝的一套相应礼制，但殷朝处于不同时期、不同因缘，所以要随顺当时具体的因缘条件做出相应调整，减去不适应的部分，增加合适的部分。这也是权变的智慧。

那什么是不变的智慧呢？就是每个人本自具足的良知良能、本心本性，在凡不减，在圣不增。不管怎么损益，都是为了你好我好大家好，而不是为了个人的私欲，自然“所损益可知也”。发心、发愿、立志是每个人自己清楚知道，像开启大智慧的人，他所作所为都是从本心本性自然流露，也都是围绕利益天下苍生的方向去做删减或增加的，是无我无私，无欲无求，真诚真心。

同理，“周因于殷礼，所损益可知也。”周朝沿袭于殷朝的礼制，所损益也是可知道的。“其或继周者，虽百世可知也。”哪怕将来有继承周礼而起的朝代，即便相隔一百世之久，也是可以预知的呀！真可谓“万变不离其宗”。《易经》的易有三易：变易，不易，简易。在此章中，阐述得很清楚，何谓是不易？何谓是变易？静下心来，就能心领神会。

【二四】子曰：“非其鬼而祭之，谄也。见义不为，无勇也。”

孔子说：“非其鬼而祭之，谄也。”非其鬼，不是自己的祖先、亲近的已故者或是自己的榜样人物。谄，就是谄媚。意思是说：“不是你当祭的鬼而去祭拜，这样做的存心就是谄媚呀！”这里的深意是可以深观到祭拜者背后的动机，他无非就是贪欲，贪财、贪权、贪色等。孔子只是将赤裸裸的真相指出来给弟子们看，我们也可以静下心问问自己，有没有做过这样的事呢？回来现实生活中去亲证，孔子说的是不是实相呢？

孔子又说：“见义不为，无勇也。”成语“见义勇为”应该是出自此处。这里的“义”不是路见不平，拔刀相助的“义”。这里的“义”是超越二元对立的，没有好坏、高低，没有不纯的杂念，无欲无求的，是合乎道，合乎本心的。

譬如老人摔倒了，过去扶起来，这也是“义”。哪怕他人误解、诽谤，都要去做，这就是“勇”，是担当。这样做，也有助于自己良心良知的开启、恢复。若是不去扶的话，内心是会后悔愧疚的，对自己、对社会也都是不利的。真正做到见义勇为，不是为名为利，那内心是圆满、富足，那是充满着幸福快乐心安呀！

此章连举两事，都是直指人心。在社会上种种不道与非义，都是由人心里的贪嗔痴而生出来，譬如“谄”与“无勇”。修行要从事上、从心上去下功夫。心是修行唯一的用力点，也就是每个人当下的起心动念，这也正是改变每个人生命品质的枢纽。心无形无相、无香无色，也是无门之门，静下来，门自然而然就打开了。

八佾篇第三（凡二十六章）

【〇一】孔子谓季氏八佾舞于庭："是可忍也，孰不可忍也！"

"孔子谓季氏八佾舞于庭"。佾，行列。古代的舞以八人为列。天子八佾，六十四人；诸侯六佾；大夫四佾；士二佾。孔子说季氏以八佾之舞在自己家的庙庭中舞之。"是可忍也，孰不可忍也！"从季氏的角度来说，这等事他都忍心去做，还有什么他不忍心去做的呢？从孔子的角度来说，一个大夫居然僭用天子之礼，这等事是不可以容忍的，一定要站出来说。

孔子一定要站出来说，是因为他知道礼乐是为学、为政的切入点，也是当时人们每天在日常生活及工作中流露。孔子看到季氏竟然僭用天子之礼，知道季氏有无穷的欲望，是在展示我是、我能、我慢，目中无君，不利于社会的和谐。

孔子是一位有大智慧的人，他是超越二元对立，为整个人类着想。这个社会如能"君君、臣臣，父父、子子"，每个人都克己复礼，安分守己，各尽其能，恢复自己的良知、清净的本心，利益大众，社会就能和谐吗？但季氏的行为却是"君不君，臣不臣"，社会能不祸乱吗？

孔子深观到社会即将大乱，也就是后来的战国时期。即使战国不可避免，但他不畏强权，勇于直言，也是曾经努力过，明知其不可为而为之。至于结果，他知道不是个人能决定的，只能随顺因缘。虽然结果无法改变，但孔子最终是做了自己，成就了自己。这一点是值得我们去反省、思齐。

【〇二】三家者以《雍》彻。子曰："'相维辟公，天子穆穆。'奚取于三家之堂？"

"三家者以《雍》彻。"三家，指鲁国大夫孟孙、叔孙、季孙。《雍》，《诗经》中《周颂·臣工之什》篇名。彻同撤。天子祭宗祖，古礼毕时，歌以《雍》诗以撤祭馔，今三家祭祖，亦以《雍》诗歌之而撤。

孔子见到三家之所为，又是僭用天子之礼了，无可奈何地说，“相维辟公，天子穆穆。”相，作助解。维，语助词。辟，诸侯。公为夏殷二王之后，夏之后是杞，殷之后是宋。穆穆，诸侯温和庄严的容貌。天子行祭礼的景象是四方诸侯都来助祭，天子是那么温和而庄严，又是那么至敬至美。但孔子所看到的三家所用的天子之礼，名不正，言不顺，既没有四方诸侯来助祭，又不是天子主祭。与《雍》诗中所描述的周天子行祭礼景象是完全不同的，便感叹说“奚取于三家之堂”了。用《雍》彻在三家之堂上歌之唱之，有何意义啊！

孔子为什么会有如此感叹呢？三家用天子之礼祭祖，名不正，言不顺，其实并不至敬至美。只是他们的虚荣心、贪心在作怪。可见他们内心有太多不满足、不知足，所以不断僭礼来满足内心的不足。浪费那么多精力、人力，做不利于他人、不利于社会的事，有何意义啊！还不如安分守己，本本分分，克己复礼，协助君主治理好国家，利益百姓，利益社会，自己生命的意义也能发挥，这不就可以共存共荣共赢呀！

【〇三】子曰：“人而不仁，如礼何？人而不仁，如乐何？”

仁，是对每个人本自具足的良知良能的一种描述，是礼乐之本。礼主敬，乐主和。礼不兼乐，偏近于拘束；乐不兼礼，偏近于流放。两者兼容，表达才可以恰到好处。仁心的流露可以通过礼乐表达，礼乐就依借器物与身体动作表达出来。仁与礼乐，仁是内，礼乐是外，内外本是一体的。如果没有礼乐为之表达，仁爱之心也就无着落之处。

孔子说：“人而不仁如礼何？”当人们不是去开启本自具足的良知良能、本心良心，良知就泯灭，仁心就不能流露，如果只是在学习礼仪，最多只能学到礼的末，不能体悟礼之本。譬如微笑的礼仪标准是露八颗牙，如果不是发乎本心、仁心、良知，只是为了礼貌而去学微笑的礼仪，那是皮笑肉不笑的，给人感觉很不舒服。微笑是人本来就会的，不用学，只要发乎本心、仁心、良知，自然而然地流露，给人的感觉，是放松自然又灿烂舒服。如果一个人没有仁爱之心，怎么落实礼呢？这可以在日常工作生活中历缘对境，好好地在接人待物的各个方面去体会、亲证。

还有一种情况，有的人为了自己的名闻利养，违背自己的仁心、本心、良知，表面上对人很恭敬，其实内心很不舒畅。这也不是孔子所提倡的礼，他重在礼之本，也就是仁心、本心、良知。礼之本是亘古至今一贯而不改变的，礼之末则可随时下因缘而变化。

“人而不仁如乐何？”意思是说：“人若没有仁心，良知泯灭，乐也是不知如何运用呢？”可以参考“人而不仁如礼何？”核心精髓是一样的。

【〇四】林放问礼之本。子曰：“大哉问！礼，与其奢也宁俭。丧，与其易也宁戚。”

“林放问礼之本。”林放，鲁人。有人说是孔子弟子。林放问：“什么是礼的根本呢？”孔子说：“大哉问！”孔子喜其问，而称叹林放所问的意义大得很啊！孔子为什么这么高兴呢？因为林放能够问到礼的本质，扣住礼的核心这一根本，说明他已经有相当深的体会，也有所体悟了，就能在现实生活中的具体礼仪里慢慢地流露出来。

真正的知行合一就是本心本性、良知良能的流露。孔子是为了更深入、更细腻地去协助林放的心灵品质快速地成长，他欣然地讲：“礼，与其奢也宁俭。”奢者，过度雕琢，流为浮华。俭者，过度节俭，质朴有余。也就是说：“奢是外有余而内不足，俭是内有余而外不足的，都是不合乎孔子心中理想的礼制。”但外不足，其礼之本还在，而内不足，就是其根本就丧失了。所以说：“与其奢也宁俭”。

孔子还具体举例，“丧，与其易也宁戚。”丧，指丧礼。易，作治办解。意思是说：“衣衾棺椁一切治办周全而哀情不足，这是不值得提倡的。所以宁可一切从简，重在内心对逝者存有哀戚之情。”

从两人的问答中，自然有了行礼的依据。最好有质有文，文质彬彬。也就说内在品质是根本，外在文饰是枝叶，内外质文为一体，根深枝叶茂，充满着生命力、活力。行礼时贵在得中庸之道，本末兼顾。退一步讲，只要是以质朴的心、清净的本心去践行，抓住了这核心，也就不会偏离太远。对于每个人来讲，都是很值得去学习、体会的。

【〇五】子曰：“夷狄之有君，不如诸夏之亡也。”

孔子说：“夷狄之有君，不如诸夏之亡也。”夷，东夷，是古代对东部少数民族的称谓。狄，北狄，是古代对北方少数民族的称谓。如，像，似。诸夏，华夏族居住的各个诸侯国。亡，同无。孔子是客观全面地去观察真实世界的，不戴有色眼镜看问题，才能够如实深观。他看到周边地区少数民族已出现具有大智慧的君主，社会的文明程度会很快提升，少数民族的心灵品质也会大大地改善。中原诸侯国也有君主，但权力都被大夫操控，名存实亡，处于无君状态。

以前很落后的夷狄，现在推选出具有大智慧的君主，没有而且不会僭礼，社会很和谐。而中原诸侯的君主确是名存实亡，即使周公的后裔，鲁国也是如此现状，孔子已看不下去了。孔子所说的情况并不少见，譬如清朝末年，君主无实权，社会混乱，封关锁国。而日本、德国、法国、英国等国家文明不断提升。最后，清政府的大门被八国联军打开，事实就是如此。这就说明事事无常，今之夷狄即是过去的诸夏，今之诸夏已是过去的夷狄了。

还有一种解读，东夷北狄虽然有君主，还不如中原诸夏没有君主呢。不作详细解读。本人趋向前解。

【〇六】季氏旅于泰山。子谓冉有曰：“女弗能救与？”对曰：“不能。”子曰：“呜呼！曾谓泰山不如林放乎？”

“季氏旅于泰山。”旅，祭名。泰山在鲁，即今天的山东。古代天子要祭天下名山大川，而诸侯只能祭其境内的山川。季氏为鲁大夫，旅于泰山，不仅僭越了鲁侯，也僭越了周天子。

孔子知道这件事后，对正在做季氏家宰的弟子冉求说：“女弗能救与？”女为“汝”，古时通用。与同“欤”，语气词。意思是：“季氏所为不合礼制，你作为家宰不能想方设法救正吗？”冉求回答说：“不能。”意思是：“季氏一意孤行，听不进我的话，我真的不能。”

孔子听了以后叹息道：“呜呼！曾谓泰山不如林放乎？”呜呼，感叹词。“曾谓”今作“难道”解。如，似，像。意思是：“唉，难道泰山会不像林放吗？”这里孔子为什么把泰山和林放在一起呢？林放是孔子的弟子，曾问礼之本，受到孔子的称赞。①

而泰山是大地的一部分，是古代天子所祭的名山，代表厚德载物的大地。所以天子祭泰山即祭地，是在感恩大地母亲的长养与化育。

《道德经》云：“人法地，地法天，天法道，道法自然”。大地厚德载物，守住本分，支撑万物的生生不息。能问礼之本的林放也要效仿泰山，效仿大地，向大自然学习，向泰山学习。季氏也是人，只不过是鲁国大夫而已，也需要大地母亲的长养。难道可以不用守住本分吗？

季氏旅于泰山，不是向泰山大地思齐，其祭是僭礼，为的是满足自己的私欲，就是展示我是我能我慢，不足挂齿。所以孔子才会叹息，他从心底上是为了让季氏安分守己，各得其所，协助鲁国君主治理国家，利益百姓，利益天下，构建礼运大同世界。

【〇七】子曰：“君子无所争，必也射乎！揖让而升下，而饮。其争也君子。”

孔子说：“君子无所争，必也射乎！”“必”指一定去找到一件有所争的事，那只有射箭比赛吧！但也要讲求射礼。意思是说：“君子没有什么可以要争的，那只有射箭比赛吧！”

在孔子心中的君子，他的特征、特性就像流水一样。正如《道德

① 具体参见《论语·八佾·〇四》。

经》云“水利万物而不争”，这是不是实相，可以一一地求真求证。试问自己能不喝水吗？身体能没有水吗？一切动植物能没有水吗？它是在默默地付出，无我无私地在利益一切众生，它又不争。君子“无所争”也就是如此，唯有超越二元对立，融入一体世界，才能做到。

也正因为流水“夫唯不争，故无尤”，能做到像流水这样心灵品质的人，唯有大智慧者，他是开启了本自具足的无尽宝藏，自然是很富足，没有欠缺，自然而然就无所争。他所作所为从本心、良心、良知自然流露出来，无欲无求，乐在其中矣。譬如颜回“一箪食，一瓢饮，在陋巷。人不堪其忧，回也不改其乐。”他所求所欲的是让自己的生命绽放，做生命的主人，发挥出生命意义，自利利他。

“揖让而升下，而饮。”让，古借作攘。揖让，指皆举手。大射礼是行于堂上，以两人为一耦，由台阶升堂，必先相互举手揖让，表示向对方的敬意，比赛结束后也互相揖让走下堂来。而饮，全部比赛后，胜负皆饮，负者先饮，胜者陪之。

唯在射时，各显其技艺，求中其正鹄，这就是所谓君子之争，不同于小人。所以说：“其争也君子。”这里的“君子”是光明磊落，内心坦荡荡，是“温、良、恭、俭、让”的风度，孔子、颜回就是这样子的呀!

【〇八】子夏问曰：“‘巧笑倩兮，美目盼兮，素以为绚兮。’何谓也？”子曰：“绘事后素。”曰：“礼后乎？”子曰：“起予者商也，始可与言《诗》已矣。”

子夏问孔子说：“巧笑倩兮，美目盼兮，素以为绚兮。”倩，很好看。兮，语助词，相当于“啊”。盼，眼睛黑白分明，清澈，此两句见于《诗经·卫风·硕人》。素，本色。绚，文采。意思是：“纯真的笑容真的很好看啊！清澈的眼睛真的好动人啊！以自然本色为色，更加绚丽、有文采啊！”为什么呢？因为“倩”“盼”是天成之美，自然之美，给人感觉是“清水出芙蓉，天然去雕饰”，不假脂粉。这是绝色呀！这时候，我不由得想起三岁的女儿，她就这种气质呀！

子夏问孔子这几句诗是什么意思呢？孔子说："绘事后素。"他没有直接回答，而是直接从子夏所了解的绘画之事去启发学生，像禅宗在参话头。孔子说，绘画的背后是有一颗素心，而不是在白色的布上加上五彩啊。人工终逊天工，天工就是要自然流露，而不是无病呻吟。也就是苏轼提出书法的最高境界，即"无意乃佳"，就是从自己的本心本性流露出来，无欲无求，无为也无意，自然而然。

子夏受启发后又问："礼后乎？"后，非先后之后。意思是说："礼的背后是什么？"孔子听了以后很高兴，子夏能提出这样的问题，问题本身已蕴含答案。孔子没有作正面回答，只是说："起予者商也，始可与言《诗》已矣。"也就是说："商，你启发了我。我开始可以用《诗经》与你交流。"

本章的深意，一方面是孔子对子夏的肯定，一方面是在苦心教礼，见缝提醒弟子注意礼背后的核心精髓。孔子用心良苦，努力在为人类默默地付出，不愧是大成至圣先师呀！

【〇九】子曰："夏礼，吾能言之，杞不足征也。殷礼，吾能言之，宋不足征也。文献不足故也。足，则吾能征之矣。"

孔子说："夏礼吾能言之，杞不足征也。"杞，春秋时国名，夏禹的后裔。征，证明。孔子无限感慨地说："夏朝的礼，我能够用语言描述出来。可惜啊，杞国所遗留下的典籍及贤人，已不足以证明我所说的了。"这说明春秋时期，已经是礼乐崩坏了，孔子感到痛心。

"殷礼吾能言之，宋不足征也。"宋，春秋时国名，商汤的后裔。意思是："殷朝的礼，我也能够清楚地描述，但宋国所遗留的文献也不足证明我所体会的。"

"文献不足故也。"文，指历史典籍。献，指贤人。这都是由于文学史料和贤人不足的缘故啊。夏朝和殷朝早已被取代了，所留下的史料典籍微乎其微，能够有这方面体会的贤人更少。如果文献充足的话，就能够证明我所说的是夏礼和殷礼。

自古圣贤多寂寞，很多时候是无法证明自己所体证的，只能保持“圣默然”。为什么孔子这么坚定自己成为活化石呢？因为他是直截根源，与古圣先贤心相印，而不是在寻枝摘叶，记忆大量知识、名相、概念。一切都是他的妙智慧、良知流露，所以无所不知，自然是毫不动摇，坚信自己所体悟体证的。

真理是唯一的，它超越宗教、宗派、政党、党派、国界、时空、种族等。过去如此，未来如此，现在如此，必然如此。孔子真正是宋儒张载所谓的“为天地立心，为生民立命，为往圣继绝学，为万世开太平”的人！在这宇宙中，有这样的人，真的是很幸福的！

【一〇】子曰：“禘自既灌而往者，吾不欲观之矣。”

孔子说：“禘自既灌而往者，吾不欲观之矣。”禘，是天子祭祀宗庙的大祭。鲁国因其始祖周公旦有功勋于天下，周成王特赐以天子礼乐祭周公，所以鲁国周公庙得有禘礼。[①] 灌，禘礼中第一次献酒。

意思是说：“行禘礼的仪式，在第一次献酒之后，我就不想再看下去了。”孔子为什么这样说呢？孔氏（孔安国）注为逆祀，刘氏（刘宝楠）说为僭禘（僭用禘礼），个人保留意见。但孔子是礼方面的大师，对于礼，不论是外在的言行举止，还是内在的起心动念，都有相当高的见地和体悟体证。所以在举行禘礼的过程中，每一个细节、每一个动作，都逃不过孔子的慧眼。

在日常生活中，如果你对某件事的体悟、造诣特别深，若有人在你面前展现，是不是可以一览无余呢？譬如书法、围棋及古琴等，你有很高的造诣，是明眼人，有人在你面前演示，你自然看得清清楚楚的。

这里孔子说了“吾不欲观之矣”，应当是行禘礼时，祭祀的人不但言行举止粗糙，而且连最起码的一颗敬畏、真诚的心都没有。这样的礼有意义吗？真的是在浪费生命、能量呀！礼本来是仁心、良知的流露，

---

① 详见《礼记大传》等文。

举行禘礼也是为了恢复本自具足的本心、良心，也可以协助人们开启无尽宝藏，也是让每个人各尽其能，发挥生命意义，自利利他。可见当时鲁国所举行的禘礼与孔子心目中的礼是背道而驰的，所以他才说“吾不欲观之矣”。

孔子毕生崇拜周公，实践周公制礼以治天下，盖礼治即仁治，关键在于要保持这一颗仁心、良知。这是礼的核心根本，也是礼的真精髓啊！

【一一】或问禘之说。子曰：“不知也；知其说者之于天下也，其如示诸斯乎！”指其掌。

“或问谛之说。”有人问禘祭的说法。孔子说：“不知也”。为什么孔子会说我不知道呢？孔子在礼方面是大师，不是真的不知道，也不是孔子生气，而是孔子慈悲。

有一种可能，请教的人在礼方面体悟不深，或者是外行，但对礼抱有很热情的态度。孔子不知道怎么说，又不能不说。还有一种可能，此人对礼有较深的造诣，他是要来比剑的，也是在展示我是、我能、我慢。孔子是明白人，看得很清楚，不想与他辩论，所以回答“不知也”，也就无争。

孔子只能说“知其说者之于天下也，其如示诸斯乎？”诸，之于。“之于”的“之”指天下大事。斯，指其所伸的手掌。意思是：“谁能知道禘礼的说法，他对天下复杂的事也就如同置手掌之中般了如指掌。”

“指其掌”，孔子一边解答一边指着自己的手掌。孔子为什么不跟他具体描述或争辩呢？不管他怎么描述，怎么争辩都无益。因为若是一堆糊涂虫在那里争来辩去，辩论的都只是头脑里的知见、观念而已，只能了解禘礼之皮毛，无法知道禘礼的深义。理不可能越辩越明，只有实实在在地去落实、体证，理才能自明。

孔子只是告知禘礼的重要性。《中庸》有云：“郊社之礼，所以事上帝也。宗庙之礼，所以祀乎其先也。明乎郊社之礼，禘尝之义，治国其如示诸掌乎。”可作为此章的注脚。深知“事上帝、祀其先”的深义是以合天道之诚。如果只有牺牲、玉帛这些祭品，却无诚心实意、真诚真心，是不可以称之合乎礼的。所以孔子才不做具体解答，而是让他慢慢去体悟、体证。一旦与自己的本心本性、仁心、良知相应，自然而然就合乎礼了。

【一二】祭如在，祭神如神在。子曰："吾不与祭，如不祭。"

"祭如在，祭神如神在"。祭，是指一切的祭祀活动。如在，是说在祭祀时，让放逸的心回到当下来，身临其境。《中庸》有云："事死如事生，事亡如事存。"要生起真诚之心，恭敬之心，见贤思齐，不但是所祭之祖先之神如在面前，更重要的是让自己的心与其高等的心灵品质相应，才是"如在"。

这里的"祭神如神在"，具体如何做到呢？譬如对天地之神，如实去看，虚空和太阳就是天，地球就是地。没有虚空和太阳，我是不能存在的，所以天是我心中的生命之神；没有大地的支撑长养，我的生命也就不存在，所以地也是我心中的生命之神。没有天和地，就没有我们当下每个人的生命，祭祀天地时自然很真诚，也自然会生起感恩天地父母的支撑与化育！天地何止在眼前，每个人本来就在天地的怀抱里。

孔子说："吾不与祭，如不祭。"与，参加，这里是指静心参与，让放逸之心回到当下来。如果心不在焉，就是人在心不在，那不能说是亲自临祭的，只是行尸走肉，敷衍了事，充充样子而已。这样就算是祭祀了，也是如同没有祭祀一样，所作所为又有何意义呢？

所有的祭祀，是让人能够在相对庄严、宁静的环境中，清醒明觉地活在当下，感恩当下的一切存在。没有大地、阳光、流水、空气、虚空和过去的祖先们，当下哪有我们的存在？我们的存在都是由当下一切存在所支撑与长养的，不是我是、我能、我慢能做到的。譬如五分钟不提供空气，你我还能活着吗？所以我们的生命之神在哪里？是不是很清楚呢？如果有人不服气，捏上鼻子试试，看能够坚持多久？

【一三】王孙贾问曰："与其媚于奥，宁媚于灶。何谓也？"子曰："不然；获罪于天，无所祷也。"

王孙贾是卫灵公时卫国的大夫，他问孔子说："与其媚于奥，宁媚于灶。何谓也？"媚，谄媚、奉承。奥，家中西南隅，尊者居之，是五祀中的中溜神。灶，炊煮食物之器，五祀中的灶神。媚奥媚灶两句是当时的俗语。中溜神地位比灶神高，但灶神主管饮食，有实权。

在这里有何深意呢？孔子周游列国，在卫国时受卫灵公尊敬，并为卫灵公夫人南子所召见。王孙贾误以为孔子是来卫国求官，所以就这样问孔子。他以中溜神比喻南子，以灶神比喻自己。其实是想告诉孔子，你求南子不如求我王孙贾。

孔子听到这个话以后说，"不然；获罪于天，无所祷也。"这话不对，不是这样呀。不媚奥而媚灶，不就是五十步笑百步吗？媚奥媚灶，不都是媚吗？这个"媚"，违背我的良知良能，违背我的本心本性，不是自作孽吗？是不可活呀！在哪里祈祷，都是没有用的，最终都是一场梦一场空。

所以，孔子最终还是选择离开卫国，周游列国，继续寻找知音，寻找有大智慧的君主，共建礼运大同世界。

【一四】子曰："周监于二代，郁郁乎文哉，吾从周。"

孔子说："周监于二代，郁郁乎文哉。"监，视。二代，是指夏商。周代的礼法文章，是在夏商二代基础上加以损益的。礼的本质与条文兼备而相得益彰，文质彬彬。文质是一体，相互动态平衡，无过也无不及，恰到好处即是中庸之道。

夏商周三代礼文，以周礼最为完善，是何等美盛啊！所以孔子说："吾从周。"就是说我是遵从周礼的。孔子为什么要这样说呢？因为礼乐之文，本于明德，而明德即是本自具足的本心、本性、良知，凡夫俗子、千古圣人皆有之，在凡不减，在圣不增。夏商周三代的礼，都是从圣人的本心、本性、良知自然流露，是超越二元对立，从利益天下苍生出发的。

所以“吾从周”就是吾心与周公之心相应，也就遵守周公所制定的礼乐制度。我会按周礼的真精神、真精髓来辅助君主治理国家，利益百姓，构建大同世界。而周礼又是从夏商之礼的，也就是从太古的圣人之心，都是以心印心。整个社会要达到周礼所描述的一样美盛，只有开启每个人的智慧、良知，发现自己本来就很富有，才能达到周礼中描述的心灵品质，实现和而不同的和谐。如果不是回来恢复本自具足的本心、良知，真的是很难实现大同世界。

【一五】子入太庙，每事问。或曰：“孰谓鄹人之子知礼乎？入太庙，每事问。”子闻之，曰：“是礼也。”

“子入太庙，每事问。”太庙，就是鲁国周公之庙。孔子为什么要“每事问”呢？一种可能是，孔子青年时始仕于鲁，入太庙助祭，真的有很多地方不了解，譬如祭祀中的礼乐及礼器的陈设，一丝不苟，所以一一地过问。一方面是全神贯注地实践，另一方面小心谨慎，怕有差错，对礼心怀敬畏，担心不合乎礼。这样的学习态度，也是孔子后来成为礼方面的大师的助缘。

还有一种可能是，孔子当时对礼已经有很深的造诣，也有一定知名度，但仍每事必问。这是孔子与一般人不同的地方。一般人都是停留在皮毛之上，习以为常，熟视无睹，司空见惯，常常觉得什么都知道，其实并不是真正的知道。孔子却是恰恰相反，即使有很深的造诣，仍能时时归零，每事必问，充满着好奇。可以说是保持着一颗赤子之心，清醒明觉地活在当下。同时，他每事必问，也是在检查当下太庙所行的礼合不合周礼。每次问都有些新的体证体悟。这样的人能不成大师吗？

有人看到孔子“入太庙，每事问”，就说“孰谓鄹人之子知礼乎？”孰谓，谁说。有的人是嫉妒，有的人是看不懂孔子，自己也没多深的修养，就说闲话。意思是：“谁说孔子懂礼的呢？到了周公庙，每件事情都要问人。”孔子听到这话，只说“是礼也”。知不知道礼不是关键，合不合乎礼才是最重要的核心，这不正是礼吗？对孔子是越了解越佩服，他事事皆扣住生命的核心，所做每一件事情都是非常有意义的啊!

【一六】子曰：“射不主皮，为力不同科，古之道也。”

“射不主皮”。射，是六艺中“礼、乐、射、御、书、术”的“射”。有军事之射，也有各种礼射。所谓礼射，简要言之，在行射礼时，张开一块布做射侯，即现在所说的箭靶，当中以兽皮设鹄为目的。“射不主皮”的意思是说：“不主张射穿其皮，射中目的即可。”

“射不主皮”的深意是，古代主要是礼射，不在军射。礼射是选贤举能的项目，或是以射会友的比赛，注重德行，是可以从中观人品行的。也就是“君子无所争，必也射乎！揖让而升下而饮，其争也君子。”其比赛也要有君子的风度，具体怎么样做到？[①]

还有“为力不同科”。科，级别。即使每个人的身体状况、体力有不同，也不影响他的君子风度。这是“古之道也”，古时所行的道啊！孔子为什么会叙古之道而叹之呢？时至春秋之末，都是主张射穿其皮，尚力而不尚德了。射主要是为了作战，霸道成为天下主流，王道没落。所以孔子感到自己的大同世界理想渺茫，而叹古之道啊！

【一七】子贡欲去告朔之饩羊。子曰：“赐也！尔爱其羊，我爱其礼。”

“子贡欲去告朔之饩羊。”朔，农历的每月初一。告朔，古代制度。告朔之礼本有两种，一是天子以朔政颁告诸侯；二是天子告朔于明堂，诸侯告朔于庙，并用牲。天子用牛，诸侯用羊。《论语》所说是后

① 可与《论语心解·八佾·〇七》合参。

一种。饩，杀而未煮。子贡想把每月在庙告朔所宰的那只腥羊省略掉。他为什么会想这样做呢？时至春秋末年，礼崩乐坏，鲁国国君已不亲自去祖庙举行告朔之礼了，只剩下一个名存实亡的形式。子贡想何必每个月宰杀一只羊，多浪费啊！从子贡生意人的角度看，确实是这样。

孔子可不是这样认为的，听到后就说：“赐也！尔爱其羊，我爱其礼。”子贡从有形的物质层面去看，见到的是饩羊，又见不到什么效果，去之，是为了减少浪费、麻烦。而孔子见到的是礼，留之，就是为了礼。他深深地眷念着古代的礼，即便是一个空壳，也是古礼的遗留，也不忍心丢弃，只要守住还是会有希望的。

此章，可以感受到孔子在做本应该的事，即便只有百分之一的希望，也尽百分之一百的努力。他为礼运大同世界尽了百分百的努力，至于成不成，不是他能决定，只能顺其自然，随顺因缘了。孔子的生命意义发挥了出来，成为全世界全人类的至圣先师，他是当之无愧的！

【一八】子曰：“事君尽礼，人以为谄也。”

孔子说：“事君尽礼，人以为谄也。”尽，完全、全然、竭尽全力。此字非常妙，为什么呢？妙在孔子以礼事君是全然状态，他能够完全地按照礼的真精神侍奉君主，能够依中庸之道去行礼。意思是说：“能够完全从礼侍奉君主，反而被他人认为是谄媚。”

为什么“人以为谄也”呢？春秋末年，事君者多无礼，当时的鲁国君弱臣强，三桓到处展示我是我能我慢，甚至还僭天子之礼乐，譬如“八佾舞于庭”“三家者以《雍》彻”。[①] 当时人们已习非成是，反而以事君尽礼为谄了。合乎礼事君的孔子也就成为他人嘲讽的对象，十分寂寞。

但不管他人合不合乎礼，孔子依然以礼事君，更难得的是“尽礼”。此乃真大丈夫也，他是真正有独立人格又自信的人，是真正立起

① 可与《论语心解·八佾》的〇一、〇二合参。

来的，不会随风摇摆。这才是真正的特立独行之深意呀！

通过“尽”“谄”二字，更能彰显孔子是无碍、无争、无我的真君子、大丈夫呀！

【一九】定公问：“君使臣，臣事君，如之何？”孔子对曰：“君使臣以礼，臣事君以忠。”

鲁国国君定公向孔子请教：“君使臣，臣事君，如之何？”使，差使。事，侍奉、服侍、协助。就是说：“君主差使大臣，大臣侍奉君主，该如何呢？”这里鲁定公有点明知故问，他哪里会不知道“君君臣臣”呢？关键是春秋末年，礼坏乐崩，已是“君不君，臣不臣”。时臣失礼，定公自己也不合乎周礼，才会有所担心，问孔子这样的问题。如果他自己完全不失礼，而且合乎礼，那是不会有这种担心的。

孔子推崇周王朝的礼制，他是完全遵从周礼的真精神去实施。孔子有自己的独立思考，清楚地明白鲁定公的所作所为，不可能与他同流合污，所以才毫不含糊、干净利落地回答说：“君使臣以礼，臣事君以忠。”

礼的外相虽有上下之分，但双方各有各的礼，也就是君合乎君礼，臣合乎臣礼。君主差使臣子，要以恭敬、尊重的心去差使，同时也要忠于自己的本心本性，在自己的本位上发挥出神圣的生命意义。臣子侍奉君主，也是要忠于自己的良知良能，在自己的本位上尽其所能，全力协助君主完成使命。自然而然，双方都能各尽其能，各得其所，相互协助，只是分工不同而已，让各自的生命全然绽放，更好地利益社会，做到你好、我好、大家好！

【二〇】子曰：“《关雎》，乐而不淫，哀而不伤。”

《关雎》，是《诗经·国风》的首篇，也是《诗经》的首篇。此诗大概的意思是，君子想娶淑女为配偶，当其求而未得，就辗转反侧，寤寐思之，此时的思是“哀”思；当其求既得，就钟鼓乐之，琴瑟友之，此时的“乐”是快乐之情。

但孔子为什么说“乐而不淫，哀而不伤”呢？淫，过量。伤，损害。孔子看到的实相是，大众得到自己想要的东西时就十分快乐、高兴，而当想要的得不到或不想要的又去不了时就心生哀愁、嗔恨。这是实相，可以自己去亲证。

孔子是举《关雎》的例子来启发弟子们，要不迎不拒，不取不舍，一切随顺当下因缘，快乐与哀愁，都全然地接受。超越二元对立，内心不拉扯，自然就能行走在中道上，清清净净活在当下。

那怎样才能做到呢？关键是做到“不淫”和“不伤”，才是真正的智慧。那又如何做到“不淫”“不伤”呢？任何一件事物，都有它的“味”与“患”。它好的一面，称之为“味”；它不好的一面，称之为“患”。譬如，微信是个好东西，可以用来学习、交友、营销等，这是它的味；但同时要知道，微信存在海量的垃圾信息，若不能分辨，则可能会被它牢牢束缚住，不能自拔，这是它的“患”。若我们能随时觉察到微信的味和患，自然就会知道，也会做到“不淫”和“不伤”。

还有一个众所周知的寓言故事“塞翁失马”。“祸兮福所倚，福兮祸所伏”，任何一件事情，都是无常变化的，有无限的可能。坚信发生的任何一件事，真的都是上帝的美意，自然就会全然接受。也就能“应无所住而生其心”，自然而然就会大安心、大自在。

【二一】哀公问社于宰我，宰我对曰：“夏后氏以松，殷人以柏，周人以栗，曰，使民战栗。”子闻之，曰：“成事不说，遂事不谏，既往不咎。”

“哀公问社于宰我”。社，是土地神，古者立社必树其地所适宜的树木为社木，作为神的凭依。宰我，鲁人，姓宰，名予，字子我。他是孔子弟子中的十哲之一，善于言语，与子贡并列于言语科。

这里就是鲁哀公问宰我关于社木的事，宰我恭敬地答道：“夏后氏以松，殷人以柏，周人以栗。”夏、殷、周三代所树的社木及所为的社木各不同，夏后氏用松为社，殷人用柏，周人用栗。

但为什么宰我又说“使民战栗”呢？栗，战栗、恐惧。本人的理解是，古时只是因地制宜、就地取材，并无其他的含义。夏居河东，其野宜松，殷居亳，其野宜柏，周居酆镐，其野宜栗。[①] 周人用栗，只是周人居住的地方满山遍野是栗，且栗木苍老坚久，适宜作社木，并无“使民战栗”的意思。

譬如广东话的“4”谐音是“死”，“8”的谐音是“发”。买楼时，出现“4”的楼层会便宜些或改称“3A”等，出现“8”的则会贵些。符号本身只是一种工具而已。附加的含义是人们给贴的标签，最终反倒把自己束缚住了，在心中加了把无形的锁。所以把“栗”解释为使民对政府有畏惧，完全是宰我个人重新贴的标签罢了。

在远方的孔子，听到这件事，便无可奈何地说：“成事不说，遂事不谏，既往不咎。”遂，已成。谏，规劝。咎，责备。意思是：“宰我贴标签已成事实，不再说他；事情已经做了，也不再规劝了；已经过去的事，我也不必再追究、责备了。只希望宰我以后能‘慎于言’。”

也就是说，知名度越高的人，越是要“慎于言”。不然，影响不好，祸害无穷。

“使民战栗”也有可能是鲁哀公或他人说的话，在此不作解读。

【二二】子曰：“管仲之器小哉！”或曰：“管仲俭乎？”曰：“管氏有三归，官事不摄，焉得俭？”“然则管仲知礼乎？”曰：“邦君树塞门，管氏亦树塞门。邦君为两君之好，有反坫，管氏亦有反坫。管氏而知礼，孰不知礼？”

孔子说：“管仲之器小哉！”管仲，齐桓公时的宰相，名夷吾。桓公尊称他“仲父”。器，器量、器度。《管子·小匡篇》记载：“施伯

① 此处参考钱穆《论语新解》。

谓鲁侯曰，管仲者，天下之贤人也，大器也。”

意思是说：“管仲的器量真小呀！”孔子为什么要这样说？这里的器量具体指的又是什么？我相信孔子说的是事实，但这里的器量应不是指心量，因为如果一个人的心量很小，是不可能一匡天下的。

依我个人的体悟，孔子应是从不同的层面去解读管仲。若从管仲个人的物质生活及待人处世的角度去看，这评价就成立了。因为一位有大胸襟、大气量和大格局，能一匡天下的人，很少关注自己的物质生活是很正常的。譬如永嘉禅师的《证道歌》所说的“大象不游于兔径，大悟不拘于小节”，两者是异曲同工的。

所以后面就有人问：“管仲俭乎？”俭，悭吝。有人听说孔子评价管仲器小，怀疑是说他悭吝，像今人讥悭吝者为小器。孔子是管仲的知音，听到他人的疑问，便说：“管氏有三归，官事不摄，焉得俭？”归，通馈。摄，兼任。这里孔子只是描述事实，“管仲确实有三处家，他的家臣一人一职不兼职，怎么谈得上节俭呢？”

从表面看，管仲确实是不节俭。但从深层次去看，并不是他不节俭，而是因他一匡天下，齐桓公依礼赏赐，他不能不受。同时，他又一心扑在整个天下、利益众生的事业上，生活上的一切均听从家臣们的安排。到这里，大家可以想想看，这是不节俭吗？

这时又有人问，“然则管仲知礼乎？”从这句话的语气，可见孔子知道管仲是节俭的，才会有人不死心，进一步追问“那管仲知礼吗？”孔子的回答还是在描述事实：“邦君树塞门，管氏亦树塞门。邦君为两君之好，有反坫，管氏亦有反坫。管氏而知礼，孰不知礼？”塞门，有别于内外，树屏于门以蔽之。坫，两君宴会，在两楹之间的土台。反坫，古代君主招待两国国君时，已献酒的空杯反置于坫上。也就是说，“国君的大门外有屏，管仲家大门外也有屏。国君宴会，堂上有放置酒杯的土几，管仲宴客也有那样的土几。若说管仲知礼，有谁不知礼呢？”事实上看，塞门和反坫，都是君主的礼仪，但管仲都僭礼为之，确实是不知礼。

但管仲是不是真的不知礼呢？我个人的体悟是，管仲肯定是知礼。正如《证道歌》中的“或是或非人不识，逆行顺行天莫测”。他所得到的一切都是君主与家国所赐予的，因他有一颗仁爱之心，所作所为都是利益天下，并非为一己之私。这是位大智慧者，非常人能轻易了解的。如周朝的周公旦，功勋天下，所以周武王特赐以天子之礼。管仲一匡天下，也是如此。

【二三】子语鲁太师乐，曰："乐其可知也。始作，翕如也。从之，纯如也，皦如也，绎如也。以成。"

"子语鲁太师乐"。语，告诉。太师，乐官名。孔子告诉鲁国的官关于乐的奥妙，可见孔子在乐的方面已有甚深的体悟体证，堪称乐方面的大师了。

他说："乐其可知也。"知，一作通晓、知道解；二可通"智"，智慧的意思；三作名词解，为良知良能。我个人倾向于后两种解读。也就是说："音乐，可开启人们的妙智慧、良知，恢复每个人本自具足的良知良能。"事实上，音乐确实是有这种作用的，它是从良知本性中流露出来的，是可通过亲身体证而得到的。闻其乐，可知其德。

所以他接下来又说，"始作，翕如也。从之，纯如也，皦如也，绎如也。以成。"意思是："乐一开始，是这样地令人兴奋而振作，接着是这样地纯一而和谐，又是这样地清楚而明亮，又是这样地连绵而流动。乐，便这样地完成了。"①

其实，通过文字来描述演奏者、人声及器乐声的和谐是非常有限的，关键是如何达至浑然忘我，又纯一和谐呢？演奏者不仅仅要有纯熟的技巧，更重要的是深入自己的心灵深处，让音乐从自己的本心本性流露出来。创作者、听者也一样。这样，不管如何创作或演奏，流淌出来的音乐就有生命力，自然能让人震撼与启发，直接打动听者的心。真善美就在其中自然流露着。

① 此处参考自钱穆的《论语新解》。

【二四】仪封人请见，曰："君子之至于斯也，吾未尝不得见也。"从者见之。出曰："二三子何患于丧乎？天下之无道也久矣，天将以夫子为木铎。"

"仪封人请见"。仪，卫邑。封人，掌封疆之官。卫国仪邑的封疆官知道孔子路过其地，就对孔子的弟子说："君子之至于斯也，吾未尝不得见也。"意思是："有贤人君子路过此地，我没有不去见面的。"

"从者见之"，孔子的弟子就领着这位封疆官去见孔子。此人见完孔子出来，便对孔子的弟子们说："二三子何患于丧乎？天下之无道也久矣。"丧，失位，没有了官位。无道，违背自己的良心本性，充满私欲。这里是说，"诸位何必担忧你们先生没有官位呢？当今天下勾心斗角，人们违背自己的良心本性已久了。"仪封人是大智慧者，也是隐士。他说的是事实，天下无道真的很久了。

随后他又说："天将以夫子为木铎。"木铎，大铃，古代天子发布政教，先振木铎以警告百姓。这里的"天"就是宇宙、大自然。意思是："天让夫子成为天下人的木铎。"他给孔子作了这样的终身评定，可谓是孔子的千古知己。孔子是大智慧者，做自己该做的事而已，看似积极入世，其内心是无欲无求，无我无私。无道已久，物极将必反，必定要有人出来力挽狂澜。在春秋末代，这样的人士是很稀少的。唯夫子是这样的人，也非夫子莫属。

夫子要宣扬大道，所以他不在乎没有官位，而是周游列国，传道于天下。虽在有生之年未能完成，但他将先王之道在"六经"之中描绘出来。这些经典成为中华文化之根本，也是全人类的文化根本。过去如此，现在如此，未来也是如此，必然如此。

【二五】子谓《韶》："尽美矣，又尽善也。"谓《武》："尽美矣，未尽善也。"

子谓《韶》："尽美矣，又尽善也"。韶，作招，是舜帝之乐。

“尽”是完全之意。意思是：“孔子评论《韶乐》能尽舜帝之美，又能尽舜帝之善。”孔子又评论《武乐》：“尽美矣，未尽善也。”意思是说：“尽武王之美，不能尽武王之善。”

为什么《韶乐》和《武乐》之别在“尽善”与“未尽善”呢？因在周朝以前，帝王治国功成，要作乐崇德。崇表王者得天下的功德，必与事实相符。舜的天下是受禅于尧，其乐和平，所以尽善尽美。而武王呢？却是伐纣而得天下，其乐演奏起来有杀伐之声，因此他的音乐不如舜的音乐那样祥和，所以说是“未尽善”。

“未尽善”指武王之乐，并非指武王之德。孔子是评论乐而不是评论人。为什么这样说呢？因为舜与武，皆是圣人，哪有不尽善的。事实也是如此，无论是舜帝还是武王，他们的发心是利益天下众生，而非有一己之私。他们的所作所为皆是从本心自然流露出来的，只是舜帝与武王所处的时代背景不同，因缘不同，取得天下的方式亦不同。

至此就能明白为什么武王伐纣能深受孔子、孟子的称赞。譬如孔子在《易·革·彖辞》中提到“汤武革命，顺乎天而应乎人。”《孟子·梁惠王篇》中，齐宣王以武王伐纣问孟子：“臣弑君可乎？”孟子回答说：“贼仁者谓之贼，贼义者谓之残，残贼之人谓之一夫。闻诛一夫纣矣，未闻弑君也。”孟子说纣只是一莽夫，而非君主，所以武王伐纣并非以下犯上，背道而驰。

这里以事实告诉弟子，舜、武两位圣人，所作所为是从本心本性流露出来的，自然是顺乎天而应乎人呀。

【二六】子曰：“居上不宽，为礼不敬，临丧不哀，吾何以观之哉？”

“居上不宽”。上，上位、高位。宽，度量、器量。孔子说：“身居高位者，没有宽大的胸襟度量是不可能包容大众、爱护百姓的。”所以以宽为本，不宽则失本。又说“为礼不敬”。为，行。行礼是以敬为本，也就是说行礼不能不敬。意思是：“若是不敬则是失了礼之本呀！”接着说“临丧不哀”。临，亲自参加。丧，丧事。意思是：“亲自参加丧事，内心没有悲戚。这也是失其本。”

像这样的人怎么样呢？孔子的答案是：“吾何以观之哉！”意思是：“我真不知道拿什么来察看他，我也真的是不想再察看。”

其实这三句话说的是在日常生活中经常要面对的事情，静下心来叩问自己，做到“居上宽，为礼敬，临丧哀”了吗？别误以为经典与自己没有关系，若是这样认为，那读经典又有何益呢？

譬如，作为一家之长能不能够包容爱护子女们，即使子女们是有很多事情做得不尽如人意。若不能包容他们，做父母的肯定是没有反观到自己也有不足的地方。为什么总会觉得子女们做的事情不尽如人意呢？很多时候只是因为子女没有按照父母所设想的路去走罢了，与父母所想象是不同，不尽父母意，行之不得，反求诸己。当能够如实地反观自己，一切都是自己的妄想、分别。其实小时候并不比自己的孩子们好多少，自己小时候也是经常惹父母生气烦恼，有很多事不尽如人意，哪里还会不包容呢？

里仁篇第四

（凡二十六章）

【〇一】子曰：“里仁为美，择不处仁，焉得知？”

孔子说：“里仁为美。”里，一说是居住的地方；又一说作动词，就是居、处之意。仁，有仁德的人。

若是第一种解读，那孔子紧接着说：“择不处仁，焉得知？”就是指不选择有仁者的地方居住，称不上是明智的人。这样的解读很实际，古语“孟母三迁”“千金置宅，万金买邻”，都是此意。

但据我个人的体悟体证，这并非是孔子的本意。本人趋向于第二种解读，“里”作居、处解，也就是“居仁为美”。也就是说，人能处在仁道是最美的了。人的躯壳，即身体居住在有仁者的地方而心不处仁道，哪能称得上智者呢？

我为什么趋向于第二种解读？因为人贵能择仁道而处，而不只是说择仁者之里而处。仁道是由人的本心本性自然流露，能择仁道的人是要回到真正的家，就是乌有之乡，也就是心灵的家。它也是孔子所说的真正的君子能做到的。《论语》有云：“君子居之，何陋之有？”仁者，无须选择去仁者之里，当下即是，遍一切处。若心不是处于仁道，四处去找，到死也找不到。

何况，若不是仁者，也不晓得什么是仁者之里。即便处在仁者之里，你也不知道。好比没吃过，也没有见过火龙果的人，不管你怎么描述，他也不知道它的滋味，长成啥样子。关键是开启自己的无尽宝藏，让自己成为仁者，自然而然时时处仁，处处居仁。唯有智慧者能做到。

【〇二】子曰：“不仁者不可以久处约，不可以长处乐。仁者安仁，知者利仁。”

“不仁者”，是还没有发现本自具足的良心、本心的人。也不知道自己有无尽宝藏，仁爱之心淡薄，不能明白良知是自然流露着，也就不能做到知足常乐。所以孔子才说：“不可以久处约，不可以长处乐”。约，穷困。乐，逸乐。也就是说：“不仁之人，不能久处穷困，也不能长处在富乐之中。”因为不仁者只为自己的私欲，久处穷困，就会唯利是图，无所不作，胡作非为；长处于富乐之中，就会骄奢淫逸。

唯有真正的仁者不论处在是穷困还是逸乐，不被束缚。譬如颜回“一箪食，一瓢饮，在陋巷。人不堪其忧，回也不改其乐。”孔子也是“饭疏食饮水，曲肱而枕之，乐亦在其中也，不义而富且贵，于我如浮云。”他们是真的做到了。

真正的仁者是“食无求饱，居无求安”，也不会富而骄的。他们的智慧眼是开着，发现自己本来就很富足，不需向外求。但仁者并非不欲，其所欲的只是满足最基本的生理需求，所追求的也只是让自己的生命全然绽放，让生命意义发挥出来，利益天下苍生。

孔子又说：“仁者安仁，知者利仁。”也就是说：“仁者天生仁厚，他所作所为是从本心本性自然流露出来，无欲无求，也无所争。不管外境如何变化，都是顺其自然、心安理得，这就是安于仁道。有智慧的人，他所作所为也是开启自己的无尽宝藏，利益他人，让仁厚之心自然流露。”仁者能安住于仁心、良知，就能在穷困时、逸乐时都是心安；智者有助于仁心、良知的流露，就能在穷困时、逸乐时都是利仁。那是何等的快活、逍遥、安详、自在啊！

【〇三】子曰：“唯仁者能好人，能恶人。”

孔子说：“唯仁者能好人，能恶人。”好，喜好。恶，厌恶。意思是说：“只有仁者能够真正懂得真诚真心地喜好人与厌恶人。”

此章，语浅而意深。喜好人与厌恶人，每天都在重复发生，有谁不懂呢？又有谁不能呢？没错，是谁都懂都能。但大家静下心来，如实地叩问自己，我们真的能做到真诚真心地去“好人”“恶人”吗？

一般人的内心充满私欲，充满贪嗔痴，这就是不仁，他有个人好恶标准，也自然就会有“逆我者非，顺我者是”，若有人所作所为不符合他内心预定的标准、框框，就心生厌恶。若是符合他内心设定的标准、条条框框，他就心生欢喜。这完全是按照自我好恶标准来评定的。譬如有些父母，因为孩子不听话、不吃饭或不愿学钢琴，动不动就说“我不喜欢你”。这就是父母带有自己的标准、条条框框，才这样说的。

所谓真心真诚，就是归零的心。以清净之心，不带有个人成见、知见、观念、经验去喜好人、厌恶人。这是挺难得的，唯有仁者是这样。他所作所为都是从清净本心流露出来，也是阳明先生真正意义上的知行合一，都是从良知发出。他也有好人、恶人，那都只是方便法，为了更好利益大众。

譬如，天气特别冷，小孩子晚上睡觉踢被子把肚脐露出来，父母会厌恶这个行为，会生气，但他们心里充满着爱，还是耐心给孩子盖好被子，把孩子搂在怀里，这是真诚真心无私的爱。

以爱子之心推及他人。仁者是深知每个人生命都是独一无二的、神圣的，都有存在的价值和意义。他是有喜好与厌恶，但心底是大爱、慈悲、善良，是无所求的。内心是无好无恶，清清静静，也就是真正懂得真诚真心地“能好人，能恶人”，他所作所为都是协助他人把生命意义发挥出来，真正做到你好、我好、大家好。

【〇四】子曰：“苟志于仁矣，无恶也。”

孔子说：“苟志于仁矣，无恶也。”苟，如果、假如。志，存心。恶，厌恶。意思是说：“假如人能存心于仁，他对人便没有真正所厌恶的了。”仁心就是良知，就是一盏智慧之灯，能除千年暗，能破万年愚。千年暗室，一灯能破。若存心于仁，所恶也只是方便法，也就不会黏住在所恶上，自然是“无恶”。

但何谓仁呢？怎么存心于仁呢？其实仁是每个人本自具足的本心本性的流露，仁爱、慈悲、善良的品质是从清净本心自然流露出来。存心于仁也就是回到自己的本心本性，所作所为自然而然流淌着仁爱、慈悲、善良。

譬如仁者有“恶”，就是厌恶人，他的用心是出于大爱，仍想他能改过自新、行善。如果他只是厌恶，没有仁爱之心，那他又怎么能够

“好人”呢？存心于仁的人，不论“恶人”还是“好人”，都是充满着善良和仁爱。

仁者能“恶人”，能“好人”，他的内心是清清静静，无嗔无喜，无恶无好。他随顺当下因缘，该“好人”时能“好人”，该“恶人”时能“恶人”，譬如当头棒喝，这是方便法。仁者是不戴有色眼镜去看人，也就是不带个人主观标准去评判，这才是真正的“无恶”呀！

当然有无恶之心境，也就有无好之心境。譬如《大学》中“身有所忿懥，则不得其正；有所恐惧，则不得其正；有所好乐，则不得其正；有所忧患，则不得其正。”这就是心正，是真正的真诚真心呀。这里的“正”不是“正邪”的“正”，而是超越了二元对立的“正”，无恶无好，无正无邪。唯有如此才能够真正的真诚真心地“恶人”“好人”呀！

【〇五】子曰：“富与贵，是人之所欲也，不以其道得之，不处也。贫与贱，是人之所恶也，不以其道得之，不去也。君子去仁，恶乎成名？君子无终食之间违仁，造次必于是，颠沛必于是。”

孔子说：“富与贵，是人之所欲也”。富，财多。贵，位高。意思是说：“金玉满堂跟位高权重，是一般人都梦寐以求，想得到的，它是真实存在的。”这里没有对错，关键是“不以其道得之，不处也。”不处，即不居，也可说是不取之意。道是指清净本心、道心。意思是说：“所作所为若不是从清净本心、道心流露，不是为了利益他人，无欲无求无所得，而仅仅是为了满足个人的贪嗔痴。即使有所获得也不取。”有因缘获取财富、高位，又合乎道，就全然接受，能更好地服务大众。能做到这样的人，他不是一般人，而是仁人了。

“贫与贱，是人之所恶也。”乏财曰贫，无位曰贱。贫与贱的确是普通人所厌恶，所想要逃避远离的。如何改变这种现状呢？孔子说：“不以其道得之，不去也”。也就是说，“处于贫贱中的人，如果不去开启本自具足的良知良能，发挥生命意义，而是一心为了个人私欲不择手段，偶尔获得很大收获，也会很快就失去，重新回到贫贱，如影随形。”孔子句句肺腑之言，无不是从道心流露。

孔子又说：“君子去仁，恶乎成名？”仁是本心本性的一种描述。恶，哪里。也就是说：“君子若离开仁，不处于仁心仁道，哪里能得名为君子呢？”因为君子在行仁，虽不能完全至于仁，但近于仁。若不近于仁则远仁，远则去仁，就不能称他为君子了。

具体怎么样做到“不去仁”呢？孔子告诉弟子说：“君子无终食之间违仁，造次必于是，颠沛必于是。”终食之间，一顿饭的时间。违，离去、不处。造次，仓促急遽之间。颠沛，是遭遇危险，甚至面临死亡之际。也就是说：“君子连一顿饭的时间都没有离去仁，仓促急遽之时仍是处于仁，颠簸困顿之时亦同样还处于仁。”

其实这是用三个事实告诉大家，君子是清醒明觉地活在每个当下，行走坐卧、语默动静体安然，时时刻刻不违仁、安于仁。描述的文字不同，所指是相同的。这是要让人心静下来，空明觉活在当下，恢复本有的清净本心本性，让神圣的生命意义发挥出来，利益他人，应用遍一切时一切处，自然是大安心，大自在呀！

【〇六】子曰：“我未见好仁者，恶不仁者。好仁者，无以尚之。恶不仁者，其为仁矣，不使不仁者加乎其身。有能一日用其力于仁矣乎？我未见力不足者。盖有之矣，我未之见也。”

孔子说：“我未见好仁者，恶不仁者。”意思是：“我没有见到喜好仁和厌恶不仁的人。”孔子回答说：“好仁者，无以尚之。”尚，胜过、超过。也就是说：“喜好于仁的人会觉得世上没有事物能胜过仁的了。”这一点是真实不虚。

这里可以把仁解读为大爱、慈悲、善良的品质，也是阳明先生所体证的良知，它是从每个人本自具足的清净本心本性流露，所以好仁的人是有很深的体悟。他心所好、所向是仁，自然能回来如实反观觉察到自己也有不仁之处，自然而然就会生起惭愧心，找到开启无尽宝藏的切入点。

孔子又从另一个角度自答说：“恶不仁者，其为仁矣，不使不仁者加乎其身。”意思说：“能憎恶不仁的人，也是充满爱与慈悲的仁人了，因为他将不会让那些不仁的事物附加在他自己身上。”

这里大家要注意，他憎恶不仁者，不是对外在具体的某人某物某事的憎恶，而是如实反观自己是否被束缚。譬如赌博，我个人是厌恶它，也就不会去粘着它，受它影响。但我对于这件事的存在并不憎恶，也不会要求他人与我相同。我深知修行是克己的功夫，不是用来要求别人的。

“恶不仁者”，能憎恶不仁的人，是能反观自己不仁、丑陋的地方，自然生起愧疚心，不会让那些不仁的事情加在自己的身上了。这是非常好的，这已是颜回的“不二过”，实是至于仁了，也就是阳明先生的“致良知”，良知是人人本有的，但如何“致”呢？这是功夫，也唯有用良知在致才能致，功夫与良知是一体。

孔子接着说：“有能一日用其力于仁矣乎！我未见力不足者。”也就是说：“真有人下定决心花一天的时间及精力用在仁上吗？我没见过有力不足的。”这句话我深有同感，夫子真的是一位体仁、行仁的人。他自己已走过，是明白人，看得清清楚楚，发现真正能行在仁道上的人少之又少。

行仁不是力气活，关键是有没有静下心来去体悟、体证仁。这比世上任何事物都重要。名闻利养没有一样能胜过于仁，胜过于良知。良知、仁在己身，是本自具足的，只需恢复而已。

孔子又退一步说：“盖有之矣，我未之见也”。盖，或许。或许世上真有力不足的人，但我终是未见啊。孔子真的是明眼人，他知道一般人对于不想去做的事情会想出无数理由搪塞自己，所以他很肯定地说自己一生没有见过行仁而力不足的人。

此章孔子深深感叹一般人不知道什么是为仁之方，为仁之方主要在己心的所好所恶。己心真能好仁、真能恶不仁的话，那心已达至仁了呀，这就是王阳明四句教中的“知善知恶是良知”。哪里还需担心自己力不足呢？很多人虽知道仁很重要，但绝大多数会自找理由说为力不足。关键还是不知道好恶在己心，不知道什么是良知，也不知道仁是从清净本心本性流露，而不是外来的。

【〇七】子曰："人之过也，各于其党。观过，斯知仁矣。"

孔子说："人之过也，各于其党。"过，浅层义作过错、过失解；也可从深层义作"已离开中道"解，也就是"过犹不及"的"过"。党，类。孔子说："人的过失，各自在哪一类呢？""过"是指浅层显相的过失、过错，也指最深层的未显相事物，是在发与未发之间时，正如念头发与未发之间。

在浅层显相的过失、过错，是已成为事实，已有结果的了；而在最深层的未显相事物是在中道，未成为事实，尚无结果。在这两者之间，可生出无数类的"过"。好比从因到果，是一层一层逐渐显相的。法律只能在外在上对已显相部分，如行为起作用，已有了结果。而起心动念等未显相部分，则需在心上学圣贤克己功夫，也就是"克己复礼为仁"，唯有良知自知呀！

孔子紧接着说："观过，斯知仁矣。"这句话有多层意义。

一是他人看到你，或你看到他人的过失在哪一类，就知道你是什么样的人。譬如"菩萨畏因，凡夫畏果""圣人防患于未然"。《黄帝内经》也讲："上医治未病，中医治欲病，下医治已病。"你的过处于哪一类上，决定你是什么境界的人。

第二层意义是每个人静下心来，向内深观到自己也有过去或当下的过失，能包容自己这些过失，不拉扯，全然活在每一个当下。能包容善待自己的过失，一样会包容善待他人的过失，这才是真正的仁爱，也就是良知呀！

其实当下是唯一真实存在的实相，是活生生的，充满着生命力、活力。当内心不在拉扯、厮杀，也不在消耗生命能量，自然行走中道上，全神贯注于当下，把生命的意义发挥出来，才能真正"知仁"。这也是体悟、体证仁道，与仁道合一的人。

【〇八】子曰：“朝闻道，夕死可矣。”

孔子说：“朝闻道，夕死可矣。”意思是：“早晨体证了道，傍晚死去了也值得啊！”此章的语简意深。孔子为何跟学生讲这句话呢？深意是什么？

一是，没闻道的人是不可能从容、自在、祥和地全然接受死亡的，他只能无可奈何、无能为力地去面对死亡，是死不瞑目。二是，众所周知，肉体的死亡是一定的，死期是不定的。三是，孔子“朝闻道”可以全然接受“夕死”，他深知“道”是遍一切处，须臾不可离也。《中庸》有记载，孔子说：“道不远人。人之为道而远人，不可以为道。”每个人的生命都是来自道，又回归于道。无论是生还是死，都是浸泡在道中。并不是死了就断灭空，什么都没有了，而是生死一如也。

此章是孔子亲证过大道后讲的，是真实不虚。那何为道呢？道在哪里呢？如何闻道呢？这里的“道”，在儒家称之为“无极”；在老子也称之为“道”；在佛陀称之为“空”“法界”；在基督耶稣称之为“上帝”。诸多名相，都是工具，是指月之指，所指向的都是宇宙万物的总源头，就是大自然、天地父母。人类是道之子，也是自然之子、上帝之子，就是大自然的一分子。我们与万物来自同一个源头。我们来自哪里，也必定回到哪里。也就说，每个人都是来自道，也必定回归道，真实不虚。

道是真正的生命归依处，是真正的安心之家。《中庸》说：“道也者，不可须臾离也，可离非道也。”它无处不在，无时不在，当下便是。真正的家就在此时此刻此处，它是起点也是终点，是此岸也是彼岸。它是生生灭灭，又是不生不灭，也是唯一真实存在的实相。

如何闻道呢？当然，道也是在每个人身上本自具足的。王阳明称之为“良知”，孔子称之为“纯净的本心本性”，六祖慧能称之为“自性”等。

当慢下来、停下来、心静下来，清醒明觉地活在每一个当下，心自然而然与空相应，与整个法界一起脉动，也就是心融入空，融入道，融入一体世界，回归主怀，找回与你我本合一的天地父母，自然就心安、自在、祥和呀！

【〇九】子曰："士志于道，而耻恶衣恶食者，未足与议也。"

孔子说："士志于道"。士，在孔子心中是悟道、明道、行道的人。孔子教学，不是让学生为了求仕得仕，或为了谋个人的荣华富贵而求仕，而是将借助仕来行道。他的教育总纲是"志于道，据于德，依于仁，游于艺"，所以对于来跟他学习的人，孔子必先是"志于道"，也就是以道存心。

"志于道"的人，若还是"耻恶衣恶食者，未足与议也"，觉得衣服不好，饭菜不好是可耻的，那就不值得跟他一起探讨道了。因为道既关系到个人的生死大事，也关系到天下后世的公心，它是构建大同社会的根本。"君子食无求饱，居无求安"，衣食属于一人的私欲，忘不了自己衣食之美恶，哪能全力以赴为天下后世作大公之计呢？

在这里，该予朱熹公正的判定，他提出的"存天理，灭人欲"是对士阶层的要求，并非全民。再者"存天理"即"存道于心"，"灭人欲"并不是强制消灭人欲，而是士存道于心后，自然而然就会将自己的欲望降至最低，有最基本的生理需求即可，内心仍然是快乐自在。譬如老子，庄子，佛陀，孔子，颜回，他们都是这样的生命状态呀！

"自古圣贤皆寂寞"，朱熹是明眼人，千年来被误解，他提出降低人的欲望，被认为是没有人性的人，有失公允。据我个人体证，朱子者，圣贤也。读书人若只是望文生义，依文解字，没有自己的体悟体证就随便贴标签，还美其名曰"传播中华传统文化"，实在是断人慧命，其害无穷。王阳明他也是体证了朱熹的"存天理，灭人欲"的真实义，他将来一定是世界级圣者，就凭借他所彻证的"良知"，足以撼动世界，致良知就是"人欲去，天理存"。天理即是良知，人人本自具足，只是去发现、恢复而已。

【一〇】子曰："君子之于天下也，无适也，无莫也，义之与比。"

孔子说："君子之于天下也，无适也，无莫也。"适，可作亲、疏解。莫作可、不可解。第二种解法，"无适无莫"即是无可无不可，即是不器，心量广大，包罗万象，无限可能。

意思是："君子对天下万事万物，没有具体规定哪些一定可以这样做，也没具体规定哪些一定不可以这样做。"孔子心中的君子是胸怀天下的，但天下万事万物却是无常流动变化，不能用固定的标准框框去套用，也没有预设的答案。譬如，有一个故事，妈妈和老婆同时掉入河里，先救哪一位？大家静下心来想想吧！有答案吗？

孔子做出回答："义之与比。"义，合宜，也就是合乎道，合乎本心。比，从。意思是说："只要合乎义便从，也就是唯义是从。"那何谓义呢？真正的义，不是《水浒传》里路见不平，拔刀相助的江湖义气，而是从纯净的本心本性的自然流露。真正的义是超越二元对立的，像这样正义的人，他是合乎时宜，合乎道，随顺当下因缘，内心又充满爱、慈悲、善良，清醒明觉地活在每个当下，做自己应该做的事。

在每个活生生的当下都唯义是从，就同于孟子的集义，自然就逐渐恢复本自具足的良知良能，让自己成无限可能，生命全然绽放，内心自然就会安详、自在。

【一一】子曰："君子怀德，小人怀土。君子怀刑，小人怀惠。"

孔子说："君子怀德，小人怀土。"怀，思。德，得也。土，财富。意思是说："君子所思的是如何体证本自具足的纯净的本心本性，开启妙智慧，恢复良知。小人所关心的是自己的土地、田宅等财富。"

孔子又说："君子怀刑，小人怀惠。"刑，典刑、经典法则。惠，恩惠、好处。意思是："君子所作所为会想到是否合乎典刑，小心翼翼，如履薄冰，如临深渊。而小人就如《中庸》里所言，'小人则行险以徼幸。’小人之行，就是行险以求其幸，只贪图眼前的各种小恩惠，不思虑后果。”

其实君子与小人的区别就在于两者的念头不同，也就是发心、初心的不同。这也决定他的所作所为的不同，生命的品质更是有天壤之别。君子是上达，心量广大坦荡荡，无我无私，无欲无求。小人是下达，心量狭小长戚戚，唯利是图，自私自利，为达到目的绞尽脑汁。

静下心来，问问当下自己到底是何种人呢？若不能如实地反观自己，照见自己，净化自己，即便诵读《论语》千遍，滚瓜烂熟，也只能证明知识渊博，但离开启妙智慧、良知很远，还是没摸到门，还是在门外四处找寻。

譬如，《六祖坛经》所云：“心迷法华转，心悟转法华。诵经久不明，与义作仇家。”法达诵读《法华经》三千遍，不能开悟，还是“心迷法华转”，值得深思啊！到底是你在转经典，还经典在转你呢？

【一二】子曰：“放于利而行，多怨。”

孔子说：“放于利而行，多怨。”放，放纵、放逸，任意发展。这与《孟子》中的“学问之道无他，求其放心而已矣”的“放”是相似的。孟子告知人们，做学问的目的是让放逸的心收回到当下，唯有如此，才能如实反观自己，净化心灵。而这里，孔子深观到人们放纵欲望肆意发展，一门心思扑在私利上，内心自然就会生起诸多怨恨。

孔子为什么能够知道这么清楚呢？他在自己心灵成长过程中有自己的体悟体证，在每个当下能够做到如实觉察自己的起心动念。也就能够将心比心，清楚地知道他人的心行。自然就能做到“知己知彼，自知者明。”

若一个人的内心充满贪嗔痴，就会想方设法四处找寻获取利益，来满足自己的私欲，当不能满足时，内心自然就会生起怨恨，怨自己生不逢时，怨他人不懂得付出，怨没有一位好爸爸等。

若内心无欲无求无所得，就不会“放于利而行”，自然就无怨。譬如真诚真心地协助他人，内心是无欲无求，也无所谓功德不功德，那无论发生什么都是全然接受，无喜无忧、无怨无恨。这是佛教所说的“三轮体空”布施，也就是布施时没有能布施的我、受布施的人、所布施的事物，当然布施后更不存有求回报的念头。“三轮体空”布施，就是无相而施，它的功德不可思议，这才是最大功德。连这功德的念头都没有，自然生起不住相布施的清净心，也就是《金刚经》的“无所住而生其心”，内心自然是清清静静，怨恨也就无从生起，何来“多怨”呢？

【一三】子曰：“能以礼让为国乎，何有？不能以礼让为国，如礼何？”

孔子说：“能以礼让为国乎，何有？”礼的核心主敬。它的形象描述是“万物并育而不相害”，更具体的描述是“君君臣臣，父父子子”。也就是说，君有君相应的礼，臣也有臣相应的礼，父子也是一样。各安其位，各尽其能而不相害。让，谦让，也就是不争。譬如《曲礼》云：“毋不敬。何以为敬，让之是也，尧舜皆以天下让，何况其余。古人无事而不让，让则不争。故易为治。”

孔子说：“若能以礼让来治理国家，还有什么困难呢？”的确如此，非常棒啊！但两千多年来，哪个国家或朝代是这样去做的呢？既然找不出来，又是什么原因做不到呢？关键是人要做到真正的礼让啊！

那如何做到礼让呢？据我的体悟体证，是要开启本自具足的纯净的本心本性，打开无尽宝藏，发现自己本来就非常富足，人人皆有本自具足的良知，在凡不减，在圣不增，就能知足而不争，就能够做到真正意义上的礼让。

孔子深观实现礼运大同世界的根本在人，所以他四处讲学，办教育，有教无类，真诚真心地协助他人开启本自具足的妙智慧、良知，而不只是教授技能。孔子真的是明白人，是位大智慧者，他说：“不能以礼让为国，如礼何？”意思是：“如果不是从清净的本心本性流露出来的礼让，是不能从根本上治国的。一堆五花八门的礼仪又有何用呢？”

孔子说的每一句都是肺腑之言，无不让人为之感动与震撼！

【一四】子曰：“不患无位，患所以立。不患莫己知，求为可知也。”

孔子说：“不患无位，患所以立。”患，担心、发愁。位，官位、职位。孔子说：“不要担心没有职位，而应该愁自己凭什么能坐在这样的职位上。”这是大实话！静下心来想想，如果一个人无才无德，给他一个省长的职位，能胜任吗？真的能为全省人民谋长远的福利吗？

不论是谁处在哪一个阶段，真正要愁的是，有没有开启妙智慧、良知，有没有“独立之人格、自由之思想”。只有真正自立了，才能够立人，自然就有相应的职位让他发挥生命意义，利益他人。

孔子谆谆教诲，他说：“不患莫己知，求为可知也。”意思是说：“不要愁没有人能知道我，而是该求我有什么可以让人想去知道、了解的。”真的是如此。为什么别人要了解我呢？我有什么魅力吸引他人呢？

在这一点上，我是深有体会的。《论语心解》自二零一四年九月二十八日即孔子圣诞日启动后，每日一则，至今八十篇。当时的初衷是分享个人体悟，不曾想一路上得到很多朋友的支持与反馈，也有很多素昧平生的人看到《论语心解》后开始知道我，关注我。就像正和岛岛亲李总读了心解后特别震撼，特意一早从长沙乘坐七点多的高铁到广州种茶人与我交流，下午又坐高铁回长沙。还有很多人用不同方式来关注、了解《论语心解》，与我交流。真不用担心没有人知道自己，“你若盛开，蝴蝶自来”。重要的是做好自己，让神圣的生命全然绽放，放出你自己耀眼的光芒。

孔子说的每一句话，都是他自己的体悟、体证，自然充满着生命力、活力、神韵。

【一五】子曰：“参乎！吾道一以贯之。”曾子曰：“唯。”子出，门人问曰：“何谓也？”曾子曰：“夫子之道，忠恕而已矣。”

“参乎！吾道一以贯之。”参，曾参，孔子弟子。这里孔子直呼其名，是有所告。贯，串，如以绳穿物。孔子发乎肺腑地说：“参啊！我平日所体悟体证而所讲的道，都可用一个东西来贯串它。”从这句可以知道，孔子此时应是在晚年，了悟宇宙人生的真理实相，而曾参还没有彻悟，不能印证，这点孔子是看得清清楚楚的，所以才要讲这番肺腑之言。曾子在孔子面前近乎是透明人，没有什么可以瞒过夫子的慧眼。

那何谓“一以贯之”呢？一旦体证了天人本合一，也就是体悟到人与大自然就是浑然一体。一个人在满足人基本生理需求的基础上，将欲望降低至极致即朱熹的“灭人欲”，自然就能做到心与空相应，心融入空，做到无欲无求无所得，与大自然的生生灭灭一起脉动。“无所住而生其心”的“心”就是朱熹的“存天理”，内心清清净净、真诚真心，又有明觉。所作所为能从纯净的本心、良知中流露出来，这就是“一以贯之”。

曾子洗耳恭听后，答道：“唯。”唯，与“诺”都是恭敬的应答词。但曾子未必真能明白夫子这句话的深意，他所体悟体证的“一以贯之”未必是孔子的所讲。颜子既殁，孔子之道是没有正传，也就是圣学血脉已断，所以《论语》中两处叹道“今也则亡”，难道是诳语吗？《中庸》也有引用孔子语，曰：“忠恕违道不远。”但只是“违道不远”而已，还不是“吾道一以贯之”。

孔子走出门去了，别的弟子问曾子“何谓也？”意思是：“你们说的是什么意思呢？”曾子回答说：“夫子之道，忠恕而已矣。”尽己谓之忠。“己所不欲，勿施于人”谓之恕。也就是说：“先生之道，只是忠和恕二字罢了。”

门人的境界与曾子又有差距，曾子也是无法讲明白，但他知道从“忠恕”下手是不会错的，这是修己功夫，就能“致良知”。虽“忠恕”不可以等同于夫子之道，但若能将“忠恕”真实地贯彻下去，从中去体悟、体证每个人本自具足的本心本性，如实地反观“忠恕”，也是从本心本性流露的。而这些都是当下功夫，每个人都可以尽力为之，良知自然致呀。

【一六】子曰：“君子喻于义，小人喻于利。”

孔子说：“君子喻于义，小人喻于利。”喻，晓得。意思是说：“君子所了知的是大义，而小人所了知的在私利。”这里孔子并不是在制造二元对立，而是在告诉弟子，有些人于事必辨其合乎大义、合乎本心，就用“君子”来称之；有些人于事必计其利害、趋吉避害，就用“小人”来称之，仅此而已。

君子心量广大，他是以全人类利益为考量，自然所思的范围便是全人类；当心与虚空相应，所思的便是整个宇宙，所作所为便是为整个宇宙众生服务。他虽是为己，但这里的“己”就是大己、大我，也就是无我。

小人心量狭小，所想只有他自己一个人，甚至连自己的肉体都厌恶，身心分裂，不能统合。越自私的人，他的心灵越狭小，缩到一个小小的角落。生命就会慢慢地萎缩，会渐渐地失去生机，直至最终枯竭、枯死。

此章孔子是在告诉人们如何从小人成为君子，再从君子成为“不君子”的过程。这其实是超越了君子与小人之分，来至无所谓君子、小人的境界。只有内心不在拉扯、纠结，生命才能全然绽放，流露出生命力，自然生机勃勃、魅力四射，尽己之力为家人，发挥出生命意义。这里的“家人”的具体范围可以是一家、一国，随着每个人心量、视野大小而不同。

【一七】子曰：“见贤思齐焉，见不贤而内自省也。”

孔子说：“见贤思齐焉。”贤，一指有智慧的人；二指除人之外的一切，即天、地、太阳、水、空气、动植物和虚空等都是有机的生命体，有生命力又有大智慧，也是贤者。譬如《易经》中的“天行健，君子以自强不息”，天代表浩瀚苍穹，无尽虚空。君子是向天学习那种自强不息的精神。“地势坤，君子以厚德载物”，君子是向大地学习，默默地付出，无欲无求地承载、长养万物。这也是《道德经》所说的“长而不宰，为而不恃，生而不有”的高等心灵品质，是道、大自然的特征、特性。齐，平等，一样的心灵品质。孔子说：“遇见贤者，当思要与他们的心灵品质一样、看齐。”

其实，大自然就是一部无字天书。孔子深知是先有地球，再有植物和动物，再后来才有人类。人类诞生后，为了沟通和交流才有了语言和文字，而经典正是先贤观察、体证大自然后记录下来的语言、文字，也是经验、教训，还有描述大自然的运转法则，也就是描述宇宙真理、生命实相。

大自然中万事万物都是人们“思齐”的对象，都是贤者。如老子、庄子、耶稣、佛陀和孔子等大智慧者，他们也都是以大自然为师，通过体察大自然，以大自然为师，向大自然学习、思齐，开启自身本自具足的妙智慧、良知。所以，大智慧者及经典都只是指月之指，是助缘，都是协助人们回到法界、大自然中去体悟体证，恢复本自具足的纯净本心本性、良知良能。

孔子又说，“见不贤而内自省也。”不贤，还没有开启本有智慧的人。意思是说：“遇见不贤的人，应当如实反观察省。不贤者也是善知识，是天使，能让我们反观到自己有哪些不足。有则改之，无则加勉，不断地净化自己的心灵，清醒明觉地活在当下，让生命全然绽放，放出自己耀眼的光芒，利益他人。”

【一八】子曰：“事父母几谏，见志不从，又敬不违，劳而不怨。”

孔子说：“事父母几谏。”事，侍奉。几，微也，就是初见端倪。人之过，在未然之时，易于改正。所以为人子女者，见父母之过于微起时就当规劝，防患于未然，不要等已酿成大祸。也就是说：“子女侍奉父母，不仅要保证其基本生理需求，更重要的是父母之过在未然时及时规劝他们。”

真正做到是不容易的，为什么呢？这对子女的要求很高，如果子女自己没有开启妙智慧，恢复良知，也就是说没有开启自己的纯净本心本性，这很难做到的。若父母之过正好符合自己心中的条条框框，便会生起贪念，还佩服得五体投地。若父母之过不符合自己心中的框框，是自己所不要的，则起嗔恨，认为父母没有本事。

譬如腐败官员的子女，很大部分会有这种问题，他们都对父母亲腐败起了推波助澜的作用。像这样的子女，他们自己的内心也不清净，充满着贪欲望，是很难见到父母之过，更难觉察父母之过的端倪。

孔子又说："见志不从，又敬不违，劳而不怨。"意思是说："若父母的心之所向不能听从子女的规劝，子女还是要保持恭敬且不违背自己规劝的初心，在合适因缘下继续规劝。即便是屡谏又不从，甚至受父母的怒斥，亦不辞劳苦，尽子女之心，不怨父母，谏之不已。"

大家静下心来，反问自己，孔子是不是教诲大家如何做好父母，也如何做好子女呢？我们每个人都已成为子女，很多人也已成为父母。若有这样的子女，父母要珍惜，应感到满足。若有这样的父母，子女还是要保持恭敬而无怨恨。他们也是你的天使，是来磨砺你，协助你迈向高等心灵品质，开启妙智慧，恢复本自具足的良知。

【一九】子曰："父母在，不远游，游必有方。"

孔子说："父母在，不远游。"远游，一指身体的移动，且需长时间在外从事工作，譬如去远方从师、经商或谋职做官。二是将孝敬之心放在父母身上，人不一定要在身边。意思是说："父母在世时，尽量不做远行。"

有人觉得"父母在，不远游"没有什么，有点小题大做。这里可以发现夫子的伟大之处、过人之处，微言大义，蕴含最重要的东西，关乎一个人能否真正懂得修身齐家。

身不修，家不齐，国将无以治。的确是如此，若每个人真的能身修了，能开启妙智慧，恢复本自具足的良知，自然就家齐，家齐自然就国治。真正国治了，哪里还需远游呢？但是，真正能开启智慧的人毕竟不多，所以很多人“寻师问道为参禅”，四处游学拜师协助自己打开无尽宝藏。还有一种人是已开启本自具足本心、本性，譬如孔子，他带着弟子周游列国，为了发挥生命的意义，利益他人。

孔子接着说“游必有方”。方，方位、住所。意思是说：“若不得已有事要出远门，也须有确定的方位。”

譬如六祖慧能听说五祖弘忍在黄梅讲《金刚经》，立即安置母亲，前往黄梅参礼，一去十五年多不能见母亲。但他母亲也念佛、学佛，深知孩儿是为法作见证，是成就大丈夫之事业，非将相之所能也，这是真正尽大孝。而慧能母亲的智慧是成了慧能的助缘。

孔子也深知每个人都是独一无二的，都有无限的潜力，无限的可能，不是一定不能远游，只要因缘具足，未尝不可远游。更何况今天通信及交通等科技已大大提升了，已成为地球村。所以远不远游在今日不是很重要，重要的是否有一颗孝敬之心！若无孝敬之心，天天守在父母身边，父母未必能发乎内心的高兴。大家可以静下心好好地来体悟、体证，孝敬之心与学历、年龄、性别、种族、国界、宗教、党派、宗派、肤色等无关，人人都有呀！

【二〇】子曰：“三年无改于父之道，可谓孝矣。”[①]

《春秋繁露·祭义篇》中，孔子曰：“书之重，辞之复。呜呼！不可不察也。其中必有美者焉。”

【二一】子曰：“父母之年，不可不知也。一则以喜，一则以惧。”

孔子说：“父母之年，不可不知也。”年，年纪、年龄。知，犹识也，常记在心。意思是说：“父母的年纪，不可不常记在心呀！”子女

① 此章重出，参见《论语·学而·十一》。

逐渐学会自立，父母日渐衰老。子女又能为父母做些什么呢？

孔子接着说："一则以喜，一则以惧。"喜，心生欢喜、高兴。惧，心生忧惧。意思说："让人一想到，又是心生欢喜，又是心生忧惧。"

这里蕴含有三方面的深意，一是为父母亲愈加长寿而心生高兴，也为他们越来越衰老，在世日子愈少而心生恐惧。二是深知"朝闻道，夕死可矣"。父母之年愈高，时日无多，一方面是为能协助父母"闻道"，开启本自具足的妙智慧而心生欢喜。另一方面子女自己也在闻道，还未大彻大悟，不知能否在父母有生之年协助他们大彻大悟，了脱生死大事。一想到自己尚未大彻大悟则心生忧惧。三是父母本来就是大智慧者，一想他们之年愈高，能向父母思齐，心生欢喜，但自己又未能通达而感到忧惧。

我父亲年六十有八，他是地地道道的老茶农，农耕了三十多年。二零一四年十一月，他从老家茶乡安溪来广州看我。因他闲着无事，我就为他播放《道德经的智慧与应用》光碟，整套光碟四十多个小时。父亲在广州半个多月，完整又认真地看了两遍，法喜充满！还有自然农法的光碟，他也是看了两遍，并结合自己的农耕经验提出了看法。看到父亲能这样去学习，我是无比感动、震撼、高兴啊！回家时，他把几套法宝和播放器背回老家，每一天有空就不厌其烦地去看，又在自家茶园试验自然农法的茶叶，割草覆盖。父亲是真的很棒！我真的是心生欢喜。

所以知而能喜，知而能惧，皆是在心上的功夫。行走坐卧、语默动静亦是如此，是真实不虚。每个当下保持空明觉，就是觉者，就是天人合一，知行合一。

【二二】子曰："古者言之不出，耻躬之不逮也。"

孔子说："古者言之不出。"言，语言、著述等。意思是说："古人不会轻易出言。"为什么这样说呢？孔子深知轻易出言的人，一般都是浮躁而未有亲证，又急于表现，展示我是、我能、我慢，所以他教导学生要"慎于言，敏于行"。在春秋末年，诸侯割据，礼乐崩坏，大多数人勾心斗角，为了达到目的到处游说，随意出言，不思后果。孔子在此是“举古人，警今人”。

孔子每说一句都是有很深的体悟、体证，如实反观自己是否做到，又如何做到的呢？他真的是“如履薄冰”，所以才说“耻躬之不逮也”。耻，以什么为耻。躬，亲身。逮，及或赶上。意思是说：“如果自己说得出却做不到，是一件可耻的事呀！”

的确如此，深有体悟，言之易，为之难也。很多时候，一个人心血来潮，脑海中浮现一个又一个美丽的蓝图和完美的计划，一想起来觉得自己未来不得了，难掩内心愉悦，四处宣说。万万没有想到，任何一件事的成就，不是我很厉害，我很能干就能成的，而是在众多因缘和合、支撑下才有所成就，只要其中一个因缘不成熟，就无法成事。

譬如“万事俱备，只欠东风”，也就是说，若无东风生起，火烧赤壁不会成功，曹操免受损失。还譬如今日美容业的减肥广告，满大街都在告知多少时间内减多少斤，其实绝大多数是做不到的，夸大其辞，却不知“耻躬之不逮也”，实在遗憾！

所以，在子贡问君子时，孔子告诉他说：“先行其言而后从之。”就是说，“君子要先做到了，再去分享出来。”身教胜于言教，自己真的做到了，他人自然而然会发乎心底支持你，也会效仿你，哪里会没有成就呢？

【二三】子曰：“以约失之者鲜矣。”

“以约失之者，鲜矣。”约，约束、收敛，不放纵。关键是约束自己的内心欲望不放纵。鲜，少。孔子说：“因能约束自己内心的欲望，不放纵，过失自然而然是很少的。”

理是这么说，但如何能做到“约”呢？《道德经》有云：“五色令人目盲，五音令人耳聋，五味令人口爽，驰骋畋猎令人心发狂。”这是告诉人们，当一个人内心充满贪嗔痴，放纵自己的欲望时，眼睛沉迷于五光十色，看不到自己真正想要的；耳朵追逐悦耳的音乐、余音缭绕，听不到内心的无声之声；酸甜苦辣咸，让人失去无味之味的真味了；在田野上奔跑追赶射杀野兽，人心是发狂，没有慈悲心、爱心、良心。这一切都是让人的内心难以清净呀！

静下心来如实反观自己的内心，老子所说的这一切是真实存在的吗？今日世界难道不也是这样的吗？只是外在表现形式不同而已，内心是被无止境的欲望所牵引着，四处奔逐游荡，如奔腾的黄河水一样浑浊、涌动呀！

唯有慢下来、停下来、静下来，心自然而然就会清净，回归到纯净的本心本性。所作所为自然都从本心本性、良知良能流露出来，利益他人，过失自然也就很少。即便有过失，只是技术操作问题，无大忧患，这就是真正的知行合一。内心无拉扯、厮杀、不安，就能全然地接受每个当下，融入当下。生命自然而然就像花儿一样全然绽放，自然心安、自在、祥和。

【二四】子曰："君子欲讷于言而敏于行。"

孔子说："君子欲讷于言而敏于行。"讷，迟钝、谨慎。敏，敏捷。意思是说："君子常言语迟钝，而做事敏捷。"孔子为什么这样说呢？

这里的"君子"可以说是在"理上顿悟，事上渐修"的人。他是告诫弟子不论哪一件事，知道并不等于能够真正做到。也就是说，你知道很多，是大学问家，也有相当的体悟、体会，但未必能真正做到，少说即"讷于言"，而多做即"敏行"，才可称得上真修呀！

若只停留在知道的层面而做不到，只是抽象的头脑知见、观念、想象而已。若四处宣讲不能讷言少说，不仅不能协助他人恢复清净本心、本性，有时候还会引导他人走上歧途，断人慧命。

很多人一辈子学习做事，只是多些知见、知识，银行账户上多了几个零，到处去展示我是、我能、我慢，而智慧却没有真正开启，良知没有得以恢复，到头来就是一场梦一场空，神圣的生命就这样消耗了，真的很可惜呀！

还有更深层的意思，“讷言”“敏行”讲的只是一件事上。深观“欲”字、“而”字，从中便知，在做具体某一件事时，少说或止语，全然活在每个当下，全神贯注地做好当下的每一个动作，生命自然就会全然绽放，有了无限的可能，这是“敏行”的真义。譬如吃饭，不是边讲话边吃饭，而是静下心，让心回到当下来，一口一口地吃，带着感恩的心去细细地品尝当下可口的饭菜。像这样去吃饭，生活不美也难矣！

【二五】子曰：“德不孤，必有邻。”

孔子说：“德不孤，必有邻。”德，得也。就是得道者，对于道有体悟体证，识得本心本性，找回本自具足的良知，人人都有，在凡不减，在圣不增。邻，亲近。孔子说：“得道之人，绝不会觉得孤单、孤立、孤独，一定是有亲近的人，或者有亲近的万物包围着他。”也就是说他是浸泡在道之中，生活在天地父母的怀抱里，被爱包围着，天地万物是一体呀！

譬如《集解》（何晏注）里的“方以类聚，同志相求，故必有邻，是以不孤也”。志同者，互相求为朋友，各以其类相聚。只要是得道人，自然会吸引求道或得道之人到他身边，所以必有邻，哪里会孤单呢？

但在乱世，小人道长，君子道消，有德者也未必有亲近的人。但有德之人自然会亲近周遭的花花草草、鸟兽虫鱼、阳光雨露、蓝天白云等，哪样不是他最亲近、最真诚的朋友呢？他哪里还会孤单、孤独呢？庄子就是这样的人。正如《庄子·知北游》里说：“天地有大美而不言，四时有明法而不议，万物有成理而不说。”天地万物，不仅是亲近的邻里，还默默地养育每一个人，无我无私，真诚真心呀！

此章仅有六个字，但却告诉人们修行的方向。唯有开启本自具足的纯净本心本性，自然天人合一，自然而然就“不孤”，处处皆有邻。譬如，孔子周游列国，其道不行，却可行走于山水溪石、日月星宿、花鸟虫鱼之间，树林、清琴、三千弟子皆是其邻，何有孤立呢？

【二六】子游曰："事君数，斯辱矣。朋友数，斯疏矣。"

子游说："事君数，斯辱矣。"数，屡次，过于频繁。斯，连词。则，乃。辱，受辱。子游说："侍奉君主太过于频繁，便会遭受侮辱。"为什么侍君不能过于频繁呢？君主是有权力的人，过于频繁侍奉君主的有两种人：一种人是有求于君主，希望博得宠爱，获得权力；另一种人是有权力，功高盖主，不把君主放在眼里，喜欢在君主面前展示我是我能我慢。这种人历史上大有人在，他们最终的下场，或被撤职，严重的被流放、被抄斩。

子游接着说："朋友数，斯疏矣。"疏，疏远。意思是："朋友交往太过于频繁，便会疏远了。"为什么呢？朋友之间刚认识时，双方不是很了解，距离产生美，彼此保持有神秘感、恭敬心。多交流几次后，看到他人的缺点，就会觉得没有什么，就慢慢地失去恭敬心，自然而然就疏远了。也就是说交朋友，做不到像晏子那样让人"久而敬之"，越深交越敬重。还有的是交往太过频繁，过于依赖彼此，没有自己独立的空间，最终反而疏远了。

君臣、朋友，相互之间都以"不数"为宜，也就是不过于频繁，保持一定的距离感。这也正是纳忠尽谊之法，不是为求荣求亲，也不是当去当止之说，而是根据具体的因缘，需要尽忠就尽，朋友需要协助时，真诚真心地去协助。在志同道合的人之间呢？天地万物本来就是一体，也就无所谓数与不数，就无所谓辱与疏，所作所为都是本心本性、道心良知流露，随心所欲而不逾矩，自然就会安心、自在、快乐、感恩。

公冶长篇第五

（凡二十八章）

【〇一】子谓公冶长："可妻（qì）也。虽在缧绁（léi xiè）之中，非其罪也！"以其子妻之。

"子谓公冶长"。谓，评论。公冶长是孔子的学生、女婿，其人在《论语》唯此一见。史载公冶长是孔门七十二贤之一，自幼家贫，勤俭节约，聪颖好学，博通书礼，德才兼备，终生治学不仕禄。相传通鸟语，并因此无辜获罪。

孔子评论公冶长，说："可妻也。"妻，嫁。意思是说："可以让女儿嫁给他。"能把自己的心肝宝贝托付终身的人，到底是什么样的人呢？孔子如实说："虽在缧绁之中，非其罪也！"缧绁，古狱中用黑色的绳索捆绑罪人。意思是说："公冶长虽然曾经蹲过牢房，但并不是他的罪过。"

孔子真的非常伟大，的确有过人之处。他只论学生公冶长的立身，而不论他的境遇。公冶长蹲过牢房，是事实，也是实相，是真实存在的。只不过孔子与一般人不同的地方是，他能够不带有色眼镜，以归零的心、清净心去如实知、如实观，给公冶长以公正的判定，并"以其子妻之"，把自己的女儿嫁给了他。这给了公冶长最大的肯定与鼓励，有这样的老师、岳父，能不震撼、恭敬吗！

大多数人听说某人蹲过牢房，不先去了解他是什么原因获罪，就带着自己的主观意识去看去想，认为那个人肯定是做坏事，不是什么好人，躲得远远的，有时候见到这样的人还绕道走。大家静下心来，问问自己，是不是有过这样经历呢？更不要谈将自己的女儿嫁给他，那简直是天方夜谭啊！可孔子却把自己的女儿嫁给了蹲过牢房的人，实在是令世人震撼！

对于孔子，他只是就事实论事实。清醒明觉活在每个当下，看清楚事物的本来面目。所作所为是从自己纯净本心本性流露出来，利益天下苍生罢了，没有什么了不起，是人都本该如此，他只做自己本该做的事而已呀！

【〇二】子谓南容："邦有道，不废，邦无道，免于刑戮。"以其兄之子妻之。

子谓南容："邦有道，不废，邦无道，免于刑戮。"南容，孔子的弟子。废，弃。刑，刑罚。戮，诛戮。意思是，孔子评论弟子南容，他说："国家有道，他是不会废弃的；国家无道，他也可以免于刑罚或被杀。"像这样的人，孔子"以其兄之子妻之"，把自己的侄女嫁给了他。

为什么孔子又把自己的侄女嫁给南容呢？国家有道时，也就是全国上下，不论是君主大臣还是平民百姓，每个人的所作所为都能从纯净本心本性中流露，都是"我为人人，人人为我"，全国上下就像一家人。在这样的社会中，南容不会废弃自己，而是尽其所能，让自己的生命全然绽放，利益天下。

在国家无道时，也就是全国上下的绝大部分人都背道而驰，内心充满着贪嗔痴，勾心斗角、尔虞我诈、相互厮杀。在这样的社会里，南容就"如临深渊、如履薄冰"，避免刑罚或被杀，保全自己的生命。即使物质贫乏、生活穷困，他的内心能感到满足、知足和快乐。

有的人会觉得孔子的要求好低，怎么会把侄女嫁给这样的人，没有楼房、别墅、小车和银行存款，也没有好的收入和工作单位，能免于刑罚就足矣，真不可理解啊！

其实，孔子是明眼人，看到的不是外相，他深知南容是位智慧者，心量广大，在"邦有道""邦无道"都能随顺因缘，活在当下。所作所为是从本自具足的本心本性里自然地流露，生命能全然绽放，心安、自在、祥和！这是很难得的呀！

【〇三】子谓子贱："君子哉若人！鲁无君子者，斯焉取斯？"

子贱，孔子的弟子。孔子评论子贱说："君子哉若人！"若，此、这。意思是说："子贱这人呀，真是个君子！"孔子为什么这么说呢？

他不是要特别赞美子贱，而是拿子贱来做一个让他人学习尊贤取友的榜样。所以孔子又说："鲁无君子者，斯焉取斯？"第一个"斯"指子贱，第二个"斯"指君子的品质。焉，哪里、怎么、怎样。取，取法、获取。意思是说："如果鲁国没有君子，子贱又是怎样取法君子的心灵品质呢？"

孔子是把子贱之贤归功于"鲁之多君子"，他自然流露出君子一样的心灵品质。鲁国的确是多君子，亦是事实，鲁国先祖是周公。孔子是在教导其他的学生，在这君子之乡里，不成君子也难啊!他也要先知道自己是不是君子，如果自己不是君子，是不能知道他人是君子的。要成为一位君子，具体方法步骤可以去向子贱同学学习，看他是如何去做，怎样去尊贤取友的。

孔子并非是在"授之以鱼"，而是"授之以渔"。他清清楚楚地知道君子之境界是可修、可证、可达的，他自己也亲证过，是真实不虚的。关键是能否静下心来，见贤思齐，先觉觉后觉，如实反观自己的起心动念，脚踏实地，一步一脚印去实修实证，开启本自具足的清净本心本性，恢复人人本有的良知，自然而然就会来到君子的境界呀！

【〇四】子贡问曰："赐也何如？"子曰："女，器也。"曰："何器也？"曰："瑚琏也。"

子贡听到孔子评论了弟子公冶长、南容和子贱，就忍不住问老师说："赐也何如？"子贡，孔门弟子十哲之一，主言语科，外交家，也是富可敌国的大商人。赐，子贡名，古时与老师交谈自称名以表恭敬。意思是说："我子贡怎样呀？"孔子一眼就看出子贡挺自负，又有我慢，于是就毫不客气地说："女，器也。"女，即汝，是指子贡。也就是说："你就是一件有用的器具。"

子贡毕竟是商人，知道器具也有高低贵贱之分，很想知道自己到底是什么样的器具，便又接着问："何器也？"也，通耶，疑问词。意思是说："何种器呀？"孔子很认真地说："瑚琏也。"瑚琏，宗庙内盛黍稷之器，竹制，以玉饰之，贵重又华美。也就是说：“你像是宗庙内用来盛黍稷的瑚琏呀。”

为什么孔子会说子贡是器呢？因为子贡是富可敌国的大商人、外交家，口才又好，到了哪个国家，国君都会亲自出迎。能没有我慢、我能，太难呀！他的内心还不能做到真正归零。虽然经常在孔子身边，但他的身心并不很柔软，还只是停留在“器”的境界，还不能到达“君子不器”的心境。

孔子也没有因为子贡在物质上给他资助就给面子，而是实相是什么就说什么，让子贡能如实地反观自己，心灵成长更快。其实，孔子这么做，一是爱护子贡，子贡这样的人需要的是猛药。药越猛，越有体会。到了孔子去世后，子贡还为孔子守陵六年。二是要让大家知道，物质方面很是重要的，但更重要的是要做到“不器”的心境，无我无私，让自己的生命意义发挥出来，利益他人，成为无限的可能。

【〇五】或曰：“雍也，仁而不佞。”子曰：“焉用佞？御人以口给，屡憎于人。不知其仁，焉用佞？”

或曰：“雍也，仁而不佞。”或，有的人。雍，冉雍，字仲弓，孔子弟子。佞，是指口才好又巧言。有人说：“冉雍呀！他是位仁人，可是口才不好不会说话，不讨人喜欢。”

孔子听到后，说：“焉用佞？御人以口给，屡憎于人。”御，对付、应付。给，供给。口给，应对敏捷，口中随时可应答，对答如流。屡，数。憎，厌恶。意思是说：“哪里一定要好口才呢？一心去用伶牙俐齿来应付他人，只会更容易让人心生厌恶。”

孔子深知，一个人若有仁爱之心，恢复了本有的良知，开启本自具足的清净本心，所作所为都是从纯净的本心本性流露，无我无私，清清净净，无需太多言语。而当一个人的内心有着贪嗔痴，要从他人处获取他所想要的，或去除心中所不想要的，自然就会用伶牙俐齿、花言巧语去说。这样的言语经过修饰，或带着表演性，缺少真诚真心，与本心本性是相违背。其实每个人都有纯净的本心本性、良知，自然会感觉到你的真诚是真，还是假。

孔子又说：“不知其仁，焉用佞？”意思是说：“我不知道冉雍他仁不仁，但他哪里需要施用巧言呢？”孔子是不轻易说弟子有仁德，所以说“不知其仁”。在春秋末期，绝大多数人以佞为贤才有这样的议论，孔子为了不让以佞为贤泛滥，防其流弊，才说“焉用佞”。正如，今日生活的节奏快，人心浮躁，自然就有人出来呼吁：慢下来，停下来，静下心来，倡导过慢生活。两者是异曲同工的呀！

【〇六】子使漆雕开仕。对曰：“吾斯之未能信。”子说。

“子使漆雕开仕。”漆雕开，漆雕氏，名启，就是开，孔子弟子。仕，做官。孔子让漆雕开去做官，漆雕开便对他说：“吾斯之未能信。”斯，此处指为官。也就是说：“我对为官此事还不能生起信心。”“子说”，说通悦，高兴。意思是：“孔子听到他这么说，是发乎内心地高兴啊！”

孔子听到漆雕开说“未能信”却发乎内底地高兴，为什么呢？孔子让他出仕是发乎真心的，深知他是有开启妙智慧的人，可以出仕利益百姓，发挥他生命的意义。像这么有智慧、良知的人，又那么地谦虚、小心翼翼，没有我是我能我慢。孔子能不高兴吗？

通过这对话，孔子是铁了心敲定人选了，心上的石头终于落地了，内心是由衷的高兴。譬如，在日常生活中，老板派一个人出任项目主管，知道这个人是完全可以胜任的。但这个人却同老板说自己还不能，并且从各个维度去分析他为什么不能。能够如此反观到自身存在的不足和问题，本就是具备了处理问题的能力。

问题本身又蕴藏着答案。此人能如此深观，思维如此细腻，分析又如此地透彻，毫无我是我能，是真的不能吗？不把项目交给这样的人，交给谁呢？夫子能不发乎内心地高兴吗？其实，也只有开启了妙智慧，恢复了本有的良知，才能有如此心境呀！

【〇七】子曰：“道不行，乘桴浮于海，从我者其由与！”子路闻之喜。子曰：“由也，好勇过我，无所取材。”

孔子说：“道不行，乘桴浮于海，从我者其由与！”桴，编竹木，浮行于水面，大者曰筏，小者曰桴。从，跟从、随从。其，大概。意思是说：“大道若不能行于天下，我就乘上木筏子漂浮于大海而去，而能跟从我的大概只有你仲由呀！”

孔子为什么这样与子路说呢？这里孔子不是感叹大道不能行于天下，他不管大道能不能行于天下，只要尽自己做人的本分，足矣！在这里，孔子是为了点醒子路而发乎感叹的。心直口快、傻头呆脑的子路却不能体会夫子的微言深义，还以为是在赞美他。孔子看到了“子路闻之喜”，便知道子路不能明白他的用意，过度依赖他还不能自依止。

孔子到哪里，他也跟随到哪里，就像被父母过分保护的独生子女，不能独立自主。父母到哪里，他就跟到哪里，身体长大了，心灵还没长大，直到父母不在世或遇到大难，心灵才有所成长。还譬如阿难，他是一位记忆能手，很多佛经来自他的述说。阿难一直陪在佛陀身边，对佛陀形成了长期的依赖，即便记忆了很多佛陀所说的话，但在佛陀大般涅槃前，他还没大彻大悟，直到这依赖不存后，才渐渐学会“自依止，法依止，法住法界”，也就是依靠自己，依靠法界大自然，以大自然为师，向大自然学习，再加上迦叶等师兄的协助，阿难还是了悟生死解脱自在。

子路在孔子的心中，与这些独生子女和阿难是没有两样的。因此孔子才要给他当头一喝，说：“由也，好勇过我，无所取材。”意思是说：“仲由啊！你的好勇强过我，其余就没什么可以让我取法的了。”子路的确长期依赖着孔子，还没有真正自依止。在所有弟子中，子路跟从孔子时间最长，也是孔子最担心的人。所以孔子才这么说，希望子路能回来好好地反观自己，协助他回来“自依止，法依止，法界依止”。

【〇八】孟武伯问子路仁乎？子曰：“不知也。”又问。子曰：“由也，千乘之国，可使治其赋也，不知其仁也。”“求也何如？”子曰：“求也，千室之邑，百乘之家，可使为之宰也，不知其仁也。”“赤也何如？”子曰：“赤也，束带立于朝，可使与宾客言也，不知其仁也。”

孟武伯问孔子说：“子路可以说是一个仁者吗？”孔子说：“我不知道呀！”孔子是真的不知道吗？孟武伯不死心，又问。孔子不得已说：“由也，千乘之国，可使治其赋也，不知其仁也。”赋，古者征兵员及修武备皆称赋。意思说：“仲由呀！一个有千乘兵车的大国，可让他去治其军事，若要问他是不是仁者，我就不知了。”

孟武伯又问“求也何如？”意思是：“那冉求怎样呢？”孔子说：“求也，千室之邑，百乘之家，可以为之宰也，不知其仁也。”宰，指家宰、邑宰。也就是说：“冉求呀！一个千户的大邑，具备兵车百乘的大夫家，可让他去做总管。若问他是不是仁者，我就不知了。”

孟武伯又问“赤也何如？”赤，就是公西华。意思是：“公西华怎样呢？”孔子也不厌其烦，恭恭敬敬地说：“赤也，束带立于朝，可使与宾客言也，不知其仁也。”也就是说：“公西华呀，国家来了宾客可让他穿着礼服，立在朝上应对一切，若问他是不是仁者，我也就不知了。

此章是孟武伯问由、求、赤三弟子仁乎？孔子各述三人才能，却答以“不知其仁”，为什么呢？因为仁是从纯净的本性中流露的，只可意会，不可言传。仁就是良知，它是至广至大，无形无相，没有具体的形象、具体的答案。若说子路是仁，就有标准答案，很多人就会向子路学习仁，也就有了条条框框了。更何况子路时而仁，时而不仁，怎么能说他就是一位仁者呢？冉求、公西华也是这样。

孔子说“不知其仁”，就是不给“仁”贴标签，制定一个框框标准，让“仁”成为无限，有多少人就有多少种表现形式。由、求、赤各自具有自己的特长，其实就是他们各自“仁”的流露，也是他们良知的流露，其他人也是如此。这正是夫子的用心，也是孔子的伟大之处。

孟武伯问仁，是认为仁就在夫子身上，想从他这里知道“仁”具体是什么形象。夫子当然是体悟体证到“仁”是什么，但他不想让自己成为他人偶像崇拜，只是协助他人体悟体证本自具足的“仁”“良知”，恢复本有的纯净本心本性，回来自依止，法依止，法界依止。让他人的“仁”自然流露，自然而然有无限可能，形象也是多样的呀！

【〇九】子谓子贡曰：“女与回也孰愈？”对曰：“赐也，何敢望回！回也闻一以知十，赐也闻一以知二。”子曰：“弗如也，吾与女弗如也。”

子谓子贡曰：“女与回也孰愈？”女，即汝，你。愈，胜。孔子对子贡说：“你与颜回哪一个强些呢？”孔子怎么会突然间这么问子贡呢？当时子贡富可敌国，口才好，又是大外交家。他到哪个国家，该国国君都会亲自接见，并和他同坐。可以说子贡是当时国际风云人物，甚至有人认为他的成就胜过孔子。而颜回呢？只是“一箪食，一瓢饮，居陋巷”，跟子贡有天壤之别。孔子担心子贡会傲慢，是爱护他、点拨他，也就是想知道子贡自己心中是怎么想，所以才说：“你和颜回谁更强呢？”

子贡自谓不如颜回，他回答说：“赐也，何敢望回！”意思是说：“我怎么敢跟颜回比呀！”他又说：“回也，闻一知十。”十，这里不仅仅是限定以一件知十件，而是闻一而知周遍，始终无遗。意思是：“颜回呀，闻一知周遍，一览无余。”而他评价自己说：“赐也，闻一知二。”二，一之对也，也就是一事一物的对立两面，由此及彼。大意是说：“我端木赐，闻一就能知道其事物的两面，识得通达，无所拘泥。”

孔子听了以后，即深喜颜渊之贤，又喜子贡自知之明。这对子贡这一位世间法大成就者来讲是难能可贵的，所以孔子说：“弗如也，吾与汝弗如也。”也就是说：“你不如颜回，我与你都不如颜回啊！”孔子是用这句话安慰子贡，或者说，孔子本身是无常师，好在敏求，集其大成。而颜回更甚，他是上根之人，又得之于孔子，站在巨人的肩膀上，不俟旁求，他将来是不可以测的，所以孔子自言不如。

【一〇】宰予昼寝。子曰："朽木不可雕也，粪土之墙不可杇（wū）也。于予与何诛！"子曰："始吾于人也，听其言而信其行。今吾于人也，听其言而观其行。于予与改是。"

"宰予昼寝。"宰予，子我，亦称宰我，孔门十哲之一。他与子贡齐科（言语科），口才好。当时宰予白日睡觉，被孔子看到了，就痛斥他说："朽木不可雕也，粪土之墙不可杇也。于予与何诛！"粪土，秽土。杇，动词，用抹子粉刷墙。诛，责备。与，语气词。意思是说："腐烂的木头不能用来雕刻，肮脏、污秽的土墙不能再粉刷了。对于宰我，我还能责备什么呢？"

孔子静下心来如实回来反观，也发现自己的不足，说："始吾于人也，听其言而信其行。今吾于人也，听其言而观其行。于予与改是。"是，指"听其言而信其行"。意思是说："起初我对他人，听了他说话便信了他的行为；现在我对他人，是听了他说的话，还要观察他的行为。我是因宰我而改变了这态度呀！"

我们静下心回到现实生活中来深观，宰予昼寝，看似事情之小，为什么夫子斥其之重呢？据我个人的体会，宰予昼寝的事情的确是小，不值得让孔子如此之痛斥。但此处所描述的是事实，我们可以透过语言、文字背后看事实的真相。宰予聪明、口才好，胸怀大志，构想又多，未做先说。而君子是"讷于言敏于行"，且"先行其言而后从之"的。君子先把事做好再说话，按照所做的如实地去说。

其实可看出，孔子对宰我是爱之深恨之切。他一开始就听其言便信其行为，但几年下来，宰我大谈特谈构想，却没有做成什么。这一天，宰我白天睡觉，又刚好被孔子碰上。夫子联想起他平日的一连串表现，明白宰我志大行疏。也深知宰我是大器可堪受，为了让他有大的改进，才斥其之重啊。宰我一生也是有很大成就，成为孔门十哲之一。

孔子自己也如实反观自己的不足，发现自己也有责任，以前只听其言就信其行，现在因宰我的表现，自己反省懂得听其言还要观其行，以免误人子弟。

孔子真的是无常师，做到"三人行必有我师焉"，处处、时时都在学习，这也是他的伟大之处。

【一一】子曰："吾未见刚者。"或对曰："申枨。"子曰："枨也欲，焉得刚？"

孔子说："吾未见刚者。"意思是说："我没有见到过真正刚强的人。"真正刚强的人到底是怎么样的呢？有人听到孔子这么说，心里有疑问就问道："申枨。"意思是说："难道申枨不是一个真正刚强的人吗？"孔子直截了当、毫不含糊告诉他说："枨也欲，焉得刚？"也就是说："申枨啊，他有太多的欲望，怎么能称得上是刚强的人呢？"

这里就是告诉人们无欲则刚。但怎么能够做到无欲呢？首先明白什么是无欲？无欲，并不是让欲望压抑或消失，不让它生长。欲望是压不住的，就像纸包不住火一样。其实欲望就是生命的动能，也是每一个生命的一部分，欲望并不可怕，正如污泥，它并不是人们头脑观念想象那样子，没有污泥给予养分，美丽高洁的莲花是怎么开出来呢？

只要让这生命的动能转化为正能量，就可以化腐朽为神奇，转烦恼为菩提。用它去开启本自具足的良知良能，自然就能活出生命的意义，活出生命的神圣，内心就会无比愉悦幸福满足。

当心慢慢地宁静下来，欲望也自然就会越来越淡泊，所想要得到的或向外抓取的也就随之减少，自然就不会一味地向外去追逐金钱、名利、权力，还有多子多福等来满足自己欲望，只要能保证最基本的生理需求也就足矣！这正是朱熹所提出的"存天理，灭人欲"的深意。唯有这样的人，他才能够做到真正的无欲无求无所得，能伸于事物之上而无所屈挠。富贵贫贱、威武患难及利害毁誉之变，皆不足动其心摄其气。像这样的人，他才能称得上真正刚强，孔子、颜回就是这样的人。也只有像孔子这样的人，一步一脚印亲证过，他才能够不带个人的成见，如实客观地去看申枨，才能如实说："枨也欲，焉得刚。"

【一二】子贡曰：“我不欲人之加诸我也，吾亦欲无加诸人。”子曰：“赐也！非尔所及也。”

子贡说：“我不欲人之加诸我也。”意思是说：“我不愿意他人有不合宜的事物强加在我身上。”从这句话读出什么？子贡说出绝大部分人的心声，在日常历缘对境中，他人有不合宜的事物强加在自己身上是常有的事。譬如你把电话号码留给他人，就无法知道，也难以要求他人什么时候给你来电，他什么时候想打就可以打，真的没有办法。只要有所不欲，又不能全然接受，内心就会有嗔恨、拉扯，这就是活在苦海中。

子贡也知道这不是他所能做到、所能掌控的。但他可以他能做的“吾亦欲无加诸人。”意思是说：“我也想没有什么事物可以强加给他人呀！”这句话说得容易做到不易。所以，孔子听到后就说：“赐也！非尔所及也。”也就是说：“端木赐呀！这不是你所能做到的。”孔子为什么会看得如此透彻，直截了当地说不是你子贡所能及的。

“人之加诸我也”是各种因缘和合自然形成的，不是一个人所能掌控的，而且是随时随地、每个当下都有可能发生，这点从我们每个人的微信可以得以验证。而“吾亦欲无加诸人”看起来好似可以做到，也非常有道理。但只要你自己不能清醒明觉地活在当下，没有开启纯净的本心本性、良知良心，无法如实地反观自己，也看不到自己内心的贪嗔痴，那你的所作所为都在有意无意地“加诸人”，说着容易做到难呀！

【一三】子贡曰：“夫子之文章，可得而闻也。夫子之言性与天道，不可得而闻也。”

子贡说：“夫子之文章，可得而闻也。”文章，指礼、诗、书、乐、史等各种古代文献。意思是说：“老师所讲的礼、乐、诗、书等学问是可以听得到学得到的。”可见子贡的体悟体证相当高，也有自知之明，知道自己还只是在研究指月手指，没有见月。只是摘叶寻枝，不能直截根源。所以他才感叹说，“夫子之言性与天道，不可得而闻也。”

性，指每个人的本心本性，就是《中庸》里的“天命之谓性”。也就是说，每个人都自有纯净的本心本性，这就是天命。所谓天道，是指宇宙大自然本来存在的，它是不生不灭、不增不减、不垢不净，每个当下从未离开过，也是每个当下活生生的存在。佛陀称之为“空”，老子称之为“道”，耶稣称之为“上帝”等，名相不同，所指相同。

子贡的意思是说：“夫子所讲的本性与天道，是不能够通过听而得到的。”此章是子贡所发感慨，是真实语啊！本心本性是每个人本自具足的，而天道是遍一切处，须臾不可离，无处不在。不是你努力学习，四处寻找就能得到的。正如《永嘉禅师证道歌》云：“觅即知君尚未得。”

《道德经》云：“为学日益，为道日损，损之又损，以至无为，无为而无不为。”文章是通过“为学日益”，它是孔子学习古代文献经典及深观宇宙大自然之后，他体证真理实相而自然流露出来的文字、言语，后人称之为经典。它只是指月之指，透过手指，也就是文章，就能见月亮，也就是性与天道，才是了悟本性见到天道，也就是协助弟子去亲证真理实相。

要见到本性与天道是通过“为道日损”，不断地放下放下再放下，“损之又损，以至无为”，让心清清净净，恢复本有的纯净本心本性。无门之门自然就开启，其实也从未关过，只是你不知道而已。当你不找，就到了，无闻而自得，自然与道合一，天人合一。

【一四】子路有闻，未之能行，唯恐有闻。

“子路有闻，未之能行，唯恐有闻。”孔门弟子中，子路“勇于行”是其他门人所不能及的，所以特记之。意思是说：“子路听到一个道理，还没来得及内化并付诸行事，就唯恐又听到其他道理啊！”子路的长处在于此，他闻而能行，无论闻于师或闻于朋友，闻得某种学问就立即力行。但他的短处也在于此，未行又恐有闻，不能安住当下，守住眼耳鼻舌身意六根。

守住六根并不是把自己裹起来，不去接触六尘（即色、声、香、味、触、法），而是能接触六尘而不黏着，在尘不染尘，不迎不拒，无所挂碍，清清静静，也就是《金刚经》云："无所住而生其心"，能置心一处，无所不办。若心猿意马，吃着碗里，想着锅里，手头上的事还未得精髓就担心着又听到其他的学问。看起来好像挺勤奋好学，其实是活在担心害怕中，内心不断拉扯、厮杀，是痛苦又纠结。

在现实的生活中，很多聪明的人都有这样的问题，什么都想做也都能做一点，没一样很有造诣。还譬如时下有很多父母给孩子报了很多培训班，钢琴、围棋、英语、奥数等，有的孩子甚至同时上七八个培训班。美其名曰不让孩子输在起跑线上，但这样往往是聪明反被聪明误，把孩子的灵性及天赋磨灭了，挫耗孩子的精力。孩子筋疲力尽，活在恐惧之中，本自具足的本心本性渐渐被淹没，无尽宝藏未能开启，生命之花也渐渐萎缩，提早凋零。

天道未必酬勤。它酬的是悟后起修的人，是"上士闻道，勤而行之"。若不得心法，再勤快都只是在门外绕，只是摘叶寻枝，不能够直截根源，一以贯之。不知何谓顺天之道，就会背道而驰，越勤奋就会离道越来越远的呀！

每个人都浸泡在道中，就如鱼在海中。本来当下即是，没有时间，没有空间，是超越时空。若像海中的鱼找海，三大阿僧祇劫[①]未必能摸到门。唯有慢下来，停下来，心静下来，不找就到了。就会发现自己从未离开过道，浸泡在道中，须臾不可离也！

【一五】子贡问曰："孔文子，何以谓之'文'也？"子曰："敏而好学，不耻下问，是以谓之'文'也。"

子贡问曰："孔文子何以谓之'文'也？"孔文子，卫国大夫孔圉，文是他的谥号。《左传》记载此人私德有污点，所以子贡有疑问，就问孔子说："为什么赐给孔文子'文'的谥号呢？"

① "三大阿僧祇劫"指众生从当前这一世到达涅槃彼岸需要的时间，大致计算需要70亿年以上。

孔子回答说："敏而好学，不耻下问，是以谓之文也。"敏，疾速、敏捷。下问，能问那些比自己低的人。譬如以贵问贱，以长问少，以多问寡等，皆是下问。能上问易，能下问难。很多人以下问为耻，而孔文子就不是这样。这里也是"三人行，必有我师"的深意。

也就是说："他做事勤勉，又有颜回的好学。而且，不以向比自己低下的人请教为耻，所以他就得'文'的谥号了。"

这里也告诉人们谥号为'文'的人，并不是完美的，没有任何污点和不足，他也只是一个完整的人，有优点也有缺点、污点，只不过他能全然接受，内心没有拉扯与厮杀，全然活在每个当下，敏而好学，不耻下问。像这样的人，他是超越了人我相，超越了二元对立，过去的优点、污点也成为心灵成长的资粮。正如，莲花出淤泥而不染，若没有污泥提供营养，能有美丽高洁的莲花吗？这就是太极图所描述的实相，有白鱼黑鱼又浑然一体，还能衍生万物。

一个能够将烦恼转为菩提，化腐朽为神奇的人，就是"不器"的人。其实每个生命都是独一无二的，又不断在变化，都是有无限的可能。"三人行，必有我师焉。"

孔子是为了点醒子贡。子贡有个毛病，看到他人不如自己，内心就愉悦高兴。所以要让他明白他人今日不如你，未来未必不如；他人有某方面不如你，其他方面未必不如。每个人都有本自具足的良知良能，一旦被开启了，就有无尽的潜能，每个人的生命都是神圣、神奇的，都是独一无二的。孔子是在活生生的日常生活、现场中因材施教，每个弟子都生龙活虎，充满着生命活力，生机勃勃。

【一六】子谓子产："有君子之道四焉：其行己也恭，其事上也敬，其养民也惠，其使民也义。"

子谓子产："有君子之道四焉。"子产，郑国大夫公孙侨，字子产。为春秋贤相，在郑简公、郑定公时期从政二十二年。《左传》（昭公二十年）云："子产卒，仲尼闻之，出涕曰，古之遗爱也。"

意思是，孔子评论子产说：“他有四种德行皆是合乎君子之道呀！”具体是哪四种呢？孔子接着说：“其行己也恭，其事上也敬，其养民也惠，其使民也义。”恭，容貌谦恭。敬，指做事毫不苟且。惠，利人。义，宜也。意思是说：“他为人极谦恭，事奉上位他毫不苟且，养护民众他都能给予恩惠，使唤民众他有法度，又能得其宜。”

其实，这四种德行就是君子所行之道的具体流露。子产是春秋贤相，身居高位，辅佐两位君主二十二年。他的操行好又极谦恭，没有丝毫的我慢我是我能；全然事奉上位还不苟且；他如爱己子女一样养护民众，需要民众的帮助他也能得其宜，譬如不违农时，就是不在农时打扰百姓，让百姓安心耕作。对上位无自卑，对下位没有我慢，对己保持谦恭，真的很难得，孔子能不赞叹吗！

静下心来，回来如实地叩问自己，我能做到对自己的上司、父母、长辈保持恭敬心吗？自己能如此谦恭吗？还是有点成就就不知道自己是谁呢？能做到自利利他吗？

子产的恭、敬、惠、义，都是从纯净的本心本性自然流露的，没有丝毫刻意造作，也无需用力，是浑然一体，自然而然，像流水一样，随顺当下因缘。在水的状态时，发挥水的特征特性；是冰的形态时，把冰的生命意义发挥出来；上升为云时，让云的生命意义发挥出来。子产就是如此，要恭有恭，要敬有敬，要惠有惠，要义有义，随心所欲不逾矩，是真正的心安、自在、祥和啊！

【一七】子曰：“晏平仲善与人交，久而敬之。”

孔子说：“晏平仲善与人交，久而敬之。”晏平仲，就是春秋齐国贤相晏子，名婴，字仲，谥号“平”。交，交友。意思是说：“晏平仲善于与他人相交，久而敬之。”晏平仲善于交友具体有哪些展现呢？孔子没有说明白，只说了晏平仲与他人相交的效果，就是“久而敬之。”

此章短浅而意丰。孔子是知道晏平仲并不喜欢自己的，但还是能够如实观，不依个人主观的好恶标准及条条框框，给晏子客观公正的评价。“唯仁者能爱人能恶人”。孔子的爱人、恶人是从纯净的本心本性流露出来，超越了二元对立。不会因为晏子不喜欢自己而睁眼说瞎话，看不到他的仁；也不会因为他人喜欢自己或自己喜欢他人，就把他人所做不仁的事说成是仁的。孔子常在细微处见其伟大，这点值得大家好好体会的。

晏平仲是如何做到“久而敬之”呢？这里“久而敬之”有两种解读：一种是他和人相处久了，别人对他还保持敬意；另一种是他仍然对别人敬意如新。其实，不论是他对别人还是别人对他都是敬爱如新，能做到让他所不喜欢的人也发乎心底的赞赏，是不易的！《孟子·滕文公上》云，“使契为司徒，教以人伦：父子有亲，君臣有义，夫妇有别，长幼有序，朋友有信。”五伦的夫妇、父子、兄弟、君臣、朋友，晏子至少在“与朋友交”中是做到极致的。

在孔子的身上就可以找到答案。孔子发乎真心由衷地赞赏晏子，是因他的所作所为与自己同气相投，甚至做得比自己还好。晏平仲是做到“唯仁者能爱人能恶人”，与人交都是从纯净的本心本性良知自然流露。夫子一生也是如此，他在有生之年保持恭敬心平等心待人，两千五百多年来人们“久而敬之”，奉为大成至圣先师，与日月同辉，与天地同寿。

【一八】子曰：“臧文仲居蔡，山节藻棁（zhuō），何如其知也？”

臧文仲，春秋鲁大夫臧孙，谥号“文”。居，藏、住。蔡，大龟名。古人以龟卜问吉凶，蔡地出大龟，因名龟为蔡。节，屋中柱上的斗拱。棁，房梁上的短柱。“山节藻棁”。就是刻山在节，画藻在棁，古代天子以之饰庙。

此句有两种解读，一是臧文仲藏一大龟，在龟屋中柱头斗拱上刻有山水，在梁的短柱画了藻草，装饰得像天子的宗庙一样。二是臧文仲住在蔡地，自己的家装饰得像天子的祖庙。不论是哪一种解读，孔子只是描述自己如实观的实相而已。当时人们都称臧文仲是一位有智慧的人，譬如今日，一些所谓又富又贵的成功人士，住豪宅开名车，有的是钱，常被人称为有智慧的人，这是普遍现象。认为有智慧才挣来那么多的钱，也就掌握话语权，以利益为导向。

孔子并不这样认为，描述了实相后，他说："何如其知也。"意思是："他的智慧究竟怎么样呢？"孔子没有直接说明白，让世人自己去体会。孔子绝对是易学大师中的大师，他与弟子一起撰写了《易传》，他能不懂占卜吗？但"善易者不卜"，深知"积善之家必有余庆，积恶之家必有余殃。"

臧文仲养大龟用以占卜，能是智乎？即便他不是藏一只大龟，而是把自己居住的房屋装饰得像天子祖庙一般，暂且不说他僭礼，但实在过于奢华。君子"食无求饱，居无求安"。孔子"饭疏食，饮水，曲肱而枕"，自己也做到了。他的高徒颜回也是"一箪食、一瓢饮、居陋巷，人不堪其忧，回也不改其乐"。静下心想想，臧文仲真的有大智慧吗？

【一九】子张问曰："令尹子文三仕为令尹，无喜色。三已之，无愠色。旧令尹之政，必以告新令尹。何如？"子曰："忠矣。"曰："仁矣乎？"曰："未知，焉得仁？""崔子弑齐君，陈文子有马十乘，弃而违之。至于他邦，则曰：'犹吾大夫崔子也。'违之。之一邦，则又曰：'犹吾大夫崔子也。'违之。何如？"子曰："清矣。"曰："仁矣乎？"曰："未知，焉得仁？"

令尹，楚国官名，相当于宰相。违，离去。这章的意思是，子张问孔子："令尹子文几次当令尹，不见他有喜悦的脸色。几次罢免，也不见得他有怨恨的脸色。他当令尹时的旧政令，必定会告诉接任的新令尹，他怎么样呢？"孔子说："只能算是忠了。"子张说："还算得上仁吧？"孔子说："还不知道，哪里能称得上仁人呢？"说实在话，令尹子文所做的事，只是做到忠而已，真的不好说是否称得上仁啊！只能让子张自己慢慢地去体会。

突然间，子张又想起陈文子，又问道："崔杼弑了齐庄公，陈文子当时有四十匹马，皆抛弃了，离开了齐国。到了别国，他说'这里的大臣，也像我国的大夫崔子一样啊。'于是又离去。又到了另一国，还是说'这里的大臣，仍是像我国的大夫崔子一样啊。'于是又离去了。你是怎么看的呢？"孔子说："只能称得上清了。"子张说："还算得上仁吧？"孔子说："还不知道，哪里能称得上仁人呢？"

此章，令尹子文三仕三已，且以旧政告新令尹，孔子答曰忠矣。子张又谈到当时与崔杼同朝之陈文子，不满崔子之行为，有马十乘，弃而逃之他邦，又感到所到之处皆有如齐国崔子之人，一再去之，孔子回答说："清矣。"子张又问令尹子文与陈文子二人"仁矣乎？"。孔子如实知又如实说："未知，焉得仁。"孔子只是如实地回答，他不是真的不知道，而是看不出他们两人是不是仁人。以归零的心去听，就事论事，不但不依自我好恶标准条条框框去评价，而且不给"仁"有固定的标准、形象。

从他们两人所做的事来看，令尹子"忠矣"，三去其职，观其无喜愠，是不以私人得失挂在心头。陈文子"清矣"，弃其禄位如破鞋，洒然一身，三去乱邦，亦是心无挂碍。但至于他们俩是不是仁人，是看不到的，也不能去推测。

若他是仁者，则必是忠者，而忠者则未必是仁者；若他是仁者，那必是清者，而清者则未必是仁者。孔子只是根据子张所描述的事实，又没有跟这两位老兄实际相处过，所以不敢妄加评断。这是夫子的伟大啊！更值得学习思齐呀！

【二〇】季文子三思而后行，子闻之，曰："再，斯可矣。"

"季文子三思而后行"。季文子，鲁大夫季孙行父，其谥号"文"。当时人家称道季文子临事总要多次反复思考然后才行动，孔子听到后说："再，斯可矣。"再，两次。也就是说："对于季文子这样的人，考虑两次就可以做决定行动。"

季文子的为人，对于祸福利害计较过细，三思即多思，多思易多私。或者他经过思之思之又重思之，最终放弃多而行少。

其实思与行完全是两码事，反复思之，只是空想，是头脑的知见、观点、想法，而行事落地才能实实在在地做出来。这是可以直截来到实相根源，也就是在现场、现况、现物中去体会，去践行。

譬如人很口渴，坐着反复想曾经在名山名寺喝过的水，或者想什么时候到那里去喝足呀！想得很开心，如果不去行动，拿实实在在的水喝，是永远不能止渴的。还譬如，望梅就能止渴吗？渴是实相，是真实存在的，是身体缺水，是生理需要。唯一的行动就是喝水补水即可，也无需太多考虑。

季文子善于思考又热衷于思考，行动不足且拖拉，像他这样的人，真的不合适“三思而后行”。“三思”是季文子的“病”，而“再”是对治他病的“良药”呀！但对于像那样急躁又过于果断坚决的人，譬如子路，“三思”就是治他“病”的“良药”。“三思而后行”看起来很好，也要因材施教，并不是人人皆宜呀！孔子不愧是伟大的教育家呀！

【二一】子曰：“宁武子，邦有道则知，邦无道则愚。其知可及也，其愚不可及也。”

孔子说：“宁武子，邦有道则知，邦无道则愚。”宁武子，卫国大夫宁俞，其谥号为“武”。此句可参考公冶长篇之“邦有道则不废，邦无道则免于戮”。

何谓邦有道呢？就是全国上至国君下至百姓，所作所为都从纯净的本心本性流露出来，各安其位，各得其所，各守其职，各尽其能，都能活出生命的意义。全国上下就是一家人，所做一切都是为家人。而邦无道则不同，每个人都忙碌着满足自己的私欲，勾心斗角，尔虞我诈，人心惶惶，不得安宁。

意思是说：“宁武子在国家祥和安宁时自然流露出智者的形象，在国家危乱不安宁时就像一位愚者。”孔子又感慨说，“其知可及也，其愚不可及也。”知通智，意思是说，他所流露的智是可体会可学到的，而他所流露的大智若愚是不易体证到、做得到的。

人要成为一位饱读诗书的大学问家，是可以通过多年的努力达到。在国家安宁祥和时贡献自己的才华与智慧，也是很多人可以做到的，可以说在历史上比比皆是。

但是要让一位大学问家能够随时归零，就是活在当下，废掉自己所有的功夫，来到没有功夫。其实最厉害的功夫就是来到没有功夫的功夫，最高的境界是来到没有境界的境界，有这样魄力的人，就是“其愚不可及”的境界。没有我是我能我慢，长而不宰，为而不恃，默默付出，无怨无悔。就像流水、空气、阳光、大地等一样的心灵品质，给人的感觉是没有什么特别。

从有化为无，也就是不器的境界，以清清静静的本心随顺当下每一个活生生的因缘。譬如国家危乱、不安宁时，当下就像小草一样平平凡凡，普普通通地活着，没有花香，没有树高，伙伴遍及天涯海角，怡然自得。宁武子、南容、老子、庄子就是这样的人啊！

【二二】子在陈，曰：“归与！归与！吾党之小子狂简，斐然成章，不知所以裁之。”

“子在陈”，就是孔子周游列国，正在陈国。据《史记·孔子世家》载，在鲁哀公三年，此时孔子年六十，鲁国派使者召冉求任职，冉求启程回国。孔子看到鲁国已派人召回冉求，知道即将会大用他，所以油然发出思归鲁国的感叹，他说：“归与！归与！吾党之小子狂简，斐然成章，不知所以裁之。”

党，乡党或志同道合者。小子，指在鲁国的门人。狂，志大、进取。简，行疏。斐，有文采。裁，修剪、点拨。意思是说：“回鲁吧！回鲁吧！我故乡这一批弟子，志大进取但行为粗疏，文章文采放异彩，都是块好材料，我不知怎样去修剪、去点拨他们啊！”

为什么孔子会油然发出此感叹呢？因为孔子周游列国，颠沛流离在外，本是为觅明君以行大道，无奈今日大道不行于天下，所以想回到鲁国一心一意教育后进者，删述“六经”。今又有鲁君召回冉求，虽冉求还未足担当大任，但孔子已看到希望，看到光明，倍感欣慰，浑身上下全然释放，内心充满着喜悦，饱含着生命力。

人逢喜事精神爽，自然也感觉到“吾党之小子狂简，斐然成章”。当然，吾党之小子确实是如此。孔子只是想赶快回到故乡，协助他们恢复本自具足的纯净本心本性，让他们的生命全然绽放，发挥神圣的生命意义。总有一天，像冉求一样，终有能大用于世啊！若不能大用于世，也可以传道于后世。

正如仪封人请见孔子时说的“天下之无道也久矣，天将以夫子为木铎”。夫子就是木铎之任、 菩萨心肠啊！所思所想所作所为都是利益他人，利益社会，利益天下。

【二三】子曰：“伯夷、叔齐，不念旧恶，怨是用希。”

孔子说：“伯夷、叔齐，不念旧恶，怨是用希。”伯夷、叔齐，是商末孤竹国国君的两个儿子。孤竹君死后，伯夷、叔齐兄弟二人互相让位，谁都不肯做国君。周武王起兵伐纣时，他们认为是以臣弑君、以暴制暴的行为，曾立于车马前劝阻。周灭殷后，他们俩以吃周朝的粮食为耻，以野菜充饥，终饿死于首阳山中。希，同稀，少。意思是说：“伯夷、叔齐能不念或不黏着在自己、他人已往的一切恶事上，他们内心的怨恨自然很少。”

其实孔子是借伯夷、叔齐两位贤者来描述自己的体悟体证。“不念旧恶，怨是用希”，此话是真实不虚。“不念旧恶”是告诉人们要清醒明觉地活在每个当下，超越二元对立，以归零的心，清清净净地如实面对自己或他人以往的一切恶事或不足，而不黏着，不执著，不拉扯，不厮杀。

也就是说：“面对自己的旧恶，能全然接受自己的丑陋，慈悲善待自己，看到自己的脸不比别人白，也就会包容他人的不足、缺点，自然就会慈悲善待他人。面对于他人的旧恶，不生嗔恨心，不拉扯，也能全然接受，自然而然心清净无滞碍，如明镜照物，有美有丑，妍媸皆观，而不留陈影。”

譬如孔子周游列国，本就该如此，自然不怨天不尤人，一切都是上帝的美意，一切的发生都是成长的资粮，全然去面对、接受、放下，烦恼即菩提，心中的怨恨自然而然是很少的。

庄子曾言“道在屎溺”，是实相，真实不虚。譬如牛粪，对于花花草草来说是美味的巧克力，能协助开出美丽的花朵，能让它长出鲜美的青草，养育牛羊又庄严法界，那还会鄙视牛粪吗？还会厌恶吗？来到庄子所体证一样的心境，智慧眼打开，自然发现了道是无处不在，“在蝼蚁”“在稊稗”“在瓦甓”，也“在屎溺”里。[①] 旧恶如牛粪，还念不念呢？不念就是转念，心净佛土净，净土就在当下，天堂、西方极乐世界也就在眼前。哪里还有怨恨呢？内心自然洋溢着幸福啊！

【二四】子曰：“孰谓微生高直？或乞醯（xī）焉，乞诸其邻而与之。”

孔子说：“孰谓微生高直？”微生高，鲁国人，名高。直者真心也，所作所为皆从纯净的本心本性中流露，即是直心，也就是明德、良知。意思是说：“谁说微生高是真诚真心的呢？”从语言逻辑上，听起来好像是说微生高“不直”，绝大部分的专家、大师都是此种解读，就不作细读了。

但语言、文字乃至经典，所描述的都是十分有限的。如果句读变为“孰谓微生高，直。”意思完全变了。这句话就是说：“谁在评论微生高呢？他可以称得上真诚真心的人。”

怎样说呢？孔子举了日常生活中的具体事例，譬如“或乞醯焉，乞诸其邻而与之。”醯，醋。意思是说：“有人向他讨些醋，他家里刚好

① 见于《庄子·知北游》。

没有，就向邻居讨来转给他。”

在这里，孔子只描述真实存在的事实，并没有说他不直告他人已无醯，也不能从此微小处判断其人直与否。现在回至事实本身，也就是实相上，譬如有邻人跟你很好，邻人家今天烹鱼发现家里醋用完了，离市场又远，就上门找你讨点醋，你发现自己家里醋也刚好用完，就是这么巧。你跟隔壁那家人很熟，但他跟你邻人不熟。这时，你会去要点醋转给邻人吗？微生高会这样做，我也会这样做。这是人之常情，这是真正真诚真心，毫无掩饰，如此的单纯、纯粹、热心，无欲无求，解他人之难而已。

做者无心，观者有意罢了，未必是要博取他人之称誉。

【二五】子曰：“巧言令色足恭，左丘明耻之，丘亦耻之。匿怨而友其人，左丘明耻之，丘亦耻之。”

孔子说：“巧言令色足恭，左丘明耻之，丘亦耻之。”巧言，以能说会道取悦他人。令色，以谄媚的脸色讨好他人。可参考无生《论语心解·学而·003》的“巧言令色，鲜矣仁”。足，过的意思。左丘明，鲁太史，知《春秋》义理，暂且定他为《左传》的作者。意思是说：“说悦耳的话，扮出奉承讨好的脸色，装成一副恭敬、矫情的样子，以求悦人。左丘明以他为可耻，我也认为是可耻。”

这里的巧言、令色、足恭，三者都是虚情假意，而非真心真诚、真情真意，可以看到这背后的内心世界都是充满贪嗔痴的，都是有求于他人。真实是有求皆苦，也违背了自己的本心本性、良知呀！像这样的人，可以欺骗与他相同或相似的一般人，但欺骗不了有大智慧者、明眼人，如左丘明、孔子、老子这样的人。他们见到巧言令色、足恭的小人，发现他们浑身上下虚情假意，只为了满足个人私欲，违背了自己纯净本心本性，背道而驰，所以耻之。

还有一种人，也是可耻，到底是哪一种呢？孔子说：“匿怨而友其人，左丘明耻之，丘亦耻之。”匿，藏。怨，怨恨。友，作动词，以……为友。意思是说："心里充满怨恨的人，隐藏而不外露，仍与之为友，左丘明认为可耻，我亦认为是可耻。"

这里的深意，孔子是自知的人，唯有自知才能知人。心同理同，自己也曾经有过类似觉得可耻的事，自然就会以之为耻，并无他意，只是告诫他人要回来如实反观自己有"匿怨而友其人"吗？有则改之。不然像这样子就是身心分裂，在厮杀、拉扯。心里有很多不愿意及怨恨，却要表露出与他人很友好的样子，这就是假意，是表面功夫，不是良知良心的流露。这样是痛苦、不安、纠结的，是自己在内耗，挫耗生命的能量，身心内外流动不畅，生命怎能全然绽放呢？生命意义是得不到发挥，浪费自己的生命能量，多可惜啊，多心疼啊！所以也是一种可耻呀！

【二六】颜渊、季路侍。子曰："盍各言尔志？"子路曰："愿车马、衣轻裘，与朋友共敝之而无憾。"颜渊曰："愿无伐善，无施劳。"子路曰："愿闻子之志。"子曰："老者安之，朋友信之，少者怀之。"

"颜渊、季路侍。"季路，子路。古时，称弟兄的排行为伯、仲、叔、季。在兄弟中年龄最小的称季，大的称伯，中的称仲。侍，陪在长者之侧。也就是说："颜渊、子路侍立在孔子旁边。"

孔子问道："盍各言尔志？"盍，何不也。意思是说："何不各自说说你们自己的志向呢？"子路跟孔子时间最长，他先说："愿车马、衣轻裘，与朋友共，敝之而无憾。"裘，真皮衣。憾，悔恨。意思是说："我心甘情愿把自己的车马、皮衣与好朋友们共同使用，即使用到破旧，我心里也没有任何悔恨，不痛快。"这就是子路的志向，也代表当时及今日一群人的心之所向。现在生活中的确存在这样一群人，只是子路如实说出自己的心声，此刻他的心量、心境只来到"与朋友共，敝之而无憾"。在好朋友之间能达到"忘物"境界而不计较，这已经很不容易。

试问自己，能做到“与朋友共，敝之而无憾”吗？朋友若是志于道的人，如孔子、颜回这样的人，当然是义不容辞，则答曰可，也无怨无悔。若朋友是有我是我能我慢，是用车马、衣裘来满足虚荣心的，则答曰不可，也真不值得。这是要随顺其因缘而做，也需“悲智双运”。

子路说完，颜渊接着说：“愿无伐善，无施劳。”伐，夸耀、自夸。施，表白。意思是说：“我愿己有行善而不自夸，有功劳不四处去宣说。”这也是《道德经》的“为而不恃”。颜渊是体证了一体世界，深知天下就是一家人，理上顿悟，事上还在渐修，所以只是志向而已。若是真正做到了，所作所为自然而然是纯净的本心本性的自然流露，也就来到“无伐善，无施劳”，不用再强调是自己的志向，就是超越人我相，超越二元对立，也就所谓善与不善，功劳不功劳，来到了大我无我的境界了。

子路心想，老师问我们的志向，那老师自己呢？就问说：“愿闻子之志。”就是说：“我们也想听先生的志愿呀！”孔子不紧不慢地说：“老者安之，朋友信之，少者怀之。”意思是说：“老人能得其所安，朋友之间完全相互信赖，年少的人能得到关怀爱护。”这就是孔子的志愿。全天下人就是一家人，要达到大同世界，唯有发现天地万物是一体，心与空相应又融入空，自然进入了无我、无私、无碍的境界。

老安、友信、少怀，都是从纯净本心本性流露出来，无欲无求、无我无私。一切都是为了家人心安、自在、祥和，也是为己，这个“己”即大己、大我，大我即无我，也就是一体世界。自然就是全然活在当下，活出生命的神圣，就能真正做到“全心全意为人民服务”，做到你好，我好，大家好！

【二七】子曰：“已矣乎！吾未见能见其过而内自讼者也。”

孔子说：“已矣乎！吾未见能见其过而内自讼者也。”其过，有两种解读，一是自己的过失；二是他人的过错。讼，咎责、责备。意思是说：“完了吧！我没有见到一个人，他能看到自己或他人的过失就能内省自责呀！”

为什么是“吾未见”呢？孔子是亲证过“能见其过而内自讼”的，内心如一面明镜，自然能清清楚楚地观照他人是否能做到。颜回的“不迁怒，不二过”也是要做到“能见其过而内自讼”的。可能夫子在说此章时，颜回已亡了。但能见他人之过的人多，能见己之过的人少，能内自讼的人更少，而“能见其过而内自讼”的人更是少之又少呀！所以孔子才说未见。

“能见其过而内自讼”是真的那么难吗？若没有大智慧者指点，很难时时刻刻回来当下如实地反观自己。绝大部分人的内心是充满着贪痴嗔，当所作所为刚好与自己的内心欲望相应时，就自认为自己好有成就，好厉害，高人一等；当所作所为与自己的欲望不相符时，就很自卑，有强烈的挫败感，在众人面前抬不起头。

这里所讲的“过”也是过犹不及，唯有能见其过或不及，活在当下，自净其意，也就是归零。随顺当下活生生的各种因缘，内心不拉扯、不厮杀，随心所欲而不逾矩。这可能已是孔夫子的晚年，颜回先走了，所以能有这种智慧的人，再没有见过了，才会感叹说：“已矣乎”。

【二八】子曰：“十室之邑，必有忠信如丘者焉，不如丘之好学也。”

孔子说：“即使是十室之邑的小地方，其中也必有像我这样忠信的人，但没有像我这样好学的呀。”此章是公冶长篇的结尾，《论语心解》到此完成约四分之一了。我发现“好学”就是生命的密匙，它可以打开每个人的无尽宝藏。

为什么人的生命品质会有这么大差异？据我近四十年来的体会，起决定性作用的因素真的是“好学”。“好学”二字恰是夫子之真面目，颜渊也是如此。所以颜渊逝世时，孔子遂哭云“天丧予”。[1]他是真的

① 参见《论语·雍也篇》。

未见如此之好学的人。可见圣贤并非生而知之，而是由“好学”而得之。孔子是在告诉弟子，我与你们并没有两样，让人听起来，特别自信有力量。

佛陀也是如此，他彻悟后，第一句话就赞叹地说：“奇哉！奇哉！一切众生皆具如来智慧德相，唯以妄想执著不能证得。”也就是一切众生皆可成佛。我事茶近二十年，也发现“人人皆可为茶圣”。《中庸》有云：“万物并育而不相害，道并行而不相悖。”万物都有它存在的价值和意义，每一个生命都是独一无二的，都是神圣的。没有谁比谁高级，也没有谁比谁低贱，以平等心善待一切众生，自然就超越二元对立。

“好学”的确是每个人生命的密匙，也是整部《论语》的灵魂。每个人都有本自具足的良知良能，只是明与不明而已。若能“好学”，人人皆可转凡为圣，都有圣贤一样的心灵品质。如此简单，简单得让人们都不敢相信。譬如行走坐卧，语默动静，人人皆可以做到，如此神奇，却没人会觉得惊奇。真的是“百姓日用而不知，故君子之道鲜矣”。①

---

① 见于《周易·系辞上传》。

雍也篇第六

（凡三十章）

【〇一】子曰："雍也，可使南面。"

孔子说："雍也，可使南面。"雍，姓冉名雍，字仲弓，在孔子弟子中以德行见长的人，与颜回同科。《史记·仲尼弟子列传》中记载："孔子以仲弓为有德行，曰'雍也，可使南面'。"南面，古注考诸经传，不独天子称南面，凡为诸侯、卿大夫，有土地，有爵者，也就是有治民之权者称南面，引申为为政者。这里意思是说："冉雍呀！可以让他为政呀！"

这话是出自孔子之口，意义完全是不一样的。能够让夫子说某人可以去为政，那是什么概念呢？就譬如有一位书法家，某日书圣王羲之看了他的书法作品就真诚地跟他说，"你的作品真的不错呀！"此人的书法境界可想而知。也可以这么讲，其实你周遭的朋友或老师就是你的一面镜子，通过他们你可以看到自己的真实面目。物以类聚，唯有心灵品质相近的人才会相互吸引，互相协助，共同成长。

其实"政者，正也"。冉雍是体会了真正的正，也就是体会了天地万物是一体，超越了二元对立之正邪的正，这也是夫子心目中的"正"。冉雍的内心已统合了，不再拉扯、纠结、厮杀，无欲无求，开启了本自具足的无尽宝藏，若是有欲也只是为了利益他人。在夫子眼中，仲弓平日深知且践行《大学》所云："身有所忿懥则不得其正，有所恐惧则不得其正，有所好乐则不得其正，有所忧患则不得其正。"所作所为从纯净本心本性流露出来，亲民临民，齐家、治国、平天下，也都从本心、本性流露了，由良知发出，这些本来就是一体的。在日常工作生活中一步一脚印地去求真求证，去做出来，每个当下自然就是至善，也就是融入了大我无我的一体世界。

由此可见，"可使南面"就是孔子对仲弓方方面面的总结和评价，也就此告诉其他弟子要为政，可以向仲弓学习思齐，这就是样板。虽然没有标准答案，但有活生生的案例、实相呀！这就是启发式教育！协助每个人恢复本有的良知良能、本心本性，就是最省力、最根本的教育呀！

【〇二】仲弓问子桑伯子，子曰："可也，简。"仲弓曰："居敬而行简，以临其民，不亦可乎？居简而行简，无乃大简乎？"子曰："雍之言然。"

"仲弓问子桑伯子"。子桑伯子，人名。仲弓问孔子，子桑伯子为人如何，孔子回答说："可也，简。"简，从外相看，不烦琐，俭朴，朴实无华，更重要的是心灵的单纯，真诚真心，这是高等心灵品质。意思是说："还可以呀！他俭朴，不烦琐。"孔子的回答也是很简单，就一个"简"字。

仲弓接着分享自己对"简"的体会，他说："居敬而行简，以临其民，不亦可乎？"居，存心。临，亲近、融入，与"身临其境"的"临"意同。也就是说："若存心敬畏恭敬，而日常工作生活也俭朴、不烦琐，用这样的状态去亲近百姓，不也是可以吗？"仲弓有所感悟，接着说，"居简而行简，无乃大简乎？"大，通太。意思是说："居心简单，日常工作生活也简洁，不就太过于简了吗？"孔子很肯定地回答："雍之言然。"也就是说，"冉雍说得对。"

此章深意表面上看似在点评子桑伯子，实是在论"临民"之道，在论为政。也就是在论《大学》中"三纲"即"明明德、亲民、止于至善"的"亲民"，更深的一层是在论《大学》中"八目"即"格物、致知、诚意、正心、修身、齐家、治国、平天下"的"正心"，心正一切正。所以，孔子回答的这个"简"不是简单的意思。

禅宗有一个公案，先是"看山是山，看水是水"，再来到"看山不是山，看水不是水"，最后达到"看山还是山，看水还是水"的境界。夫子心中的"简"，是返璞归真，是吃了很多苦，有了各种各样的体会体悟后回归到"简"。这也就是孔子耳顺之年的境界，是"看山还是山，看水还是水"，是"洗尽铅华，在尘不染尘"。

像这样的人，内心只存有恭敬、敬畏和感恩，无欲无求，所作所为皆从纯净本心本性自然流露，由良知发出，自然而然是"行简"。而若是"居简而行简"，则是处在第一层的阶段，是"看山是山，看水是水"，这是孩子的心灵，不是大智慧者的心灵。

【〇三】哀公问："弟子孰为好学？"孔子对曰："有颜回者好学，不迁怒，不二过，不幸短命死矣，今也则亡，未闻好学者也。"

鲁哀公问孔子说："弟子孰为好学？"意思是说："在你的弟子中，谁是好学的呢？"孔子感叹地回答说："有颜回者好学，不迁怒，不二过。"意思是说："只有颜回才称得上好学，他有怒不迁向他人，有过即转，不再出现。"但这又勾起了孔子无限的哀思，他深情而哀伤地说："不幸短命死矣，今也则亡，未闻好学者也。"也就是说："可惜他短命，已死了。今日也没这样好学的人，没有听说过谁是好学的了。"

孔子心中的"好学"是什么呢？可参照《论语·公冶长·二八》。春秋时期，文字是刻在竹简上的，人们没有太多书可读。不像我们今日，有无量无边无穷无尽的书海，处在信息量、知识量爆炸的时代。但在孔子的那个时代，全世界大智慧者却辈出。为什么呢？这值得今人深思啊！他们到底是读什么书呢？在《论语》里可以感受到夫子的用心良苦，他不断地协助弟子去读懂无字天书，读懂大自然，读懂自己。每个人就是大自然的一分子，大自然就是一部至简、极简的无字天书，也是宇宙人生真理实相，实际存在于每个当下，都是活生生的，跟一个人记诵多少部经典没有关系。

那颜回又是怎么"好学"的呢？孔子说："不迁怒，不二过"。这就是在描述自我这一部无字天书啊！请问诸位大学问家、大师、大老板们，你们能做到"不迁怒，不二过"吗？这里的"怒"就是"贪嗔痴"的"嗔"；这里的"过"是不及或过度，也就是淫，与"过犹不及"的"过"同。意思是说："颜回能知道自己有怒，但不会迁向他人他处。有过能改能转念，力求所作所为行走在中道上，恰到好处。"

这又如何做到的呢？唯有静下心来如实地反观自己，发现一切问题的根源都是在自己。也就是"行有不得，反求诸己"，自然而然就做到"不迁怒"了。同时，所作所为皆从纯净本心本性流露，由良知发出，一切都是以利他为考量，无欲无求，也就自然"不二过"了。譬如宇宙中日月星辰，四时的运转，皆是无心无求无所得，自然也就无过无不及，法尔如斯。这就是直截根源，在心上下功夫，扣住生命的核心，也是修行的核心，这才是真正的好学。不是每一科目都是考一百分才叫好学，若是这样还只在枝枝叶叶上，与每个人的生命核心无关呀！

【〇四】子华使于齐，冉子为其母请粟。子曰："与之釜。"请益，曰："与之庾。"冉子与之粟五秉。子曰："赤之适齐也，乘肥马，衣轻裘。吾闻之也，君子周急不继富。"

"子华使于齐，冉子为其母请粟。"子华，姓公西，名赤，字子华，孔子早年的弟子。冉子，冉求。粟，小米。意思是说："子华出使到齐国，冉求替他的母亲请求些小米。"孔子说："与之釜。" 釜，六斗四升为一釜。意思是说："给他一釜吧。"孔子知道子华家很富有，就少给他一些小米。冉求觉得太少了，就"请益"，意思是："再请求增加一些。"孔子说："与之庾。"庾，二斗四升为一庾。意思是说："再加一庾吧！"

孔子真的这样斤斤计较吗？冉求不能理解孔子的用心，觉得太少了不好意思，他就自作主张"与之粟五秉"。秉，十六斛为一秉，一斛十斗。也就是说："冉求给子华小米八百斗。"孔子知道了，很不客气地告诉冉求说："赤之适齐也，乘肥马，衣轻裘。吾闻之也，君子周急不继富。"适，往、去。周，周济。急，窘迫。继，增加。意思是说："公西赤到齐国，乘坐肥马驾的车，穿着轻暖的真皮衣。我只听说君子对窘迫急需的人给予周济，而不接济富有的人。"

此章深意是，为什么孔子可以做冉求的老师呢？先回到实相看，孔子是依据当下的实际情况做出如实的判断，加了一庾给了冉求面子。冉求嫌少不好意思，私自多给了八百斗的小米。不论是在今日还是在春秋时期，绝大多数人都觉得孔子太小气，不会做人。而觉得冉求很大气，会处理人际关系。但《道德经》有云："天之道，损有余而补不足。人之道，则不然，损不足以奉有余。"夫子的"君子周急不继富"是与"天之道"相符的，孔子是顺天之道而为呀！而冉求的做法与"人之道”相符，是与“天之道”相背。

在整个社会现实中，绝大多数人也是奉行“人之道”，富者愈富，穷者愈穷，也自然出现了大量“门面工程”。譬如很多人支不抵债，负债累累，却是住豪宅，开名车，穿名牌，吃香喝辣，像大富豪的样子，就有很多人愿与他合作，就可以财色双收。像这样的人，在明眼人老子、孔子、佛陀面前，都是藏不住、一览无余的。

所谓明眼人，就是了悟宇宙人生真理实相的人，清醒明觉地活在当下，无欲无求，利益他人。自然就会随顺当下活生生的因缘，所作所为皆从纯净本心本性流露，超越了亲疏，超越了二元对立，无有偏私，看似不仁，实是大仁。他们都是用平等心善待一切众生，也就是无上正等正觉。所以孔子理所当然成为冉求的老师，也不愧是大成至圣先师呀！

【〇五】原思为之宰，与之粟九百，辞。子曰：“毋！以与尔邻里乡党乎！”

“原思为之宰，与之粟九百，辞。”原思，姓原，名宪，字子思，孔子弟子，家贫。意思是说：“原思当孔子的家宰，孔子给了小米九百斗。原思觉得过多，自己家里用不完，推辞不要。”孔子知道原思平时的为人，很客气地同他说：“毋！以与尔邻里乡党乎！”毋，禁止、不要。邻，古代以五家为邻，里，二十五家为里，五百家为党，一万二千五百家为乡。邻里乡党，泛指乡亲父老。也就是说：“原思不要再推辞啦！你如有多余，可以分给你家乡有急需的其他人呀！”

从这里真的可以感受到孔子不是小气的人，而是真正做到了“周急不继富”，也正符合“天之道，损有余而补不足。”① 他看到公西赤“乘肥马，衣轻裘”，生活奢华，所以不多给小米去满足他个人欲望。而原思则不同，他是出了名的贫困户，生活简朴，孔子也了解他不贪心，多给他小米。原思推辞不要，便让他把多余的分给其他急需的人。

---

① 可与《论语·雍也·〇四》合参。

孔子在身教，用自己的行动告诉原思，也告诉其他弟子们，何谓是“天之道，损有余而补不足”，何谓是“周急不济富”。

扪心自问，在现实生活中，若是遇到像孔子、颜回、原思、老子这样的人，我真的愿意无条件无所求去协助，而且是毫无怨言。像这样的人，不协助，要协助谁呢？有时候，绝大多数人所作所为只是生意的需要而那样去做，是有求的，有利益关系的，不是从纯净本心本性流露。一旦没有利益回报，付出就会不情愿、不甘心，心情也不爽。从现在开始自己可以转念，就在“因上努力，果上随缘，自利利他。”随顺各种各样的因缘。有多少利益不管，不想知道，也无法知道。所作所为无欲无求，自然就会心安、自在、祥和、快乐。

【〇六】子谓仲弓曰：“犁牛之子骍且角，虽欲勿用，山川其舍诸？”

孔子评论仲弓，触景生情地说：“犁牛之子骍且角。”犁牛，耕牛。暗指仲弓的出身，地位不高。骍，赤色也，即红色。角，两角长得端正。正是周朝祭祀用的牛。也就是说：“一头耕牛生下一头小牛犊，通身赤色而又两角圆满端正。”这里暗喻着仲弓将会有大用。

从这里可以看到孔子真正做到“有教无类”，不论地位高低，只要是志于道的人，皆教育之。一个人的出生不是自己能选择的，出身贵族还是平民百姓，出生于哪个国家、地区都只能随缘的。人唯一可以自己做主、自己选择的是在哪里呢？就在当下每一个念头之未发。过去已经过去，未来还未发生，只有当下是唯一真实存在的，这也就是每个人本自具足的觉性、佛性、本心、良知。若能清醒明觉活在每个当下，就有无限可能，可以脱胎换骨，生命品质大大提升。这与你的地位、名利、财富等一点关系都没有。在凡不减，在圣不增。

仲弓是有这种体会体悟的，所以孔子很坚定地说：“虽欲勿用，山川其舍诸？”其，难道、哪能，反问助词。舍，不用。意思是说：“人们虽不想用它来当祭祀宗庙用的祭牛，但在祭祀山川之神时，哪里会不用它呢？”

孔子是过来人，也是明眼人。他在三岁时没有了父亲，十七岁母亲也离他而去。孔子是“少也贱，能鄙事”，他深知每个人只要真正恢复纯净本心本性，所作所为皆从本心本性流露，由良知发出，自然达到“不器”的境界。孔子自己就是这样的人，他就可做教育，可以为政，可以周游列国，可以弹琴，也可以删述“六经”，其用无穷无尽，其乐也无穷。不知老之将至，安心、自在、幸福！孔子看到仲弓也是有这样的心灵品质，所以才会这么坚信地说，仲弓必会得到重用。只要是金子总会发光，是太阳就在发光发热。只要生命全然绽放，生命的意义就可以发挥出来，利益众生。

【〇七】子曰：“回也，其心三月不违仁，其余则日月至焉而已矣。”

孔子说：“回也，其心三月不违仁。”违，背离。孔子说：“颜回呀！他的心能三月不背离于仁了。”孔子从何知道颜回“不违仁”呢？很重要的是孔子必须自己先做到“不违仁”，自知才能知人，才知道颜回是否违仁。自己没开启，怎么可能协助他人开启呢？慧眼、心眼没有打开，就是睁着眼睛的瞎子，就有可能是以盲引盲。特别有大师、大学问家称号的人，更需注意，若自己还是睁着眼的瞎子，很可能会引领着一群睁着眼睛的瞎子。这群人也都不知走向何方，不知目的地在哪里，最终都是痛苦又迷糊地离开世间。

为什么是“三月”呢？这里的“三月”，不只是三个月，可以更长时间。周游列国时，颜回长时间陪伴在孔子的身边，孔子时时刻刻在默默地观察他。不论是颠沛，还是流离，颜回无一不出于仁。孔子就是从颜回的三千威仪、八万细行来察其心，看到颜回所作所为皆从纯净本心本性流露，就知道他可以终身不违仁呀！仁只是本心本性的一种描述而已。不违仁，即心即道，即良知。正如《中庸》所言：“道也者，不可须臾而离也。”道就是每个人纯净本心本性、良知，行走坐卧、语默动静都是由它出呀！怎么可以须臾离开呢？

孔子又补充说："其余则日月至焉而已矣。"其余，有两种解读。一指他人，绝大部分的解读为此种。二指"与其心相对应"，也就是指颜回自己。"其余"为"枝叶"，"其心"是"根"。据本人的体悟体证是第二种解读。意思是说："其余的'枝叶'，如三千威仪八万细行，包括各种各样的技艺、艺术如书法、绘画、诗词等，自然而然会日新月异，越来越繁茂啊！"

若其心违仁，就如同树的根断了，树还能生长吗？枝枝叶叶还有营养、水分吗？还有生命力吗？若其心不违仁，就像大树的根没有断，稳稳地、静静地扎在大地上。譬如在北方的冬天，树的叶子都掉落了，树枝是光秃秃的。但树根仍饱含着生命力，等到来年的春天，它还会枝繁叶茂，秋天时还是硕果累累呀！

【〇八】季康子问："仲由可使从政也与？"子曰："由也果，于从政乎何有？"曰："赐也可使从政也与？"曰："赐也达，于从政乎何有？"曰："求也可使从政也与？"曰："求也艺，于从政乎何有？"

季康子问孔子说："仲由，可使从政也与？"意思是说："仲由，可以让他管理政事吗？"孔子很肯定地说："由也果，于从政何有？"何有，有何难题。意思是说："仲由能决断，对于管理政事有什么难呢？"季康子又问："端木赐，可以让他管理政事吗？"孔子又是坚定地回答说："子贡的心通事理，对于从政又有何难呢？"季康子继续问："冉求可以让他管理政事吗？"孔子还是自信地说："冉求多才多艺，对于管理政事有何困难呢？"

此章季康子三问孔子，仲由、端木赐和冉求"可使从政"吗？孔子做了很自信的回答，对三个弟子的特点特征都分别用了一个字来概括：由是"果"，赐是"达"，求是"艺"，而回答都是"对于管理政事有什么难呢"。孔子为什么能如此了解其弟子呢？如果作为老师，不了解学生的性格特征，说自己是做教育的，谈因材施教是扯淡呀！真的会误人子弟、断人慧命。这值得慎思！

如何做到了解弟子呢？先是“自知者明”，也就是说，真正彻彻底底地知道自己的人，就是明白人、大智慧者，才能做到将心比心，推己及人，知己知彼。彼，他人。知己，即自知。人同此心，心同此理，就能清清净净、明明白白，不戴有色眼镜，如实观如实知。就可以全面了解弟子的方方面面，全然接受弟子的优点和不足，做到对症下药，随他个性、保留本色，自然而然，生龙活虎，让他们各自生命的意义发挥出来。

【〇九】季氏使闵子骞为费（bì）宰，闵子骞曰：“善为我辞焉！如有复我者，则吾必在汶上矣！”

“季氏使闵子骞为费宰”。闵子骞，孔子弟子。姓闵，名损，字子骞。费，季氏的封邑。意思是说：“季氏派人请闵子骞做他费邑的行政长官。”闵子骞对来的人说：“善为我辞焉！如有复我者，则吾必在汶上矣！”意思是说：“好好地替我辞掉吧！假如再来召我的话，我必不在家，而在汶河之上了。”在汶上，意思是避至齐国。

闵子骞为什么这样说呢？季氏不听鲁君之命，而费邑之宰也屡叛季氏。闵子骞不愿做费宰遂季氏的私欲，宁愿避至齐国。闵子骞是志于道的人，南容也一样，都是“邦有道则知，邦无道则免于刑戮”。宁武子也是如此，“邦有道则知，邦无道则愚”。

若国家上至君主，下到平民百姓，所作所为都是从纯净本心本性流露，顺天之道而为，全国一片祥和、安宁、自在。每个人各守其位，各安其职，各尽其能，发挥生命的意义。若国家从上到下，绝大部分人的内心充满贪嗔痴，为个人的利益勾心斗角，绞尽脑汁，相互残害，你死我活，整个社会就会充满不安、恐惧、厮杀。有大智慧的人，该愚则愚，该隐则隐，该避则避。如履薄冰，如临深渊，如冬涉川。

智慧者清清楚楚地知道自己要干什么，不做无谓牺牲。既然有了因缘出生为人，那就好好开启本自具足的无尽宝藏、妙智慧，随顺因缘，活出生命的神圣。当因缘具足时，就出来利益大众；当因缘不具足，就满足自己最基本生活需求也足矣，剩下的是无欲无求，内心安详、自在、知足。

【一〇】伯牛有疾。子问之，自牖执其手，曰："亡之，命矣夫！斯人也，而有斯疾也！斯人也，而有斯疾也！"

"伯牛有疾。子问之，自牖执其手"。伯牛，姓冉，名耕，字伯牛。鲁国人，孔子的弟子。《史记·仲尼弟子列传》说冉耕："孔子以为有德行。"牖，窗户。意思是说："伯牛患了很重的病。孔子去探问他的病情，不能近前，知道是不可救治的病，就在屋子的窗外握着他的手。"孔子无可奈何地说："亡之，命矣夫！斯人也，而有斯疾也！斯人也，而有斯疾也！"亡之，同无之，没有办法来救治他。夫，表示感叹。也就是说："真的没有办法救他。这真是命啊！这样贤明的人也会生这样的病呀！"

孔子是易学大师中的大师吧！他为什么还这样说呢？孔子是明眼人，深知不管君主、平民、圣人、凡夫等，一样会有生老病死，人人都要面对。生老病死也是众多因缘和合而成，不是你我自己能决定的。在生老病死面前，每个人都是束手无策，无能为力，无可奈何的。对于孔子来说是不黏着而已。

那命又是什么呢？在我二十多岁以前，父母也曾让人算过命，在那时我对生命的体会不深。就最近几年，对命就有自己的体会心得，愿与大家分享。命就是存在每一个当下，是由大地、流水、阳光、空气、虚空等众多因缘和合而生，不是你我自己能决定的。命也是当下唯一存在的活生生的觉知，遍一切处。譬如阴天、晴天、刮风、下雨、海啸、地震，生、老、病、死及自然现象界的一切变化，只有全然地接受。其实不管你接受不接受，它都是存在于当下，无能为力，只有随顺当下因缘，保持空明觉活在当下，与当下一切活生生的存在融为一体。这就是人的命，只是你不知道而已，当你知道这个生命实相，也就是"五十知天命"的"知天命"。

正如《易经》里所言：“积善之家，必有余庆；积不善之家，必有余殃。”唯一能决定的就是自己当下的念头，唯有经过一步一脚印地去实修实证，才能做到。你的世界，就是实际存在的实相，遍一切处。心转变了，你的世界就随之转变。心净，佛土自然净。当下就是天堂、净土，西方极乐世界不在他方，就在眼前。

【一一】子曰：“贤哉回也！一箪（dān）食，一瓢饮，在陋巷。人不堪其忧，回也不改其乐。贤哉回也！”

孔子发乎心底地赞叹颜回说：“贤哉回也！一箪食，一瓢饮，在陋巷。人不堪其忧，回也不改其乐。贤哉回也！”箪，古代盛饭的竹器。意思说：“如此贤明呀，颜回呀！一竹筒的饭，一瓢的水，居住在简陋的小巷里。他人受不了这种清苦，颜回则不同，享受这种清苦，保持内心愉悦，如此贤明呀！颜回啊！”孔子见到颜回过着如此简单、清贫的生活，自然发出由衷的赞叹，给人以无比温暖、幸福、力量、光明、感动。师徒真的同道中人啊！

孔子体同身受，他自己也是“饭疏食饮水，曲肱而枕之，乐亦在其中矣”，师徒俩心灵最深处是相通，自然就会相互爱慕，相互赞叹，以心相交，亦师亦友。这就是真正的“君子之交淡如水”，也让人明白了何谓欲望，何谓需求，二者是有天壤之别。

欲望是无穷无尽，无量无边的，欲壑难填。绝大多数人的神圣生命被无穷的欲望无声无息、不知不觉地吞噬，还不以为然，前赴后继，真的很可悲呀！

孔子、颜回、老子、庄子、佛陀等大智慧者都是将欲望降低至几近于零，只是满足最基本生理需求。所作所为从纯净本心本性流露，由良知发出，无欲无求、无我无私无所得，内心清清静静，利益一切众生，发挥生命的意义。这也是朱熹提倡“存天理，灭人欲”的深意，也正是宋儒所体会“寻孔颜乐处”的乐处，也是“乌有之乡”呀！

绝大多数人是为利益、欲望交朋友，这不是真正的朋友。也就像英国前首相丘吉尔曾经说过的“只有永恒的利益，没有永恒的朋友。”在利益不均时，朋友间会各分东西，相互竞争厮杀，你死我活。譬如《三国演义》中所描述的就是这种现状。现实的官场里、商海中，也是历历在目，活生生又赤裸裸的。若能志于道，不论是个人，还是组织、国家，就能超越利益，超越任何二元对立，没有隔阂，各尽其能，相互协助，天下就是一家人，自然来到一体的世界。

【一二】冉求曰：“非不说子之道，力不足也。”子曰：“力不足者，中道而废。今女画。”

冉求说：“非不说子之道，力不足也。”说，同悦。意思是说：“我不是不从心底喜欢您所体证的道，只是自己的力量不足呀！”冉求所说的话跟一般人没什么两样。他是说自己心有余而力不足，我们常常也听周边的人在讲相似的话，听起来看似很有道理，是一个毫无漏洞的理由，给自己一个很好的台阶下，又心安理得，绝大部分人就此固步自封。冉求真的很幸运遇到像孔子这样的大智慧者，后来成为孔门十哲之一。

在孔子眼里，每个人都是平等，有无限可能，人人都可为尧舜，每个人都和尧舜一样有一颗圣人的心，也就是人人都有本自具足的良知、本心。关键是能否因材施教又循循善诱。孔子发现冉求内心是在自己否定自己，层层包裹着，要打开他无形的心锁，先协助他看到这把无形无相的心锁，孔子就对他说：“力不足者，中道而废，今女画。”废，放置。画，划定界限，停止前进。意思是说：“力量不足的人，行走了半路，自然自己停下脚步放弃。而今日你是自己画地为牢！”

孔子是把冉求看得清清楚楚，知道他在逃避，也知道他的问题症结，一语道破。孔子所体悟的道不是用体力或努力就能达到的，不然多少大力士或用一生去努力修行的人都应该已彻悟了啊。证道恰是在用力与不用力之间，用清净的心体会。努力不用力，放松不放纵，就在当下，法尔如斯。孔子是告诉冉求，你不是力不足，而是缺乏求道之心。

当自己认为不可能，作茧自缚，那就真的是不可能。在现实的社会里，绝大多数人都是这样的心理，所以彻悟者真的少之又少。

【一三】子谓子夏曰："女为君子儒，无为小人儒。"

孔子对子夏说："女为君子儒，无为小人儒。"女，通汝。意思是说："你该做一位君子境界的儒者，莫做小人境界的儒者。"孔子为什么这样对子夏说呢？子夏在孔门弟子中以文学为特长，孔子希望他进而学道，有道有术，可以更好利益百姓。

在孔子心目中，儒者中也有君子和小人之分，区别如此之大，这让我一下子惊醒，对儒者有更深的体会。

君子儒是已体会到《大学》所云："大学之道，在明明德，在亲民，在止于至善。"同时又是践行其八目（即格物、致知、诚意、正心、修身、齐家、治国、平天下）。下学而上达，为治国平天下而学，以利益天下人为己任。而小人儒则不同，学文学、艺术、技艺等，只是摘叶寻枝，不能直截根源，志于大道，止于下学即在枝叶上，还是不能上达。这与孔子"志于道，据于德，依于仁，游于艺"的教育总方针不相应。

子夏只是停留在"游于艺"的层次，这不是孔子教育的根本，而是枝叶。若不能安住下学即"游于艺"，而是空谈上达，也只是头脑知见、观念。既不是君子儒，也不是小人儒，而是说梦话、诳语的学者。譬如饱学诗书的大学问家、教授、大师，如果不能体道悟道，与道合一，也只是在入海算沙，在文字堆里折腾一辈子，只能称得上小人儒而已。

名头称为大师而心量格局小，也只能算是小师。即使无名小卒，若他们的心量格局广大，就是名副其实的大师。孔子是素王，是无冕之王，老子、庄子是彻悟者，他们从不称大师，老子一不小心却成为世人公认的天下第一呀！

【一四】子游为武城宰，子曰："女得人焉尔乎？"曰："有澹台灭明者，行不由径，非公事，未尝至于偃之室也。"

子游为武城宰，孔子问他说："女得人焉尔乎？"焉尔，相当于于此。意思是说："你在哪里得到人才呢？"子游并没有告诉孔子自己是从哪个招聘会、人才市场、猎头公司或哪位大德的举荐而得到人才。他只是说："有澹台灭明者，行不由径，非公事，未尝至于偃之室也。"澹台灭明，姓澹台，名灭明，字子羽，武城人，后来成为孔子弟子。偃，子游名。径，古井田制，路在井田之外，径在井田之内。行人需守规矩，由路不由径。意思是说："有叫澹台灭明的人，他从不走小路捷径，没有公事也从未到过我的屋里来呀！"

孔子听子游说完并无二话，明白了子游并不是听他人怎么讲，而是在生活的八万细行里面去观察考察人才。这里只是举工作、生活的两件事为例，说明具体是怎样去做。

其实此章告诉弟子，选拔一个人，要看他的所作所为是不是从纯净本心本性流露，由良知发出，无我无私无所求，本本分分，哪怕再小的事情。还是为了满足内心的私欲而投其所好、花言巧语，就一目了然了。

将你的心融入孔子、子游、澹台灭明合为一体。孔子是你，子游是你，澹台灭明也是你。不断转换角色叩问自己，身临其境去体会，发现这个场景在现实生活中也是经常出现的。《论语》是从未过时，是超越时空的。立足在现实工作生活去解读，经典是活生生的，也能够用得出来，协助人们读懂大自然这一部无字天书。这也是读《论语》的心得，真的很感恩自己能生而为人，有幸能接触到《论语》。

【一五】子曰："孟之反不伐。奔而殿，将入门，策其马，曰：'非敢后也，马不进也。'"

孔子说："孟之反不伐。"孟之反，鲁大夫，名侧。伐，夸。孔子是赞叹地说："孟之反是一个不自夸的人呀。"从哪里证明他是不自夸的人呢？孔子描述他所见到的事实、实相，说孟之反“奔而殿，将入门，策其马，曰‘非敢后也，马不进也。’”殿，在后，就是说军败在后者有功。策，鞭。也就是说，鲁军败阵而退，他独自在后面掩护退军，快进入城门时，才策马快进。就有人问，他说：“不是我敢在后面掩护呀，而是我的马不能跑前呀！”

孔子只是描述事实，协助弟子们去深观现实生活中的一些细行。通过孔子观察孟之反的所作所为，可以看到他是不自夸居功的。赞叹一个人，所依据的是他工作生活中所流露出身口意三妙行，这样的赞叹才能是由衷发出，也才是名副其实的。当他人所作所为的确是从本心本性流露的，由良知发出，不管是在明处有人看见，还是暗处没有人见到都一样，他不是表面上一套，暗地里又一套。他的内心清清静静、光明磊落，一切时一切处都是如此，颜回是这样子，孟之反也是这样子呀！

孔门中有冉求、樊迟，也是带兵打仗有大功的，孔子担心他们两人因为有功而自足自夸，在这里也是旁敲侧击，让他们有榜样去思齐。孔子无时无刻，无处不在教育弟子。有这样的老师，是人生一大幸事啊！

【一六】子曰：“不有祝鮀之佞，而有宋朝之美，难乎免于今之世矣！”

孔子说：“不有祝鮀之佞，而有宋朝之美。”祝鮀，卫国大夫子鱼，以佞谄获得卫灵公的宠爱。佞，油嘴滑舌、花言巧语。而，同与，和。宋朝，宋国公子，名朝。史书记载美而艳，因为美色得到卫公夫人南子的宠爱。意思是说：“没有祝鮀的油嘴滑舌，也没有宋朝的美色。”

孔子是在感叹无道之世，唯佞色是尚。他看到巧言的祝鮀及美男子宋朝在这个世道如鱼得水，而自己和弟子们却四处碰壁，难容其身，只能感叹地说：“难乎免于今之世矣。”意思是说：“壮志难酬啊！在今天这个社会上要免遭灾祸呀！”

孔子深知靠巧言、美色是不可长久的，只是一时得逞罢了。但现实浊乱，他告诫弟子“邦有道则知，邦无道则愚”，还有“邦有道不废，邦无道则免于刑戮”，而自己却是“明知其不可而为之”。孔子周游列国，推行仁政，以实际行动，传大道于天下，就像黑夜中的一盏明灯，指引弟子们前进方向。也就是说，“天不生仲尼，万古长如夜。”

孔子此生没有腰缠万贯、金玉满堂，虽举步维艰，但他自强不息、厚德载物的精神注入了每位弟子的心中，也融入了全人类的心中。他的生命是全然绽放的，生命意义发挥得淋漓尽致，万世师表。孔子是真做到了“为天地立心，为生民立命，为往圣继绝学，为万世开太平。”他与日月同辉，与天地同寿。

【一七】子曰：“谁能出不由户？何莫由斯道也！”

孔子说：“谁能出不由户？”户，《说文》中解“户，护也。半门曰户，象形。”本义指单扇门，引申泛指门，如房间之门。意思是说：“谁能出房间而不经过门户呢？”

孔子经常用生活中活生生的事例来启发弟子。这里讲的是一件再平常不过、司空见惯的小事，你也经常由自己的房间或房屋的门出入，所体会的与孔子却是天壤之别。值得我们深思的是，跟孔子、颜回、老子同一时期的有无数人，与他们共同生活在同一个地球上，头顶着相同的一片天、一轮明月，喝着同样的水，呼吸着同一个大气层的空气，为什么心灵品质有如此之大的差异呢？

孔子有了自己很深的体会，才看到很多人能做而没有意识到或是有意识到而没去做，觉得很可惜，才好遗憾地说：“何莫由斯道也？”何莫，为什么没有。斯道，中道、大道，也是指良知、本心。也就是说：“但为什么不能遵从中道而行呢？”

孔子为什么这样说呢？他自己是出必由户，他人也是如此。孔子想起在小时候，他是不知“行不由道”，后来通过自己的好学及问道于老子，体会到了“行必由道”。也就是在《论语心解》中重复出现的一句“所作所为皆从纯净本心本性流露”所表达的深意，也是阳明先生的“知行合一”，由良知发见。

若再不明白，不妨以阳光为例。阳光是从太阳发射出来的，阳光与太阳本是一体的，从未分开过，是能所双泯，也无所谓能所，自然而然。据我个人体会，道真的是不可须臾离也。其实非道远人，是世人习而不察，日用而不知。若你每个当下所作所为都是从本自具足纯净本心本性流露，全然融入当下，就是与道合一，你就是得道者。

【一八】子曰："质胜文则野，文胜质则史。文质彬彬，然后君子。"

孔子说："质胜文则野，文胜质则史。"质，本质朴实。文，华饰。野，如郊野之人。史，如史书。史书，由史官记载有他所好恶，就不得其正，文过其实。意思是说："本质胜过文采，朴素无华，则如郊野之人。而文采多于本质，则如史书，有失其实。"譬如，司马迁在《史记》中所记载的项羽太华丽了，文过其实，带有他个人的好恶标准。

在这里，孔子是如实观察到他的弟子中有两大类人，一类如郊野之人，一类如史书，也就是文过其实的人。这两类人要么偏质朴，要么偏华丽，有其不及或有过的地方，都不在中道上。孔子心目中的君子是怎样的呢？他说："文质彬彬，然后君子。"彬彬，交融的样子。也就是说："只有质朴与文采相融合，恰如其分，知行合一，才是真正的君子，这本身也是中道的亲证者。"

孔子在此点明这两类人的偏差，也是告诉弟子们怎样做才可以成为君子。在实际生活中，大部分人要么质多于文，如郊野之人；要么文多于质，如文过其实的史书一样的人。但在孔子的眼中，满街人皆可以为君子，只要通过因材施教，循循善诱就能够成为文质彬彬的真君子。他所作所为就是协助每个人回到自己身上来，开启自己的无尽宝藏，恢复本自具足的本心本性，所作所为从本心本性流露，由良知发出。自然就会有无限可能，有无穷的潜力，一团生机，充满生命力、活力，生龙活虎，又很自信，内心无比喜悦自在幸福！

【一九】子曰："人之生也直，罔之生也幸而免。"

孔子说："人之生也直，罔之生也幸而免。"直者，正直也。罔者，曲也，不直。意思是说："作为一个人生存于世间，必须要正直。不正直的人表面上也能生存，也有的人能善始善终，侥幸而免遭报应。"此章是孔子在告诉弟子们一条生存的阳光大道，就是"人之生也直"。他同时描述了另外一条带有迷惑又背道而驰的人生之路，就是"罔之生也幸而免"。现实生活中绝大部分人在这条路上行走，孔子只是如实观而已。

正直的人，所作所为都是从纯净本心本性流露，由良知发出。在满足自己最基本生活需求后便无欲无求，无我无私，利益天下。老子、孔子、颜回就是这样的人。而不正直的人，巧言令色，唯利是图，为了自己的私欲而无所不为，唯恐天下不乱，而从中获益。这样的人，一般获利多，生活奢华。在大部分人的眼中，这些人就是成功人士，让人十分羡慕，甚至有的人还让自己的小孩向这些所谓成功人士学习思齐。

此种现象在当今社会现实中比比皆是，不管钱财是骗来还是抢来的，只要侥幸不被抓，就洋洋得意，毫不知耻。譬如今天铺天盖地的广告，很多是花言巧语，言过其实，诱导消费者，刺激消费，导致整个社会物欲膨胀，人的欲贪不断伸张，地球资源被不断吞噬，环境被严重污染，留给后代子孙的是千疮百孔的地球。这样的企业，即使做到世界五百强，有什么值得尊敬的呢？

这些都是值得全人类好好地反思呀！真的是在蹂躏养育我们的地球母亲。没有地球，我们没有一个人能活着。该醒醒的时候到啦！我们一起来吧！呵护养育我们的地球母亲吧！

【二〇】子曰："知之者不如好之者。好之者不如乐之者。"

孔子说："知之者不如好之者。好之者不如乐之者。"乐，发乎心底的快乐，是长久之乐，是孔颜之乐。意思是说："知道它，不如喜好它；喜好它，不如和它融为一体一起脉动，从内心自然流露出的喜悦。”孔子点明了知之、好之、乐之三个境界，各自代表什么呢？值得大家好好体会。

此章的深意与禅宗里“见山见水”的公案有相似之处。知之者是第一阶段，“看山是山，看水是水”，就是追求知其然。好之者是第二阶段，“看山不是山，看水不是水”，就是已知其然，又进一步追求知其所以然。乐之者就是第三阶段，“看山还是山，看水还是水”，也就是说已知其然，也知其所以然，更进一步就是全然接受它，融入了它。完全浸泡在其中，浑然一体，与之共舞，与之脉动，能不乐此不疲吗？不论做什么事，不到“乐之”的状态，不是真正的知呀！

绝大部分人所作所为是为了追寻名利钱财、权力地位，不断在长养自己的欲贪，为了外在的一切而委屈自己。看似拥有很多，腰缠万贯，金玉满堂，其实还没有真正地生活，也没有真正做自己生命的主人，还是放不下又提不起，很纠结，在挣扎，到最后还是一场梦一场空。绝大多数人所谓的快乐是需要条件的，是向外不断苦苦地追求，这是不可能长久的。像这样的人，若是不能静下心来，发现自己本自具足的至乐，就会长期处在苦海之中，永远见不到净土、天堂，西方极乐世界在当下眼前不会呈现。

【二一】子曰：“中人以上，可以语上也。中人以下，不可以语上也。”

孔子说：“中人以上，可以语上也。中人以下，不可以语上也。”中人，处于利根和钝根之间，偏向利根的人。语，告知。上，这里指性与天道。意思是说：“半利根器以上的人，可以告知他性与天道。而半利根器以下的人，不可以告知他性与天道。”孔子与老子所见实相一样，在《道德经》有云：“上士闻道，勤而行之；中士闻道，若存若亡；下士闻道，大笑之。不笑，不足以为道。”正如上根器的颜回，孔子与他言终日，不违如愚，勤而行之，如久旱逢甘霖。

这里也流露出孔子的“有教无类，因材施教”。在他的弟子当中，年龄、地位、才智、阅历等参差不齐，各不相同。因人才智，量为语之，循循善诱，由下而上，从摘叶寻枝到直截根源，由下根器到中根器再到上根器，有次第有步骤，一步一脚印地协助他们心灵成长，成为大人、君子。

另一方面，若老师不是上上根器的人，没有体证到性与天道，慧眼没有打开，就会以盲引盲，那你有可能一辈子在摘叶寻枝，入海算沙，而未能直截根源，此生枉作风尘客。若当下的因缘就是如此，老师未证道，那就需要像亚里士多德所说：“吾爱吾师，吾更爱真理。”说句心里话，作为老师，要先自度再度人，先自利再利人，唯有自己先开启妙智慧、良知，才能够协助学生自己开启无尽宝藏、妙智慧，不是填鸭式教育，而是用启发式教育。让学生自己能闻一知十，神圣生命全然绽放，生机勃勃，活出生命意义！

【二二】樊迟问知，子曰：“务民之义，敬鬼神而远之，可谓知矣。”问仁，曰：“仁者先难而后获，可谓仁矣。”

“樊迟问知”。意思是说：“樊迟问孔子，什么是智慧？”孔子说：“务民之义，敬鬼神而远之，可谓知矣。”务，专心，致力于。义，宜也。敬，敬畏、恭敬。远，不去粘着它，无所住，与之共存。知，智也。意思是说：“只管百姓所合宜的事，对鬼神心存敬畏、恭敬，又不去黏着、依附它，可以算是位智者吧。”

孔子讲的是一番大实话，也是掏心掏肺的话。“务民之义”就是真正地全心全意为人民服务，是当下每个人唯一能做到的事情，也是唯一能提升生命品质的用力点。至于鬼神，其实是宇宙大自然间用肉眼看不见的神秘力量，无形无相、无边无际，这是人类目前用高科技还无法全面知道的，但又是存在的，对此心存敬畏恭敬。也正因为鬼神的存在，人类才会臣服大自然。不然的话，认定“人定胜天”，不断在展示我是我能我慢，人类最终会自食其果，自取灭亡。若对鬼神不依附，不黏着，回来自依止，法依止，法界依止，相安无事，自然而然，共生共存共荣，本来就是一体，从来未离开过。

樊迟明白了，又问孔子如何是仁呢？孔子说："仁者先难而后获，可谓仁矣！"难，指不易做到的，就是无条件无所求地付出，为利益他人。意思说："有仁心的人是先无条件无所求地付出，然后随顺因缘，收获多少不放于心上，这才能称之为仁人。"有仁爱的人，他所作所为皆从纯净本心本性流露，由良知发见，无我无私，平等心善待一切，利益他人。像这样的人，他内心很少会拉扯，超越了二元对立，他的生命自然绽放，内心是放松自在幸福呀！

【二三】子曰："知者乐（yào）水，仁者乐山。知者动，仁者静。知者乐，仁者寿。"

孔子说："知者乐水，仁者乐山。"知，通智。乐，喜好、效法。意思是说："智慧者效法水，仁爱者效法山。"也是告诉我们，大自然就是一部无字天书，要读懂大自然，效法大自然，以大自然为师。孔子又说："知者动，仁者静。"智慧者像水一样流动变化，善利万物而不争；而仁爱者像山一样安固厚重，万物生焉。也就是说："智者能够清醒明觉地活在当下，随顺其当下因缘流动变化。譬如他是流水时，扮好水的角色；是冰时，扮演好冰的角色；是云时，扮演好云的角色。无论身处何处，都安住当下，活出自己生命意义。至于仁者，如如不动，不被外在利益诱惑，像高山一样的宁静，无我无私无欲无求，长养万物而不主宰，为而不恃。"

孔子的心灵品质就像山、像水一样，他自然就会感受到了"知者乐，仁者寿"。这里的"乐"是孔颜之乐，"寿"是与天地一样长久，这不是年龄上的寿命长。意思是说："智者由心底自然流露的快乐，仁者是与天地同寿。"此章孔子的形象描述很妙，智者、仁者不是指两人，而是一个人的两种品质。智、仁都是纯净本心本性的流露，就像山水同依于大地。大地就如本心本性，动静一心机，心无形无相，能动能静。乐寿同一身受。

孔子是过来人，也是明眼人，他亲证到了每个人本来就有智者的品质，也有仁者的品质。自然而然，当他如实看到一个人，要么有仁有智，要么有仁无智，要么有智无仁，要么无仁无智。但若是一位有仁有智的人出现，仁者见之谓仁，智者见之谓智。也就是说，他们的内心是相应的。在现实生活中，不论是在哪方面，境界眼光越高，看事物越能看到本质。所以提升心灵的品质，迈向高等的心灵品质，是生命的终极目标，这也是生命的核心。

【二四】子曰："齐一变，至于鲁。鲁一变，至于道。"

孔子说："齐一变，至于鲁。鲁一变，至于道。"齐，是姜太公受封之国。《淮南子·齐俗训》载，太公治齐举贤而尚功，到了后世桓公管仲称霸，已是大变一番，急功好利、喜夸诈。鲁，就是周公受封之国，有伯禽之教化，尊贤而尚亲，先世余风。后来鲁国虽衰，还是崇礼尚信。变，脱胎换骨，是本质上的转变，而非形式上的变化。道指内圣外王的王道，而非武力霸道。此章意思是说："尚武的齐国一转变可以同于崇礼尚信的鲁国。鲁国一转变，便可同于邦有道了。"

春秋时代礼崩乐坏，齐鲁也衰，但两国余风是最好的，是最可能有脱胎换骨的变化，也是孔子实现礼运大同社会的最佳切入点。"善人为邦百年，亦可以胜残去杀矣。"对于为邦为政，实乃"政者，正也。其身正，不令而行；其身不正，虽令不从。"若君主及大夫们观念能转变，自己先做到了，再加上夫子及弟子们的协助，何愁百姓不从，何愁大同世界不至呢？可惜当时因缘不具足，孔子不能如愿一试，齐鲁两国也终不能变，相继灭亡。更不必说至于道了。

今日的中国值得庆幸，全新的马列主义，从毛泽东思想、邓小平理论、三个代表、科学发展观到中国梦，中华民族正在复兴。习近平主席的中国梦对中华传统文化给予大力支持，举国自上而下正在脱胎换骨。文化、经济、民风等在回归理性，脚踏实地一步一个脚印地茁壮成长，将会是焕然一新、欣欣向荣、生机勃勃。这股能量正在酝酿，弥漫着浓浓的文化气息，充满着祥和与宁静，国人的心灵品质也在逐渐地提升，人民生命的品质也在改善。真的是可喜可贺呀！

【二五】子曰：“觚（gū）不觚，觚哉！觚哉！”

孔子说：“觚不觚，觚哉！觚哉！”觚，酒器，盛酒二升，也用作礼器。朱熹集注则言“觚，棱也”。无论做何种解释，“觚不觚”的意思都是觚失去原来的用途或样子，被用于其他用途或弃置它处而不用。孔子感叹地说：“觚早就不是觚了，还算是觚吗？还算是觚吗？”孔子为什么会如此感叹呢？孔子看到觚，联想到自己所推行的周礼与今日觚的处境及境遇是如此的相似，有点“同是天涯沦落人”之感。春秋时代礼崩乐坏，君不像君，臣不像臣，父不像父，子不像子，时人不能各守其位，各尽其能，本本分分，发挥生命意义呀！

此章也让我想起自己小时候，家中物质匮乏，只有来了客人才会备一桌比平时丰盛的饭菜。有一次我就爬上桌子，自己先夹着吃。妈妈责骂我“不像样”，也就是我不懂礼，没有规矩了。要让客人先吃完，孩子才能上桌去吃。这也是孔子的“觚不觚”，暗指周礼已不像周公时周礼的样子，形神全变了，也就是说已经不像原来的样貌了。又譬如今日一些父母对孩子的溺爱，从衣食住行到婚姻大事，都一手操办，其实也是变了样子，也是越权了，也是过分了，也就是“觚不觚”呀。

这样的例子在生活中也是很常见的。经典其实就是指月之指，协助我们看到当下活生生的现实这一部无字天书，就是协助我们以大自然为师。而不是用经典去套住活生生的生活，成为“之乎者也”的孔乙己呀！

【二六】宰我问曰：“仁者虽告之曰：‘井有仁焉。’其从之也？”子曰：“何为其然也？君子可逝也，不可陷也。可欺也，不可罔也。”

宰我问孔子说：“仁者虽告之曰：‘井有仁焉。’其从之也？”从，跟从。也就是说：“有仁爱的人，即使有人告诉他井里有个人坠入或有成仁的事，他就跟从跳入井里吗？”此问似有禅机，要静下心来好好体会。孔子的教育总方针是“志于道，据于德，依于仁，游于艺”，那井中有仁，是不是就要跟从而依于仁呢？

孔子毕竟是经历过很多事的人，自然知道该怎么做，但很多弟子真的不知道如何做。宰我此问深得夫子之心，夫子明白一切经典、原则、总方针等都是死的，而现实生活却是活生生的。他担心弟子会以“依于仁”作为条条框框，把自己套住又陷进去，希望他们能保持归零的心又能知道具体怎么做。所以回答说：“何为其然也？”也就是说：“先想想为什么他要这样做呢？”

其实孔子是告诉弟子们要保持清醒明觉，回到当下看清实相，求真求证，即便是正在传播，不要信以为真，不要听到有仁就莽撞乱为。还譬如不会游泳而跳进河里救人，虽精神可嘉，但大部分是救不了人反而搭上自己生命的。救人的方式是多种多样的，未必要跳进河里。何况也有可能是他人设了圈套或制造谣言。

所以孔子再三叮嘱：“君子可逝也，不可陷也。可欺也，不可罔也。”逝，往。陷，陷害。欺，被骗。罔，迷惑。意思是说：“君子可前往看清事实，不可以被陷害跳入井里；可以被骗，但不能迷惑。”孔子深知弟子涉世不深，还需在生活中慢慢地历练、体悟、体证，可以真诚真心地面对周遭的每一件事。而他人的一切言语行为是你我无法掌控的，而自己唯一能做的就是求真求证，看清实际情况而做出智慧判断，既能保全自己神圣生命又能让自己生命全然地发挥出来，利益更多人。

【二七】子曰：“君子博学于文，约之以礼，亦可以弗畔矣夫。”

孔子说：“君子博学于文，约之以礼。”文，诗书礼乐等一切经典文献。约，约束。礼，是克己复礼的“礼”，或周礼。礼的核心是敬畏心，也就是说有所为，有所不为。礼与佛法中“戒”异曲同工。意思是说：“君子在文献典籍上广博学习，又用礼来约束自己”。

孔子深知“博学于文”的重要，文是古代先贤亲证大自然这一部无字天书后留下的文字、经典、寻宝地图，是协助人们去读懂这部无字天书，进一步去体道、悟道、证道、与道合一。广博地学习研究典籍文献后，也明白孔子、老子、佛陀、耶稣及一切经典都只是指月的手指，是工具，而不是学习最终的目的。老子在《道德经》中提到的“为学日益，为道日损。损之又损，以至于无为。无为而无不为。”这里指出“为学”与“为道”的不同。

孔子是如实看到绝大部分人一辈子研究这些工具，成为大学问家在展现我是、我能、我慢，到处比高比低、比大比小。所以君子还需“约之以礼”，用礼来约束自己。孔子知道每个人能克己复礼，做到了克己功夫，自然就会恢复到各安其位、各尽其能，把生命意义发挥出来，利益大众。

“亦可以弗畔矣”。畔，同叛，背离。意思是说：“也就可以不背离中道了。”

博学于文与约之以礼，二者合一，齐头并进，一边不断学习，一边不断反观自己，自净其意，自然就会用本自具足的清净本心、良心体悟体证，也就明白了什么是清净本心本性，自然会行走在中道上，生命的潜能不断开启，越来越深入，自然就能随心所欲而不逾矩，内心自在、安详、幸福！

【二八】子见南子，子路不说。夫子矢之曰：“予所否者，天厌之，天厌之。”

“子见南子，子路不说。”南子，卫灵公夫人，有绯闻。说同悦，高兴。意思是说："孔子去见有绯闻的南子，子路不高兴。"这里是孔子周游列国时经过卫国，南子派人邀约孔子见面，孔子不得不见。不见不但失礼，也显得对南子有感觉或看法。而弟子们会不高兴是在孔子意料之中，但他还是见了南子。从这件事来看，孔子给人感觉更真实更完整，更富有人情味，也十分有主见，不随大流，又有自己分寸，内心清清净净，也不戴有色眼镜去看人。

子路不能够理解孔子，他与绝大部分人的眼界差不多，对孔子见南子不高兴也是常态。孔子也知道跟子路讲不明白，但子路老是板着脸。他不得已才出此下策，在子路面前对天发誓，说："予所否者，天厌之！天厌之！"否，不好。意思是说："我所做的事有不好或不由天道的，天会厌弃我！天会厌弃我！"这里我们可以看到一个本色的孔子，毫无修饰、纯天然，也很生活化，活生生的孔子。

我记得小时候，若是被冤枉，又没人见到为我作证，也只好像孔子一样对天发誓，才让对方释怀放下。真实孔子与我们并无两样，他只是通过好学由凡转圣。这也是孔子一生有教无类又诲人不倦的原因。他发现了真的满街都是圣人，只是绝大多数人不知道自己本来就有圣贤的心灵品质，没有去善加开启、发掘、恢复，将神圣的生命意义发挥出来。其实每一个人都是独一无二、神奇又神圣的，都有无限潜力，无限可能，《论语心解》就是要把这个实相呈现出来，协助每个人自己去发现罢了!

【二九】子曰："中庸之为德也，其至矣乎！民鲜久矣。"

孔子说："中庸之为德也，其至矣乎！"中，是无过，无不及，恰到好处，是天下之大本。庸，平常、平淡、平凡。德者，得也，证得。意思是说："中庸之道是每个人本自就有的，自证自得，应用遍一切处，它可算是至善至极的了。"孔子为什么这样赞叹呢？他如实看到了中庸之道即良知在每个人身上，而百姓日用而不知。譬如冬天天冷，每个人都会自己加衣服保暖；夏天暖和，每个人都会自己减少衣服。至于加多少减多少，根据当下的各种因缘自动调整转换，没有固定的标准框框，是活生生的活泼泼的。

绝大部分人觉得这没有什么，每个人都会的，没有什么神奇。就像呼吸一样，每个人都会，也很平常的。但不管你再大的官，再多的财富，不给你空气呼吸，能坚持多久呢？我们就会发现每个人与空气、阳光、大地、流水、虚空的关系都是一样的，每个人一出生就与大自然融为一体，大自然默默地长养着每个人，无欲无求，就觉得它没有什么，也不是人们想象中那么伟大。只有当没有了空气、阳光、大地、流水、虚空其中任何一个，人们都不能存在，才会觉得它们存在的重要，只是到了这时候已经晚了。

孔子发现中庸之德就是每个人皆有的良知，却是"民鲜久矣"。也就是说："百姓被蒙蔽了，不知有此德已经很久了。"孔子说的是实相，绝大多数人是没有打开智慧眼，也不能清醒明觉地活在当下，看不到自己有无尽宝藏，有中庸之德，有本自具足的良知。人的大脑喜欢复杂，也喜欢逻辑推理，自我有成就感，而觉得当下存在的一切太平凡、平常、平淡，没有什么，司空见惯，不以为然，麻木不仁。自然也就不能安住于当下，内心不能满足知足，四处攀缘，活在过去或未来，构建自己的梦幻世界，身心灵没有统合，一直处在拉扯、厮杀、痛苦。在不知不觉中消耗自己生命能量，活生生的生命逐渐在萎缩、萎凋，生命意义也没有发挥出来，真的好可惜呀！

【三〇】子贡曰："如有博施于民而能济众，何如？可谓仁乎？"子曰："何事于仁，必也圣乎！尧、舜其犹病诸！夫仁者，己欲立而立人，己欲达而达人。能近取譬，可谓仁之方也已。"

子贡问孔子说："如有博施于民而能济众，何如？可谓仁乎？"施，给予。济，救助、救度。意思是说："如果有人对百姓广博地布施又周济救度大众，怎么样呢？可以算是一位仁人了吗？"子贡的这个问题，证明他是有看到了当下存在的实相，夫子就是这样的人。能博施的人必是自己很富足，若是财富布施，子贡是可以做到的；而若是法布施，夫子正是这样的人。当一个人开启了自己无尽宝藏，就可以“取之不尽，用之不竭”，就能真诚真心地做到“博施于民而能济众”。

孔子是非常清楚的，所以他说：“何事于仁，必也圣乎！尧、舜其犹病诸！”病，有所不足。意思是说：“何止是仁人所做的事，那一定是圣人才能做到的事呀！即便是有德有位的尧舜，对此也感觉到实力有所不足。”

这是孔子体同身受后的肺腑之言。“博施”与“济众”，不仅要心量广大，还要能无我无私，无欲无求，来到一体的世界。譬如太阳，它是超越了二元对立，没有亲疏，没有好坏，没有善恶，以平等心善待一切众生，阳光普照。连圣人尧舜都力不从心，孔子自己也只能是尽力而为，所作所为皆从纯净本心本性流露，由良知发出，足矣！

但要成为一位仁者，该是怎么做呢？孔子说：“夫仁者，己欲立而立人，己欲达而达人。能近取譬，可谓仁之方也已。”立，站起来，是顶天立地的大丈夫，是大雄，而非英雄。英雄是战胜他人的人，而大雄就是战胜自己的人，非将相之所能也。达，通达。近，当下的现实，切近的生活。譬，取譬相喻。方，方法。意思是说：“自己先要立起来，才能协助他人立起来；自己先要通达了，才能协助他人也通达。能从当下身边现实生活中去举例来譬喻说明，这就可称作践行仁、亲证仁的方法、方向呀！”

孔子点出了自利利他、自立立人、自度度人及自达达人，都是合一，也是一体的。他掏心掏肺地说出了检验真理的唯一标准，就是眼前活生生的实相。这也是行仁的方向方法呀！自己能否自立、自度、自达呢？若自己不能先真知做到，其余免谈。譬如自己没有打开智慧眼而度人，就是以盲导盲，好心办坏事，这样的事大有人在。所以，一切皆以修身为本，是真实不虚。

述而篇第七

（凡三十七章）

【〇一】子曰：“述而不作，信而好古，窃比于我老彭。”

孔子说：“述而不作”。述，此字很妙，可以看到夫子的智慧眼是打开着的，能读懂大自然这一部无字天书即《大地风云经》。他告诉弟子们他只是将实相的本来面目描述出来而已。也就是说，孔子只是描述自己所亲证、所发现的一切，是真实存在的，而不是他自己的创作。作，创作。“作”字带有我是我能我慢，就是自我在运作，活在二元对立的世界中，还是浸泡在苦海里。

孔子又说：“信而好古”。信，不是迷信、盲信，而是用科学家的精神去求真求证。这是善意、正面又毫无妒忌、怀疑的信，是真正的信，是有力量的信，是可以用生命来践行的信。这种信，是经过自己亲证的，不是背道而驰，也不是偶像崇拜，更不是信仰。

“好古”。古，古代历史经验、文献古籍及数千载众圣，如伏羲尧舜、文武周公等一切。孔子经过亲证、如实观，惊奇地发现古代一切圣者都是以大自然为师，向大自然学习思齐，真实不虚，自然而然就“信而好古”。他发乎心底地赞叹“窃比于我老彭”。窃，此字很传神，可以读出夫子的内心世界及体会，他看到了自己的渺小，看到山外有山、天外有天、人外有人，自然是柔和谦逊，没有了我是我能我慢。老彭，暂作老子和彭祖解。夫子偷偷地把自己比作老彭，实质上是在见贤思齐，学习老彭的心灵品质、特征特性，更好地开启自己本自具足的纯净本心本性，恢复本有的良知，让生命全然绽放。也是勉励自己以身作则，能做好榜样，更好协助弟子们也迈向高等心灵品质。

【〇二】子曰：“默而识之，学而不厌，诲人不倦，何有于我哉？”

孔子说：“默而识之”。默者，寂也。识，一读zhì，记住；另一读shí，认识、明白、晓得。意思是说：“寂然不动，无欲无求，无我无私，内心清清净净，就能明白宇宙人生的真理实相。”这样自然就会来到孔子所描述的状态，即“学而不厌，诲人不倦”。学，不只是学知识，而是向自己清净本心、良知学习，良知是吾师，向法界大师学习。厌，厌恶。诲，教诲，也是协助。不倦，乐此不疲。意思是说："全然主动地去学又不会产生厌恶，有教无类又协助他人成长，乐此不疲。"这"何有于我哉"，意思是说："对我来说没有什么困难的。"

此章是孔子描述志于道的境界，心能安住在道上而不移，即默即识。学、诲皆不离道，由良知发出，浑然一体，全心在道而忘其我，是真正的"知行合一"。若夫子没有体道、悟道、证道、与道合一，他是不可能做到"默而识之，学而不厌，诲人不倦"的。这三件事对夫子来说就像举手投足那样的自然，那样的平常平淡平凡，没有什么困难呀。

静下心问问自己能不能做到呢？能否像孔子一样无所求地去"学而不厌，诲人不倦"呢？一个人只要还活在二元对立的世界，内心一定会拉扯、计较、厮杀，他是不可能做到，也做不出来。假如心灵品质只停留在拉扯、计较、厮杀，不管学问有多高、名头有多大，还是离道很远啊。像这样的生命是不可能全然绽放，生命的意义也无法全然发挥出来，也难于真正利益他人。一个背道而驰的人，做是错，不做也是错。如果一个人所做的一切都由良知发出，自然不离道，与道合一，做是对，不做也是对，随心所欲而不逾矩，这是真正的大安心、大自在。

【〇三】子曰："德之不修，学之不讲，闻义不能徙，不善不能改，是吾忧也。"

孔子说："德之不修，学之不讲。"德者，得也，就是对道心，对纯净本心本性有体悟体证，慢慢地与道合一，也就是《大学》的"明明德"的"德"。修，修正，修的目的是为了达到正，为了恢复本自具足的良知、本心。意思是说："德不加以修正、恢复，学到了很多知识、方便法而不去讲习。"孔子接着说："闻义不能徙，不善不能改。"义，宜也。徙，迁移。意思是说："听到合宜、合乎道的而不能迁移，知道不善的而不能勇于改正。"对于这样的人，孔子发乎肺腑地说："是吾忧也。"意思是说："这是我所担忧的呀！"

孔子为什么会有这样的担忧呢？夫子通过亲证，发现四者非常重要，关乎一个人能否迈向高等的心灵品质，是修行的主要功夫，这是真正要担忧的。可惜绝大多数人担忧的是挣多少钱，做多大官，生多少个孩子，孩子考多少分，上什么大学等。其实人与人之间最大不同的一点就是起心动念。孔子看到世人不知忧也不懂得忧，本末倒置，最终一场梦一场空，含恨又后悔地离开人世，实在毫无真乐可言。

“真乐”是本自具足的，不是外求或由他人施舍的，不在他方而是在当下每个人自己的心中。若是不修不讲不徙不改，自己身心难以得到统合。生命的潜能得不到全面地开启、恢复，生命的意义得不到发挥，这一生也就白活了，是浪费生命，这就是夫子所担忧的。这也是佛陀所担忧的，所以他说“人身难得，佛法难闻”，两者是异曲同工的，都值得世人反思！

【〇四】子之燕居，申申如也，夭夭如也。

“子之燕居”。燕，通宴。燕居，平居，闲居。“申申如”。伸舒，放松。在这里描述孔子的内心宁静和畅，安详自在，无欲无求。“夭夭如”，弛婉的样子，孔子的内心轻松安详。意思是说：“孔子闲居时，身心正定而安详，从容又自然。”

此章是弟子记录孔子在平常生活中闲来无事时的生命气象。他的整个神态像一棵苍翠的松树生机勃勃，“申申如也”就像大苍松的枝干一样的舒展；“夭夭如也”就像苍松的嫩枝条一样轻盈曼妙弛婉。孔子的生命是全然舒展绽放的，就是“绝学无为闲道人”境界，这是夫子的生命状态。他在周游列国时颠沛流离，也是乐在其中，所作所为是从纯净本心本性流露，由良知发出，无我无私，心怀天下广利苍生，内心幸福安详自在。只是不同的因缘，以不同的形态流露而已。

而我们自己的生命品质是怎样呢？只有你我自己知道。内心有没有拉扯、厮杀、不安、焦灼呢？闲来无事时能否也由衷地幸福知足呢？你能用宁静的心灵感受阳光的普照，微风的柔情，流水的变化与灵动，大地的厚重与博爱，虚空的广大与包容吗？这一切都在默默地付出，你我就浸泡在爱的海洋里，被爱包围着，你知道吗？

我知道没有大地、阳光、流水、空气与虚空，也就没有我们每一个人的生命，这就是天地父母的支撑与化育，我感恩一切。我们每个人的父母也离不开天地父母的养育，难道不是吗？孔子、老子、耶稣和佛陀，也都要天地父母所养育。天地父母就是我们的真正归依处，也是每个人心灵的家园。这与你的学历、财富、地位、权力、种族和信仰等是没有关系的。只要静下心来，智慧眼自然开着，发现这个事实一直存在着，只是你不知道、不了解、不明白而已。幸福真的从未离开过！

【〇五】子曰："甚矣吾衰也！久矣吾不复梦见周公。"

孔子感慨地说："甚矣吾衰也！"甚矣，描述了孔子竭尽全力了，周礼没有得以恢复，流露出他无可奈何的心境。衰，指肉体的衰老，但人的身体会老而心可以不老。也是在告诉弟子们，我与每个人一样，都有生、老、病、死，也一样要面对无常变化。这些都是正常，也都是真实存在的自然现象，你我都无能为力，只有全然接受这不变的实相。这不是我是、我能、我慢所能改变的，王公贵族、有权有势有钱的人，没有一个能避免。它如影随形，谁也逃不掉的。在法界大自然面前，人人如此平等，没有谁比谁高贵，也没有谁比谁低贱呀！

夫子感叹地说："久矣吾不复梦见周公。"意思是说："我已经很久不再梦见周公了。"可见孔子在年轻时常常梦见周公，当时他想通过自己的努力去恢复周礼，周礼就是周公制定的，常梦见周公不足为奇呀！为什么如今衰老了却很久不再梦见周公呢？这正是描述夫子臣服了宇宙大自然，浑然一体。他深知恢复周礼不是他一个人所能完成的，而是需要整个宇宙大自然众多因缘聚合才能成就，了悟了宇宙人生的真理实相，彻底放下恢复周礼的担子，随顺当下因缘，删述"六经"，尽己所能。

夫子从壮年至衰老，周游列国，颠沛流离，四处碰壁。壮志未酬，但他已尽力，随顺各种因缘，无怨无悔、无欲无求、无我无私。他的生命是全然绽放，生命意义发挥出来，广利天下苍生，他的精神与日月同辉，与天地同寿。

【〇六】子曰：“志于道，据于德，依于仁，游于艺。”

“志于道”。志，心之所存。道，佛教称之为空或法界，儒家称之为无极，老子称之为道、大自然，耶稣称之为上帝。道也是每个人本自具足的道心、清净本心、良知。“据于德”。据，固执地去坚守。德者，得也，明白人就是大自然之子、法界之子、上帝之子、道之子，具有大自然、道、上帝的心灵品质、特征、特性。也即《大学》中的“明德”，就是本有的纯净本心本性、良心道心、良知。“依于仁”。依，不违。仁，就是慈悲心、仁爱之心。“游于艺”。游，游泳，像鱼浸泡在大海中一样，心无挂碍，自由自在。艺，是指技艺、艺术、技巧。人在各项艺术中的熏习，如鱼浸泡在海水中。鱼与大海融为一体，忘了它自己是大海的部分，悠游自乐。

此章意思是，孔子说：“立志要与道合一；据守本自具足的明德；不违仁爱之心、慈悲心，善待一切人事物；浸泡在艺海之中，悠然自得，轻松自在。”这是孔门教学的总方针。

据我个人的体会，人就像一棵大树，其根是道，其干是德，其枝是仁，其花叶是艺。道、德、仁和艺本是一体的。当根断了，其干其枝其花叶将会枯萎腐败；若干、枝、花叶截断了而根尚存，大树仍会继续生长。何者更重要可想而知。

道是本来存在的，遍一切处一切时。不论你明不明白，知不知道，你都是永远与道合一的。“须臾不可离，可离非道也”，每个人都是道之子，具有道的品质、特征特性，也就是跟与生俱来的纯净本心本性合一。

当你明了这个实相，所作所为就会从道心、本心流露出来，自然是无我无私，清清净净，轻松自在，心安详和。生命也就自然舒展开，悠然自得，潜能不断地开启，生命意义就得以发挥，利益众生，又能无怨无悔，内心洋溢幸福，发乎心底地愉悦，这就是孔颜之乐。

【〇七】子曰：“自行束脩以上，吾未尝无诲焉。”

孔子说：“自行束脩以上。”束脩，一解是，脩是干脯，即干肉，十脡为束。束脩就是十条干肉。另一解，束脩是束带修饰之礼，古人十五岁才可行此礼。本人从后一解。也就是说：“求教者从行束带修饰之礼，就是十五岁以上的。”孔子自己也是“十有五而志于学”，也只有十五岁以上的人才对自己的志向比较明朗。

孔子又说：“吾未尝无诲焉。”意思是说：“我从没有不给予教诲的。”这里再次看到夫子的心量，有教无类诲人不倦。夫子为什么能做出来呢？他发现每个人都和他一样，都是浸泡在同一虚空下，生长于同一片土地上，呼吸着同样的空气，喝着同样的水，都离不开天地父母的养育。也都是来自于同一个天地父母，同源同根同一体，天下是一家，我们都是兄弟姐妹，也是生命共同体。这是夫子打开智慧眼，如实知如实观的生命实相。

夫子只是恢复了本自具足的纯净本心、良知，人同此心，心同此理，知己知彼，明白了人人都有一颗纯净的本心、良知。夫子发现绝大部分人不知道、也不明白自己有无尽宝藏，不知道自己很富有，拿着金饭碗在四处行乞。他于心不忍，觉得很可惜，自然而然就会竭尽全力地协助弟子们开启无尽宝藏，让他们开发自己无限潜力，拥有无限可能。自度度人，自利利他，人人生命意义都能发挥出来，这就是夫子为什么要有教无类、诲人不倦呀！

【〇八】子曰：“不愤不启，不悱不发，举一隅（yú）不以三隅反，则不复也。”

孔子说：“不愤不启，不悱不发。”愤，求学者已下了很多功夫去思虑，反复咀嚼，又回到现实的生活中不断求真求证，还是没有很深的体会。启，开启、启示。悱，已有很多的体会心得，想用言语去表达而不能。发，启发而能豁然贯通。意思是说：“不到他苦思冥想而仍未有体悟时，不启示他；不到他想表达而又表达不出来时，不去启发他。”

孔子又说：“举一隅不以三隅反，则不复也。”隅，角也。意思是说：“如屋有四角，已示之一角，而不能自反自证其余三角的人，也就是不能举一反三，我不会再教他。”这是夫子启发式的教学方法，学生自己可以沉潜反复，老师也根据学生的根器适机点拨，至于启不启、发不发及复不复就随顺其因缘。老师只是助缘，协助弟子们恢复其本自具足的本心、良知，而非填鸭式教育。

夫子深知，知识与智慧是有天壤之别的。知识可以通过积累、记忆，向心外去求得，也就是“为学日益”，成为大学问家；而智慧则不同，它不是能从心外求得的，它是每个人本自具足的清净本心、良知，在凡不减，在圣不增，也就是佛陀大彻大悟后如实现观，发现了“一切众生皆有如来智慧德相”。

那怎么开启本自具足的妙智慧呢？《道德经》讲“为道日损，损之又损，以至无为，无为无不为”，佛教也说“诸恶莫作，众善奉行，自净其意”。只要你的心越来越清净，心净，佛土净。智慧、良知自然而然就流淌着，所作所为也就自然而然从纯净本心本性流露、由良知生出。正如虚空中的太阳被乌云遮住时阳光显得暗淡，但它仍然一直普照，当乌云慢慢飘散开来，阳光自然而然就透露出来。

【〇九】子食于有丧者之侧，未尝饱也。子于是日哭，则不歌。

此章意思是：“孔子在有丧事的人旁边吃饭，从未饱食。孔子在吊丧那日就会哭，不歌唱。”这里的“有丧者”是有丧事的人，是指已逝或即将逝去的人，也指逝者本身的心灵品质。也就是说逝者对周遭一切人的影响。

譬如佛陀大般涅槃时，他是在现身说法告诉弟子们，人的五蕴身心是无常流动变化的，不是自己能够决定的，是缘起缘生缘灭，生生灭灭，有什么可悲伤的呢？这里的“未尝”是不间断、非偶然。一两次容易，长期不间断难矣。可以感受到夫子对丧者的哀思不是仪式的需要，而是自然而然的流露，这是他神圣生命的一部分，就像水里的盐与水一样溶为一体。

为什么会有如此之境界呢？只有来到心与虚空相应，如实见到整个法界的万物皆浸泡在虚空中，从虚空中生出来，又是由整个虚空支撑和养育。体会到宇宙万物是生命共同体，天地万物是一体，我们就是一家人，都是兄弟姐妹，怎么能没有恻隐之心呢？能不哀思呢？夫子知道万物是从哪里来又回到哪里去的，也知道自然界没有生死，只有变化变异，所以他是哀而不伤。也就自然做到“朝闻道，夕死可也”。当下眼前的一切，就是属于你我的家。随顺因缘，该悲就悲，该哭就哭，空明觉活在当下，每个当下都是美妙又神圣的。这种心境与弘一法师临终前所写下的四字“悲欣交集”是一样的。

“子于是日哭，则不歌”的心境与前一句是相似的，则不作详解。

【一〇】子谓颜渊曰：“用之则行，舍之则藏，唯我与尔有是夫！”子路曰：“子行三军，则谁与？”子曰：“暴虎冯（píng）河，死而无悔者，吾不与也。必也临事而惧，好谋而成者也。”

孔子对颜渊说：“用之则行，舍之则藏，唯我与尔有是夫！”用，能发挥生命意义。行，让道心流露出来。舍，同舍，舍去，不为世用。藏，不流露。尔，你，这里指颜回。夫，语气词，相当于吧。意思是说：“有让我发挥生命意义的机缘，就将所证得的道即纯净本心、良知流行于世；不能用我的，就将此道藏于身。只有我与你能这样吧！”

子路听到孔子对颜回如此赞叹，内心不舒服，自知不如颜回，而行军是自己所长，所以问孔子说：“子行三军，谁与？”与，陪同。意思是说：“夫子如有行三军之事，将和谁一起前往呢？”这一问可见到子路个性。孔子毫不客气地当头一棒，点醒子路说：“暴虎冯河，死而无悔者，吾不与也。必也临事而惧，好谋而成者也。”暴虎，徒手搏老虎。冯河，徒身过河，此是粗勇无谋之举。惧，谨慎、警惕，不轻敌。

意思是说：“徒手搏斗老虎，徒身涉水过河，死了都不会后悔的人，我是不和他共事的。与我一起前往共事之人，必须是临事小心，好谋而能完成任务的人。”孔子并不是说子路实有此暴虎冯河之事，而是打开他的偏见、框框和极限，让他行走在中道上。

此章是孔子与弟子颜回、子路的对话，是描述活生生的生活场面，也是描述宇宙人生的真理实相。“暴虎冯河”的人是在展示我是我能我慢，不知天高地厚，自认人定胜天，最终皆是一场梦一场空。而“临事而惧，好谋而成”的人，因为他体会了一切人事物都是众因缘的和合，是无常变化变异的。用与舍都不在我，不是我是我能我慢所能决定的。可以不问行军，行军不能必胜而无败，胜败亦不全在你我。但你我也只是助缘，“惧”“好谋”是全在于你我，所以不可以不尽力。这都是宇宙人生的真理实相。在这里，并非孔子不许与子路行三军，而是他看到子路未能来到“惧而好谋”之境，所以进一步教他。由此也可以看到夫子的因材施教，用心良苦，不愧是大成至圣先师呀！

【一一】子曰：“富而可求也，虽执鞭之士，吾亦为之。如不可求，从吾所好。”

孔子说：“富而可求也，虽执鞭之士，吾亦为之。”富，财富。求，是指合乎正道的可以去求得，就是君子爱财取之有道。执鞭，贱职。意思是说：“财富若是以正道求得，就算是执鞭这样的贱职，我也心甘情愿、毫无怨言去做。”

这里看到夫子与绝大部分人是一样的，要工作、生活、养儿育女，也要吃喝拉撒，也需要基本物质需求。但他知道只要是合乎正道，即使是执鞭之士亦可为之。他心中没有贵贱，合乎道是前提，即是由良知发出。也就是说“不义而富且贵，于我如浮云”就是孔子的真心话，唯有像他这样的内心，才能坦荡荡、清清净净，心无挂碍，轻松自在。

孔子又说：“如不可求，从吾所好。”意思是说：“若是不可以追求到的，那就听从我自己所喜好的。”那夫子的所好是什么呢？他所好的不是金钱财富地位、高官或厚禄等外在的一切，而是道。正如他说：

"朝闻道，夕死可也。"可以用生命换取道，而非朝得一个亿人民币或一个省长的职位而夕死可也。夫子在体道、悟道、行道、与道合一，无欲无求。若富不可求也不合乎道，他就只能遵从自己所好，过着"饭疏食饮水，曲肱而枕之"般平凡简朴的生活，乐在其中矣。由此可见，可求与不可求，都是以道为准。

那何谓道呢？道就在每个人身上，即纯净本心本性，也称之为道心、佛心、良知。从整个宇宙实相上看，佛陀称之为空、法界，耶稣称之为上帝，老子称之为道、大自然，儒家称之无极，名称不同，所指皆是相同的。得道者的心灵品质、特征、特性是无我无私、无欲无求。"生而不有，为而不恃，长而不宰"，利益一切，无怨无悔，与法界大自然的心灵品质、特征、特性一样，自然心安自在、祥和宁静、幸福！

【一二】子之所慎，齐，战，疾。

"子之所慎"。慎，此字是本章的文眼，意义甚深呀！让我想到《格言联璧》的一句话："何谓至行？子曰：庸行。何谓大人？曰：小心。"慎，就是小心，不轻视，就是如履薄冰、如临深渊、如冬涉川，临事而惧，好谋而成。能如此小心，便是真正的大人、大丈夫。孔子就是这样的人。

具体事例就在活生生的日常工作生活中。譬如"齐，战，疾"。齐，同斋。古代祭祀前，人心有欲，散漫不齐，先自宁静，变食迁座，以自斋洁也，譬如沐浴更衣、禁荤禁酒禁房事。让其身心清清净净，无欲无求，空明觉活在当下，融入一体世界，止观双运，就是用宁静的心、清净的心来如实深观，不带有个人的成见、知见、观念，自然就会发现宇宙大自然真的是神奇、奥妙，正如《道德经》云："玄之又玄，众妙之门。"战者，《说文》中解："战，斗也。"御人之入侵又关乎众人之生死，能不慎乎，能临事而惧，好谋而成。疾者，传染病。关乎自己与他人之生死，也必小心。

此章意思是，孔子平常谨慎有三件事，一斋戒，二战争，三疾病。

他为什么对三者是如此之小心？此三者，都是你我有所了解，也都是不可知的，是因缘聚合而存在的。小心处理，大化小，小化无，就能避免很多灾害，才是真正的消灾，防患于未然，也就是《黄帝内经》云："上医治未病。"这才是真正大丈夫，大智慧者呀！

【一三】子在齐闻《韶》，三月不知肉味，曰："不图为乐之至于斯也。"

"子在齐闻《韶》，三月不知肉味"。韶，舜时古乐曲名。意思是说："孔子在齐国，听到了《韶》乐之美盛，很长时间忘却了肉的滋味。"这是孔门弟子的记录，夫子闻《韶》乐有如此津津有味。"三月不知肉味"也就是来到"发愤忘食，乐以忘忧"的状态。这里的"不知肉味"看似平常平凡平淡，实则蕴意甚深。若是今人天上飞的、树上爬的、地上跑的都尝遍了，吃腻了，正好想吃素的，觉得没有什么，是无法了解夫子的心境。在孔子时代，肉是偶尔才能吃到的，譬如祭祀或重大节日才有的吃。

我记得小时候，八十年代初，家里半个月或一个月、甚至更长的时间才能吃到一次肉，肥肉是用来在炒菜前擦锅底的，擦完后留着下次再用，用到没有肥油为止。我能体会到夫子"三月不知肉味"的感觉，《韶》乐让他如此地沉浸、乐在其中，忘却了肉的滋味。

夫子由衷赞叹说："不图为乐之至于斯也。"意思是："我没有想到《韶》乐之美有到如此境界呀！"为什么《韶》乐能美到让夫子如此欲罢不能呢？在舜的时代，天下为公，大道之行，整个天下就是一家人，人们的所作所为都是从纯净本心本性流露，由良知发出，无欲无求，无我无私，清清净净。《韶》乐就是描述这样的心灵品质，它就是那么自然、宁静、真诚、美妙和纯净，正与夫子的心灵如此相应呀！夫子能不赞叹不已吗？这种美妙是肉味所不能比的呀！

【一四】冉有曰："夫子为卫君乎？"子贡曰："诺，吾将问之。"入，曰："伯夷、叔齐何人也？"曰："古之贤人也。"曰："怨乎？"曰："求仁而得仁，又何怨？"出，曰："夫子不为也。"

冉有说："夫子为卫君乎？"为，赞同、协助。卫君，是卫灵公之孙卫出公，姓蒯（ku□i），名辄（zhé）。其父辄聩是卫灵公之世子，怨其母南子，涉谋杀南子未遂，出奔。卫灵公死后，蒯辄被立为国君，其父与之争位。意思是说："我们的先生能赞同并协助卫君以子拒父吗？"这里的关键是卫君待孔子不薄，夫子又是寄人篱下，却颇受卫君崇敬。冉有不了解夫子到底支持不支持卫君，有疑惑又不敢直接问老师，就去私问子贡。

子贡说："诺，吾将问之。"意思是说"好，我将问他。"子贡进入问孔子说："伯夷、叔齐何人也？"孔子回答说："古之贤人也。"伯夷、叔齐为殷季孤竹君之二子，父欲遣命立叔齐为君，叔齐让其兄伯夷，伯夷尊父命而逃，叔齐亦不立而逃之。国人就立他的中子为君。周武王伐纣，夷、齐二人叩马而谏，周武王没有采纳，二人后因耻食周粟，终死于首阳山中。子贡不愧是外交家，说话非常巧妙、有艺术，不直问关乎卫君事，而借问伯夷、叔齐之事。

子贡又问："怨乎？"怨，意指伯夷怨恨父亲，叔齐怨恨兄长。意思是："伯夷、叔齐有怨恨吗？"孔子很肯定地说："求仁而得仁，又何怨？"意思是："二人皆是求仁而得仁，又有什么怨恨呢？"伯夷能顺乎亲，孝也。叔齐能恭兄，悌也。孝悌，仁之本也，是由良知发出。仁者天爵，国君人爵耳，兄弟俩让国，孔子赞叹他们俩是求仁而得仁。夫子心中的大同世界是相让而非相争，深知天下是一体世界，万物并育而不相害，君君臣臣，父父子子。

子贡一听就明白了，就出来告诉冉有说："夫子不为也。"意思是："夫子不认同也不会协助卫君的。"也许有人会说夫子无情无义，卫君对他如此之好，他却不懂得回报。这正是夫子的伟大之处，值得大家细细思量。

【一五】子曰："饭疏食饮水，曲肱而枕之，乐亦在其中矣。不义而富且贵，于我如浮云。"

孔子说："饭疏食饮水，曲肱而枕之。"饭，作动词，食。疏食，粗饭。肱，臂也。意思是说："吃着粗饭喝着纯净的水，曲着胳膊当枕头用。"这是夫子自己真实生活的描述，他是如此清贫，对物质的需求降低至几近零，只是最基本的生存需要。但夫子却说"乐亦在其中矣"，他很满足很幸福。你我的物质条件皆比夫子好几倍、几百倍、甚至上千倍，你我能发乎心底地快乐吗？能真的幸福吗？为什么夫子这样清贫，却是这么幸福、快乐自在呢？

颜回也是如此，夫子曾赞叹他说："贤哉，回也，一箪食，一瓢饮，在陋巷，人不堪其忧，回也不改其乐。贤哉，回也。"可见"孔颜之乐"与金钱、地位、权势、种族、国家、信仰等外在一切没有必然关系，也不是心外能求得的，是本自具足的真乐，是与道合一的快乐。这是找到生命真正的归依处，也就是道，是空、法界，是上帝，是大自然。当然也是每个人本自具足的本心、道心、良心、良知呀！难怪孔子会很震撼地说："朝闻道，夕死可矣。"

在《中庸》里有云："道，须臾不可离也，可离非道也。"静下心来问问自己，没有虚空、大地、阳光、流水、空气的支撑与养育，有我们的生命吗？我们一出生就浸泡在道之中而不知，却不懂得感恩，而是用我是我能我慢去破坏、污染大自然，哪有快乐可言呀？若没有树木、鲜花、野草、高山流水、飞禽走兽等，自认为万物之灵的人类会怎么样？为什么有人类精神病医院？动植物却是没有呢？

夫子的快乐，大概只有颜回才能知道。他对物质生活的需求几近零，无欲无求，自然就做到"不义而富且贵，于我如浮云"。他是来到心与空相应，无有挂碍，无有恐怖，坦荡荡，逍遥安详、自在呀！

【一六】子曰："加我数年，五十以学，亦可以无大过矣。"

此章有多种断句与解读，譬如按上文断句，又有将此"亦"字作"易"，指《周易》，连上句读即"加我数年，五十以学《易》，可以无大过也。"

这种解读是绝大部分人常见到的版本，但为什么是读《易》起可以无大过呢？又何必到五十始学《易》呢？孔子平常皆是以《诗经》《尚书》《礼》《乐》教他的弟子们，为何独不以《易》教他们呢？再加上夫子年轻时曾向老子问道，老子是一位大彻悟者，对《周易》也有非常深的体悟，又遇到像孔子这样的利根之人，他会毫无保留地协助夫子恢复本自具足的本心本性、良知。这样也合乎夫子的成长历程，即"三十而立，四十不惑，五十而知天命。"

根据我个人的体悟体证，引《鲁论》，将"易"字作"亦"，即"加我数年，五十以学，亦可以无大过矣。"其他的不作详解，但保留意见。加，同假，给予。意思是说："再给我几年，让我学到五十岁，就可以不至于有大过失了。"

此章字浅意深呀！夫子的"四十不惑"即是理上顿悟、彻悟。而"加我数年"即是"事上渐修"，其实就是阳明先生在事上磨炼、下功夫，也是"悟后起修方真修"。"五十以学"，来至"绝学"之境，也就是读懂大自然这部无字天书，了悟宇宙人生真理实相，随顺当下各种因缘，无欲无求，全然放松，与道合一，所作所为都是从本自具足的纯净本心本性流露出来，自然而然"可以无大过矣"。也即行走在中庸之道上，须臾不离，来到《证道歌》所说的"绝学无为闲道人"之心境。也是《道德经》说的"绝学无忧"，也就是夫子自己说的"五十知天命"。

【一七】子所雅言，《诗》、《书》、执礼，皆雅言也。

"子所雅言，《诗》、《书》、执礼，皆雅言也。"雅言，古西周人所说的话称雅言。譬如今日国语或标准语，也是当时的陕西语言。孔子平时讲话用鲁国方言，在吟诵经典和掌礼时用雅言。意思是说：“夫子平常是有在用雅言的，在吟《诗经》、诵《尚书》及执行礼事时，都是用雅言。”

夫子为什么这么重视雅言呢？我们要知道的是，先有了活生生的大自然，才有人类，有了人类以后才有语言、文字、经典等。这些都是思考、思维的产物，它是人类为了交流沟通方便才产生的，只是指月的工具，不能等同大自然的实际存在、实相、本来面目。所以老子就说“道，可道，非常道”，言语道断，但又不能不讲，一切都是为了协助弟子们开启妙智慧、良知。

更重要的是，夫子心中怀着实现“天下一家，大同世界”的理想。使用雅言，即标准语，是先实现全天下语言方面的统一，同时各地方言也保留。就像今日中国，有五十六个民族，有各种各样的方言，但统一使用标准的北京话作为雅言，即普通话。同时粤语、潮汕话、闽南话等各种方言也保存着，这样并不会冲突，而是和而不同，让大家去如实深观。

我们生活在同一片土地上，呼吸同样的空气，喝着同样的水，被同一轮太阳普照，也使用着同样的雅言，我们就是一家人，这是实际存在的。发现这个实相，仁爱、博爱、慈悲心自然就流露出来。语言的统一也是更好地学习交流古圣先贤所遗留的经典宝藏，能够更好地协助家人们读懂大自然这一部无字天书，也就是《大地风云经》，让更多家人打开智慧眼，加速全民觉醒，自然就会来到你好、我好、大家好的大同世界。

【一八】叶（shè）公问孔子于子路，子路不对。子曰：“女奚不曰：‘其为人也，发愤忘食，乐以忘忧，不知老之将至’云尔。”

“叶公问孔子于子路，子路不对。”叶，叶公，楚大夫。叶公向子路问孔子是什么样的人，子路一时不能答上，回去后告诉孔子这件事。孔子说：“女奚不曰：‘其为人也，发愤忘食，乐以忘忧，不知老之将至’云尔”。女，同汝，你。奚，为什么。尔，如此。云尔，犹如此说、像这样说。意思是说：“你为什么不回答说：‘他这人呀，在体道行道上发奋用功，连饭也忘了吃。他的内心生起法喜、愉悦幸福，忘了一切忧虑，不在乎自己的年龄一天比一天大，已进入了无龄感，回到了赤子之心。’像这样说呀！”

此章是孔子的自述，可见他真实内心世界。王阳明评曰“‘发愤忘食’，是圣人之志，如此真无已时；‘乐以忘忧’，是圣人之道，如此真无有戚时。故不必云得不得也。”若是见到这样的人，我也会对他生起敬仰之心。如《道德经》所云：“上士闻道，勤而行之。”及“发愤忘食”，像这样的人都是志于道，都是在“理上顿悟，事上渐修”，一以贯之，真的没有停止的时候。“乐以忘忧”的人，是体道、悟道、行道，渐渐与道合一，自然是法喜充满，纯然之乐，真的没有悲伤的时候。

夫子了悟宇宙人生真理实相，来到不生不死的世界，所以他能“朝闻道，夕死可也”，也自然来到“不知老之将至”的生命状态。生老病死也是自然界存在的现象，是众因缘和合而生的，是无常、变化、变异，不同的生命形态存在都有每个阶段的因缘的。自然界没有生死，只有变异。譬如大自然中的水，当它结成冰的时候，做好冰的角色，庄严法界；当冰溶为流水的时候，做好流水的角色，滋养万物；当流水蒸发为空中的云，做好云的角色，随风飘动，逍遥自在！全然活在每一个当下，生命意义发挥出来。

【一九】子曰：“我非生而知之者，好古，敏以求之者也。”

孔子说：“我非生而知之者。”意思是说：“自己不是生来就知的人。”孔子为什么这么说呢？可见当时有人以他为圣人，认为他“生而知之”，就是不用学便知的人。夫子并不这么认为，他要把真相告诉弟子们。

《中庸》里有引用夫子说的一句，“或生而知之，或学而知之，或困而知之，及其知之，一也。”不论是“生而知之”“学而知之”还是

"困而知之"，都是来到"知之"。结果都是一样的，没有谁高谁低。佛陀所讲的八万四千法门目的也是一样，都是为了静下心来，来到老子无为心法"致虚极，守静笃"，止观双运，开启本自具足的妙智慧、良知。终极目标是一样的，没有高低。

夫子直言自己非"生而知之"，而是和大家一样"学而知之"或"困而知之"。他是要让弟子们了解"人人皆可为尧舜"，"满街都是圣人"这是实相。也就是说，你我都是一样的，每个人都有纯净本心本性、良知。但他并不是说不用学习思齐就能知之，也是要"好古，敏以求之者也"。古，指古代历史经验、文献经典及数千载众圣，如伏羲尧舜、文武周公和老子等。

孔子也经过学习、思齐、亲证，去如实知如实观，惊奇地发现古圣先贤都是以大自然为师，向大自然学习思齐，所有的经典也都是协助有缘人去读懂大自然这一部无字天书，即《大地风云经》。所以他自然而然会"敏而求之"，也就是《道德经》讲的"上士闻道，勤而行之"，用科学家的精神不断去求真求证，体道悟道行道，与道合一，孔子就是这样的人。每个人也都可以达到这样的生命状态，所以孔子用毕生精力有教无类，因材施教，协助弟子开发本自具足的无尽宝藏，成为无限可能。

【二〇】子不语怪、力、乱、神。

"子不语怪、力、乱、神。"怪，怪异之事。譬如有人说曾国藩是蟒蛇变的，袁世凯是癞蛤蟆变的之类。力，武力、强力。譬如某人能举千斤之类。乱，悖乱之事。譬如臣弑君、子弑父。神，非理之正。譬如鬼神之类。

意思是说："孔子平常不讲这四样事情，一怪异，二强力，三悖乱，四鬼神。"为什么不语呢？在朱熹的《四书章句集注》中，收录谢氏曰："圣人语常而不语怪，语德而不语力，语治而不语乱，语人而不语神。"此种解读相当有道理，绝大多数人，包括很多大学问家和知名学者都认同其解读。我个人也是持保留意见。

根据我个人体证发现此四事，怪异或有特异功能、强力、悖乱、鬼神或神通，都是存于整个法界大自然中的，也是属于“我”之外的部分，即非我。也就是说，这也都是众多因缘聚合而生的，是整个法界、大自然的事，不是你我所能够去掌握的。佛陀也是与我们来自同一个源头，是生命共同体，大家原本就在一起的。

若“怪”作特异功能解，“神”作神通解。则表明在孔子的时代有不少人在展现我是我能我慢，就像今日经常报道的某某大师变蛇之类等五花八门的事情。如果没有大自然真实存在活生生的蛇，这某某大师是不可能变出一条蛇的。像这样的大师在大自然、法界大师面前都只是雕虫小技、表演小丑而已。

如果有谁不服气，可以去变一条蛇、一棵大白菜、一个苹果、一串香蕉、一株水稻和一块石头等给大家看看，其余我不想说，也无争。我是不能做到的，也没有见过有人做到。但法界大师、大自然就能做到，真的很佩服、很感恩啊！感恩法界、大自然，能给我们提供养育我们生命的一切，默默付出无所求。

这几年来，我也从不去讲怪力乱神之事，包括风水、算命等事。一切以修身为本，脚踏实地，一步一脚印去实修实证。全然活在当下，体验每一个当下的神圣、美妙、生命力。当下就是天堂、净土，极乐世界就在眼前。本来就是天人合一，人人就在上帝的怀抱里。幸福从未离开过。处处好风水，人人皆命好！

【二一】子曰：“三人行，必有我师焉。择其善者而从之，其不善者而改之。”

孔子说：“三人行，必有我师焉。”三，数量词，泛指多数。行，一种解读是同行、一起行走。对此保留意见，不作解读。另一种解读是指行走坐卧、语默动静等生活中细小的妙行。我更趋向于第二种解读。也就是说每个人的三妙行都一定有值得我学习的地方，每个人都是我的老师。

为什么是这样解读呢？我常常分享，经典、老师都是指月的手指，是来协助你我读懂《大地风云经》，也就是大自然这一部无字天书。向大自然学习，大自然才是真正的大师。古圣先贤，如老子、孔子、佛陀和耶稣，也都是以大自然为师，而不是依据某部经典而大彻大悟的。而你我也都是属于大自然的一分子，所流露出来的三妙行也都是大自然的不同表现。

譬如，人的流泪就像天在下雨，发火就如同闪电打雷等。其实每个人的行为就是在宣说法音，宣说无上甚深微妙法。所以说“三人行，必有我师焉”。这里其实是夫子在协助弟子们读懂大自然这一部无字天书呀！

具体怎么做呢？孔子说：“择其善者而从之，其不善者而改之。”依据每个人所流露出来的三妙行，择其善与不善。这里关键要明白的是，何谓善？何谓不善？若是以自我的标准框框去判定善与不善，那所认为的善未必是真正的善，所认为的不善未必是真正的不善。会出现“顺我者是，逆我者非”，是瞎子摸象、以盲引盲。那怎样能知道善或不善呢？只有做到无我无私，无欲无求的人，所作所为都是从纯净本心本性流露，由良知发出，顺道而行。这样的人能够见到实相，远离颠倒梦想，自然知道什么是善的，什么是不善的，清清楚楚，明明白白，见善者就顺从跟从，见不善者改之。

【二二】子曰：“天生德于予，桓魋（tuí）其如予何？”

孔子说：“天生德于予，桓魋其如予何？”天，大自然、法界，也可称之为道、上帝。每一个人的出生，都不是自己能决定的，而是因缘和合而生的，来自整个法界、大自然的化育。每个生命都是神圣又独一无二的，是道之子，大自然之子，也是上帝之子。“德”者，得也。人既然是道之子，大自然之子，自然而然就有道与大自然的品质及特征特性。在此处，关键是夫子恢复本自具足的明德、良知，体会了道、大自然的品质、特征、特性。桓魋，宋司马，名向魋，又称桓魋。宋桓公后裔，主管军事，厌恶孔子。公元前492年，孔子周游列国从卫国去陈国时经过宋国，桓魋听到消息后便率兵阻拦。史载当时孔子正好与弟子在大树下习礼，桓魋伐树欲杀孔子。孔子离开，弟子们催他走快些，孔子就在路上说了此章话，意思是说："宇宙大自然生有此德在我身上，桓魋能把我怎样呀！"

此章让人见到与道合一的夫子，他了悟宇宙人生真理实相，明白大自然没有生死，只是无常变化。桓魋最多只能坏他肉身，但无法损坏他的明德、良知。肉身是自然界存在的现象，有生住异灭，但明德、良知是天生的本自具足的，谁都不能加以损坏的。夫子早已知"朝闻道，夕死可矣"，自然就心无挂碍，无有恐惧。但在《孟子·万章篇》里，孟子也云："孔子微服而过宋。"也就是说当时孔子变更衣而得脱险。可见夫子是小心翼翼，不作无谓的牺牲，也珍惜自己神圣的生命，也很巧妙地展现了他"临事而惧，好谋而成"的特质。这是真正的大丈夫呀！

【二三】子曰："二三子以我为隐乎？吾无隐乎尔！吾无行而不与二三子者，是丘也。"

孔子说："二三子以我为隐乎？"二三子，指诸弟子。隐，匿、藏。意思是："弟子们认为我有所匿藏，而没有全部教给他们。"这里的深意是，诸弟子只是停留在摘叶寻枝上，学些知识、知见、观念，记忆些名相，却未能直截根源。不明白也不知道所有的名相、经典、文献皆是指月的手指，还不能来到与夫子的心境相应呀！自然也读不懂夫子，也就以为夫子有所隐藏。

夫子接着又说了句掏心的实语："吾无隐乎尔！吾无行而不与二三子者，是丘也。"乎尔，语助词。行，就是身、口、意三妙行，也就是所作所为，就是日常生活中的一举一动。与，连词，偕、和。意思是："我毫无保留，没有什么好隐藏的。我没有一个行为不是和诸位在一起呀，那就是丘了呀！"

此句含义甚深呀！也就是"身教胜于言教"。夫子本身就是大自然的一部分，就是一部无字天书。他的行走坐卧、语默动静都在宣说宇宙人生的真理实相。所作所为都从纯净本心本性中流露，由良知发出，无我无私、利益他人。这些都是诸弟子可以思齐，可以现观的实相。夫子真的是和盘托出，毫无保留，现身说法，只是诸弟子真的读不懂孔子本身这一部无字天书呀！

我们问问自己能读懂吗？若是读不懂，只能证明还没有真正了解、读懂自己这一部无字天书而已。每个人都有一部无字天书，不多也不少，而且当下也为每个人打开着，你看见了吗？

【二四】子以四教，文，行，忠，信。

孔子教弟子就是用这四种，即“文，行，忠，信”。此章字浅意深呀！文，文字、文章、文学、文献、典籍、经典等，都是古代先贤通过亲证、现观法界大自然这一部无字天书后而形成的，是指月的手指。名相不同，所指相同。古圣先贤慈悲仁爱，想通过这些指月的手指，也就是这里的“文”，协助我们读懂大自然这一部无字天书，了悟宇宙人生的真理实相。

行，即行道。是指读懂大自然这一部无字天书后，自然会在每个当下去亲证、渐修，去体道、悟道、行道、与道合一；也是指从本心本性、良知流露的身、口、意三妙行。

忠，忠于每一个人自己的本心本性，所作所为都是从自己本心本性流露，由良知发出，超越二元对立的世界。自然就没有虚妄分别心。在大自然中，有大的花，有小的花，大花有大花存在的意义，小花也有它生命的神圣，都是独一无二的生命体，生命的存在都是无比神圣、神奇。

信，自信。协助每个人发现自己本自具足纯净本心本性、良知，开启自己这无尽宝藏，开发出神圣生命的潜能。生命也就有了无限的可能，自然充满自信、生命力，自然而然生机勃勃，生龙活虎。

此章意思是，孔子从各方面教育弟子，有经典的学习后，进一步以大自然为师，向大自然学习思齐，又用科学家的精神去求真求证，开启生命的无尽宝藏，发挥生命的神圣，自然充满着自信。这是伟大的教育，真的了不起！

【二五】子曰："圣人，吾不得而见之矣！得见君子者斯可矣！"子曰："善人，吾不得而见之矣！得见有恒者斯可矣！亡而为有，虚而为盈，约而为泰，难乎有恒矣。"

孔子说："圣人，吾不得而见之矣！得见君子者斯可矣！"圣人，是体道、悟道、行道、与道合一的人。君子，是心量、格局广大的人，与小人相对。小人，不是指坏人或不好的人，而是指格局、心量小的人。《大学》中的"大学之道"就是学习成为大格局、大心量的人之心法。这句的意思是："圣人，我是看不到的了，能够看到君子就可以了。"

孔子又说："善人，吾不得而见之矣！得见有恒者斯可矣！"善人，是体会了道、中道，超越二元对立，超越世间善恶，来到绝对善的世界即一体世界。善人只是完善、完整的人，而不是完美的人。一个完整的人，他是全然接受善的、不善的、喜欢的、不喜欢的、我要的和我不要的，等等。也可以说他是能化烦恼为菩提、化腐朽为神奇的人。有恒，就是指一个人对开启自己无尽宝藏有恒心、有道心，也就是体会了恒常中道、道。他也体会到每个人都有纯净本心本性、良知，人人皆可为圣人、善人。这句的意思是："善人，我是看不到的，能看到体会恒常中道、道的人就可以了。"

孔子更进一步地说："亡而为有，虚而为盈，约而为泰，难乎有恒矣。"亡，通无。虚，空灵。盈，充盈、洋溢着幸福。约，简约、俭朴、穷困。泰，安泰、祥和。意思是说："心无所住而生清净的心，空生妙有，内心无挂碍而又能够很富足、知足；心是空灵、坦荡荡而又洋溢着幸福、充实、充盈；生活俭朴而又是那么的安泰、祥和。一个人能来到这种心境真的很难呀，唯有体会道是什么的人才能做到呀！"孔子就是这样的人，颜回也是。譬如“一箪食一瓢饮，居陋巷，人不堪其忧，回也不改其乐。”这真是有恒的人呀！

【二六】子钓而不纲，弋不射宿。

“子钓而不纲”。钓，一竿一钩。如姜太公钓鱼，愿者上钩。所钓的鱼是非常有限的，只能满足最基本的日常生活物质需求，而不是满足自己无穷尽的欲望。纲，在渔网上提网的大绳，这里是指用网捕鱼。“不纲”即不是用网捕鱼。用网捕鱼，是将大鱼、小鱼、有孕的母鱼等都一网打尽，赶尽杀绝，简单残暴，只看到眼前利益、个人私欲，毫无仁爱慈悲之心、感恩之心。两者背道而驰。

捕鱼还有更甚者，譬如用雷管加上自制炸药包，点燃扔入深潭或湖中，鱼被炸死、震死，人再用渔网去捞。还有的人在溪水源头投下大量专门用于毒鱼的植物制成的药液，稍等片刻后便顺溪水一路捡鱼。溪中有的鱼翻白肚在拼命呼吸，有的已死。在我童年就亲眼目睹整条溪流被村民这样洗劫一遍，惨况至今仍历历在目。更严重就是如今农业现代化，耕地大量使用农药、化肥、除草剂，溪中的鱼虾早已无影无踪，而绝大多数人是不知不觉。

静下心来再看看这实相，我们每个人就浸泡在有空气、流水、大地、阳光的虚空中，就像是在海洋中的一条鱼，而今我们所生活的海洋已遭到很严重的破坏和污染了。作为这海洋中一条鱼的我，期待唤醒更多的鱼一起来共同爱护自己的海洋、自己的家园。

“弋不射宿”。弋，古人用生丝系箭而射鸟。宿，指夜宿还巢栖息的鸟或在巢中刚孵出的小鸟、母鸟。“不射宿”，不去打这类鸟，关爱弱势群体。在巢中的鸟是毫无防备，而人是出其不意地捕射，鸟几乎是没有逃生机会的。所以古人也说“劝君莫打三春鸟，子在巢中望母归”。

此章的意思是，孔子只用钓竿钓鱼，而不用网捕鱼；只射天上飞着的鸟，不射在巢中的鸟。真的令我很震撼！这看似微不足道的事，却流露出了夫子的慈悲与仁爱，拥有的高等心灵品质。孔子看到天地万物都是来自同一个源头，天地万物本就是一体。自然就流露出仁爱、慈悲，这样的心灵品质不是修出来的，而是发现了这个实相。

【二七】子曰："盖有不知而作之者，我无是也。多闻，择其善者而从之，多见而识之，知之次也。"

孔子说："盖有不知而作之者，我无是也。"盖，大概。知，唯证乃知是真知，通过自己亲自去体悟体证，即是亲证，而不是人云亦云。譬如自己亲自去品尝一颗桔子，再把品尝后的酸甜感觉描述出来，但语言所能描述是非常有限的，言语道断呀!真知的人是读懂大自然这一部无字天书，无须创作，他只是"述而不作"，所作所为是从纯净本心本性流露，由良知发出。若有创作，还不是真知，没有真正体证到真理实相，妄作乱为，只是不断在展现我是我能我慢，只停留在有我之境，自己的想象，无病呻吟，苦不堪言又造作，毫无生命力。所以这句话的意思是："大概是有人并没有自己的体证而妄自造作，而我就没有这样的事。"

孔子是怎样去体证的呢？他说："多闻，择其善者而从之。"多，有两层含义，一指数量多，多次闻，即沉潜反复，一门深入。二是指种类，广博多闻。从各种各样的方便法、有为法闻道入道，有点格物致知的味道。善，是指有利于开启每个人自身智慧的一切人、事、物，也是"诸恶莫作，众善奉行，自净其意，是诸佛教"中的"诸善"。意思是说："能多次去听闻，选择善的方面依从奉行。"

但仅此还是不够的。孔子又说："多见而识之，知之次也。"多见，太有意思了，让我想起了《金刚经》第十八章《一体同观分》的五眼，一肉眼、二天眼、三慧眼、四法眼、五佛眼。那五个眼所指是什么呢？根据我个人的体会，对这五眼作这样的解读：先告诉大家，这五眼一定存在当下，你我都有，每个人本自具足，而且不多不少，在凡不减，在圣不增，只是不知道不明白不了解，没有开发出来而已。五眼是实际同时存在的，与你是否读了一千遍《金刚经》没有关系。

让我细细地分享。肉眼，每个人都有两眼，这是大家都知道的，是睁着但未必是打开的。天眼呢？天眼也叫天门，如《道德经》云：“天门开合。”天，是天生的、天然的、自然的、本自具足的；眼，像泉眼一样，生生不息又有生命力。那每个人天生的又有生命力的眼有哪些呢？我的回答是眼、耳、鼻、舌、身、意，对不对，唯证乃知。慧眼，就是空灵的心、归零的心、清净的心，也叫做第三只眼。法眼是什么？法眼一开，处处能见三法印，即诸行无常、诸法无我、寂静涅槃，还包括了缘起甚深。你真知道了，法眼也就自然打开了。佛眼是什么呢？其实就是看到每个生命都是独一无二的，是神圣的，是因缘和合、无常变异的，生生灭灭，不是自己能决定的，圣凡一样，众生平等的。也就是发现了一体世界，自然就超越了所有二元对立，来到无上正等正觉。所以孔子所说的话意思是：“现观真理实相又能通晓、明白，接下来自然而然就知之啦。”其实也是告诉我们，当每个人生命的潜能得以全面开启，生命全然绽放，生命意义也就自然发挥出来。

【二八】互乡难与言。童子见，门人惑。子曰：“与其进也，不与其退也，唯何甚？人洁己以进，与其洁也，不保其往也。”

“互乡难与言。童子见，门人惑。”互乡，乡名，此地风俗风气很不好，听不进善的。这句的意思是：“互乡的人听不进善的，所以很难同他们言善。有一位来自此地的童子求见，孔子见了他，弟子们都感到迷惑、诧异。”这是一件很小的事，也是实相描述。此句再次让我明白孔子为什么可以成为众弟子的老师。夫子的心境、看问题的深度真的是与众不同。他有一颗和天地父母一样的心，平等善待一切，毫无偏私。所作所为都从纯净本心本性流露，由良知发出，看问题自然就不会戴有色眼镜，也自然而然能做到有教无类。

孔子看到门人惑，就说：“与其进也，不与其退也，唯何甚？”与，有一种解读是赞许、肯定；另一种解读是帮助、协助。我个人的体会是两种解读都含有。进，改进、求上进，提升自己的心灵品质。退，即不进。意思是说：“我赞许他这种上进之心，并协助他提升心灵品质，而不是赞许他不进，这有什么过分呢？”

孔子又接着说：“人洁己以进，与其洁也，不保其往也。”洁，净心或归零；还有作动词解，就是自净其心、自洁心灵的垃圾，也就是净化贪嗔痴。往，过去的一切。意思是说：“我赞许他有一颗归零、纯净的心，又能自净其意，虽不能保证他过去所做的一切是怎么样，但能看到当下真实存在的是怎么样就可以呀！”

从这里再次看到夫子内心纯净、清净，不带有个人偏见，清醒明觉活在当下，随顺当下因缘处事，行走在中道之上，不偏不倚，令人赞叹呀！

【二九】子曰："仁，远乎哉？我欲仁，斯仁至矣。"

孔子说：“仁，远乎哉？”意思是：“仁，远吗？”文简意深，此句语气已流露出实相。孔子告诉弟子们，仁不远人，不在他方，也从未离开。仁是从纯净本心本性流露出来，它是天生就有的，也就是每人本自具足的良知。正如《孟子》里说：“君子所以异于人者，以其存心也。君子以仁存心，以礼存心。仁者爱人，有礼者敬人。”不同的人有不同“仁”的示现，我们去看《论语·颜渊篇》，颜渊、仲弓、司马牛等弟子问孔子“仁”，夫子的回答也都是不同的。

孔子知道仁是什么，自己也是品尝过仁。他自然就能协助弟子们去体仁。关键是绝大部分人不知道也不明白仁长得什么样子，停留在头脑里的抽象观念、知见，没有亲自品尝到实实在在的仁的滋味，或者是品尝过不知道是仁味道，自然就不知道何谓仁，也就不知道仁在哪里。也就见不到仁，自然四处去找仁，真的是“骑驴找驴”，非常可惜呀！

孔子接着告诉弟子说：“我欲仁，斯仁至矣。”意思是说：“我要仁，仁立即来到的。”也就是说，“欲仁仁至”，欲时即是至时。仁就像空气，每个人一出生就浸泡在空气中，不知不觉，只要心回来呼吸一下，就知道从未离开过空气。仁也是如此。当大家知道“欲仁”即

"仁"，起心动念都是为真正仁的事，仁爱之心、慈悲之心自然现前，只是不知道而已。

而且这里的仁爱是有智慧的，而不是烂慈悲，"慈母多败儿"。孔子协助弟子体仁行仁，本就是仁呀！知道了仁，体会到自己的本心本性，所作所为都流露着慈悲心、仁爱之心，自然就利益他人。

【三〇】陈司败问："昭公知礼乎？"孔子曰："知礼。"孔子退，揖巫马期而进之，曰："吾闻君子不党，君子亦党乎？君取于吴，为同姓，谓之吴孟子。君而知礼，孰不知礼？"巫马期以告。子曰："丘也幸，苟有过，人必知之。"

陈司败问："昭公知礼乎？"陈，陈国。司败，即司寇，是主管司法的官。昭公，鲁国君主，娶吴女为夫人。鲁、吴皆姬姓，依周礼是同姓不婚。陈司败明知鲁昭公不知礼，就特意问孔子说："鲁昭公知道礼吗？"

鲁昭公知不知礼，孔子是心知肚明，但面对陈国司寇的提问，他是不会评论自己的国君不知礼的。所以他只简单地说："知礼。"这就是孔子的智慧之处，如果他说国君不知礼，是评论自己国君的不对。《左传》评曰："讳国恶，礼也"。孔子宁为昭公受过而不言国恶，是为国受过，实见他的心量与承担。

陈司败不敢再问，等到孔子退，作揖请孔子的弟子巫马期入内，对他说："吾闻君子不党，君子亦党乎？君取于吴，为同姓，谓之吴孟子。君而知礼，孰不知礼？"党，偏私。取，同娶。意思是说："我听说君子不偏私，然而君子也会偏私呀。鲁昭公娶妻于吴国，吴女本当称孟姬，为避讳娶同姓而称谓她吴孟子。如果说鲁君知礼，还有谁不知礼呀！"

巫马期就把这些话转告给孔子，孔子却很欣慰地说："丘也幸，苟有过，人必知之。"意思是说："我真的太幸运呀！只要有点过失，别人就会知道并指出来。"

这让我想起《论语·子张篇》中，子贡说："君子之过也，如日月之食焉：过也，人皆见之；更也，人皆仰之。"孔子就是这样的人啊。再者，孔子答陈司败说昭公知礼，若后人信其言则礼乱。今得陈司败见非，而孔子接受认为自己是有过，这样后人就不会弄错。孔子深以此为幸运呀。这是真正的君子啊!

【三一】子与人歌而善，必使反之，而后和之。

"子与人歌而善"。孔子和他人同歌，遇到善歌的人，就会"必使反之，而后和之"。也就是恭请这善歌的人再歌，然后和他相和而歌。遇到善歌人，夫子是不以他的地位、权力、名气等高低、贵贱、大小去论，虚心请教。他无时无刻无处不在学习、体会，真的很难得，这是真正好学的人。单这一点就值得每个人去学习思齐。

此章是孔子日常生活的情景描述而已，孔子给人的形象是鲜活又真实。他不是绝大多数人所认为的迂腐，也不是"之乎者也"的孔乙己形象，而是充满着生命力、生机勃勃又很有生活趣味的。这里可以看到他是如此热爱生活，懂得生活，善待自己神圣的生命，全然活在当下，乐此不疲，学而不倦，不知老之将至，不断开启无尽宝藏，让自己成为无限可能!

孔子的好学是无常师，以大自然为师，处处听到大自然在宣说法音。他自己也处处现身示法，也是在告诉弟子们，怎么样向他人学习，怎么样以大自然为师，向大自然学习思齐。

其实，孔子是无处不在以身作则，向弟子们"授之以渔"，而非"授之以鱼"。很可惜的是很多弟子读不懂他这一部无字天书，还以为夫子对他们有所隐匿呀。所以孔子不得不说"吾无隐乎尔，吾无行而不与二三子者，是丘也。"[①]

① 这里可与《论语心解·述而·二三》合参。

【三二】子曰："文，莫吾犹人也。躬行君子，则吾未之有得。"

孔子说："文，莫吾犹人也。"文，诗书礼乐等一切文字、文学、文献和经典。莫，近似、大概、也许。意思是说："在文字文献经典方面的学习，也许我和绝大多数读书人是差不多的。"这句话是夫子的大实话，也是句真心话呀。也就是告诉弟子们，他与一般的读书人所读的一些书并没有很大区别，但结果却有天壤之别。

譬如说，在古代的科举考试中，有的人读了圣贤书成为了大儒，把自己的生命意义发挥出来；有的人读了却成了"之乎者也"的孔乙己呀！为什么呢？

一切文献经典都是协助人们找到自己无尽宝藏的地图。但有的读书人是一辈子在研究地图，还有的读书人拿这些地图四处比高比大，不断展示我是我能我慢，忘却了地图本身的意义。而孔子则不同，他用文字经典来协助自己去读懂大自然这一部无字天书，按地图上所指不断去亲证、去践行，恢复本自具足的纯净本心本性良知，成为心量广大的人。

孔子接着说道："躬行君子，则吾未之有得。"意思是说："亲自去践行做一个君子，我还没有来到此境界呀。"孔子又是说他心中的一个实相呀！他是在因上努力，果上随缘，全然放松，从容行走在中道上，臻于自然，也从未想过"自己做一位君子"这个概念、想法、名相。他终生自强不息，所作所为都是从纯净的本心本性流露，由良知发出，实已超乎君子的心灵品质，已入圣域呀！无欲无求，无私无我，也无失亦无得，自然不觉得自己有所得。这正是夫子的伟大之处，来到心与空相应，超越一切名相，无有闲事名相挂心头，人间处处是天堂。

【三三】子曰："若圣与仁，则吾岂敢？抑为之不厌，诲人不倦，则可谓云尔已矣。"公西华曰："正唯弟子不能学也。"

孔子说："若圣与仁，则吾岂敢？"意思是说："若说到圣人与仁者，那我怎么敢当呢？"这听起来好像谦词，其实真不是呀！为什么这样说呢？当时很多人称孔子是圣人、仁者，认为他做了很多常人做不到的事。譬如说，有教无类，协助弟子们开启智慧；为了构建礼运大同世界，周游列国宣说大道。

孔子自己并不认为自己所做的这一切事有什么了不起，生而为人，那些事本应当去承担的，也是很自然的事情，所以他自然会说自己不敢当。这也是孔子的真实语，真的是很真诚，也正因为他的内心就是这么想，他的所作所为自然是从纯净的本心本性流露，由良知发出，也就自然而然成为公认至圣，而不是自认的“圣与仁”。

孔子接着告诉弟子们“抑为之不厌，诲人不倦，则可谓云尔已矣”。抑，语气词，转折。云尔，像前面说如此，是指不厌不倦。意思是：“只是在此上不厌其烦地去做，不知疲倦地教诲，有教无类的，那我可算得上是如此了。”

孔子为什么能如此不厌不倦地去做呢？他在体道悟道行道，慢慢与道合一，是真正意义上的知行合一呀！也就是说，他是理上顿悟，事上渐修，也是在利益天下苍生。孔子知道了“悟后起修方真修”，自然就会为之不厌，勤而行之。当他见到绝大多数人都有本自具足的妙智慧、良知，觉得不开启好可惜，于心不忍，所以诲人不倦，是他分内的事呀！

公西华听到就说：“正唯弟子不能学也。”意思是：“正是在这点上，我们弟子不能学到的呀！”公西华也是挺有智慧的，能看到自己与老师的差异，就是“为之不厌，诲人不倦”，自然也会慢慢与夫子相应。这也就是真正的“见贤思齐”呀！

【三四】子疾病，子路请祷。子曰：“有诸？”子路对曰：“有之。《诔》（lěi）**曰：‘祷尔于上下神祇。’”子曰：“丘之祷久矣。”**

“子疾病，子路请祷。”疾甚曰病，病比疾重。意思是：“孔子病得很重，子路为他向神祇祷告。”孔子听到这事，问子路说：“有诸？”意思是：“有这回事吗？”

子路回答说：“有之。《诔》曰：‘祷尔于上下神祇’。”诔，祈祷文，此处当作“讄”。讄，古代为生者累其功德以求福免灾，而诔则施于死者，以哀其死，述行以谥之。上下，指天地，神属天神，祇属地神。尔，汝。意思是：“有这事呀！从前的《诔》文上说：‘为您向天地、神明祈祷’。”

孔子听到后，说：“丘之祷久矣。”意思是：“我自己已祷告很久了。”

此章是实相描述。孔子告诉子路，他自己已经祷告很久了，实相是他不是照样会生重病吗？这是让子路及其他弟子明白，生老病死是因缘聚合而成的，不是我是我能我慢能决定的，疾病也不是你祷告求神就能去掉或不产生的。这是宇宙人生的真理实相，因缘到了，该生时就生，该老了就老了，有了病因就会生病，到了期限也就死了，一切随顺因缘，全然接受。

就像苹果树一样，春天到了就发芽、开花，夏天枝叶茂盛，秋天果实成熟，冬天叶落归根，一切都是那么的自然呀！不论平民百姓、王公贵族还是圣众等，在生老病死面前一律平等，谁能逃脱呢？只有全然接受，空明觉活在每个当下，让生命全然绽放，仅能如此，无能为力。

【三五】子曰：“奢则不孙，俭则固。与其不孙也，宁固。”

孔子说：“奢则不孙，俭则固。”奢，奢侈、奢华。这里讲的是两种人，一种人是确实富有，譬如今日流行的“土豪”；另一种人则是刷信用卡、借高利贷，或者是以其他形式获取财富。两者都是把自己装饰得富丽堂皇，过着花天酒地、糜烂的生活。孙，同逊。不逊，不谦逊、不恭顺。俭，节俭。

这里的“俭”，也是讲两种人，一种人是很富有，但在日常生活中的方方面面却很节俭。另一种人本身就是贫困、穷困，俭是很自然的事。这里从前一种解读吧！固，鄙陋。意思是说：“奢侈的人不谦逊、不恭顺，俭朴节俭的人便会鄙陋。”奢与俭两者均失，都不合乎中道。奢侈失之太过，节俭失之不及，两者怎样来做选择呢？

孔子告诉弟子说：“与其不孙也，宁固。”意思是说：“与其不恭顺、不谦逊，宁可鄙陋。”也就是说，在“不逊”与“固”的面前，宁愿选择固即鄙陋，为什么呢？

不逊即不恭顺，傲气凌人。就是自我未死，不断在展示我是我能我慢，这不但是在加速消耗自己的生命能量，而且会招来祸患。节俭固陋会遭人讥笑，不傲气凌人，他的生命潜能只是暂时被自己压抑了，还未能全然绽放，但不会伤害到他人。总有一天，机缘成熟后，智慧自然也会开启，也就会自然而然行走中道上。

所以两者比较起来，不逊之失更大，所以宁固。就当下的各种因缘，做了这样的选择，其选择本身也就是中道。宁固是当下最佳的选择，此处也流露出夫子的智慧，在这点上也是值得去思齐、去体会呀！

【三六】子曰：“君子坦荡荡，小人长戚戚。”

孔子说：“君子坦荡荡，小人长戚戚。”君子，他是心量广大的人，是真正的大人，与年龄、身高、地位、权力等没有关系。他是不器的，就是拥有高等心灵品质，内心没有界线，超越了二元对立，自然而然就会“坦荡荡”呀！坦，平也。荡荡，宽广的样子。

而小人呢？小人不是我们今天头脑中的知见、观念所认为的小人，不是不好的人，只是心量狭小、格局小、目光短浅。这也是与财富、年龄、权力、地位、身高等没有关系的。而是他内心带有各种各样无形的界线，也就有了二元对立，比高比大，所想要的得不到，得到了又怕失去，所不要的逃不了，去不掉，生活在无边的苦海之中，也自然就会“长戚戚”。长，长久存在。戚戚，蹙缩的样子，就是担忧恐惧。小人有私心又多欲，全身心浸泡欲海之中，既为名牵又为利役，未得时担心得不到，既得时又担心失去，所以他的内心常有压抑、厮杀、痛苦、恐惧是正常的。

此章的意思是：“君子的心胸宽广、心量广大、无求无碍；而小人的心量狭小，常常担忧、害怕。”孔子把君子和小人的真实心境作了描述，让弟子们在日常生活中去观照自己的心境。也就是让他们自己在历缘对境中去体会，至于弟子们要选择成就君子还是小人的心灵品质，就不是夫子能决定的了。是君子还是小人，全在于每一个人当下的每一念之间。是不是这样，唯有每个人自己去亲证，对不对，唯证乃知。

【三七】子温而厉，威而不猛，恭而安。

“子温而厉，威而不猛，恭而安。”温，温和，像春风般的温暖。与夫子在一起如沐春风。厉，严肃，不像寒冬一样的冷冽，也不像鲁迅的“横眉冷对”。威，威仪、威严。不猛，不像张飞一样的勇猛。恭，恭敬。安，安详自在。意思是：“孔子给人的感觉，望之俨然，和他在一起如沐春风，听他讲话是那么严肃庄重。他威严而不勇猛，极恭敬有礼但又无拘束，一切安详自在。”

这是弟子们回忆孔子的真实形象。他是从纯净本心本性流露的气象，是浑然天成、毫无雕饰。这是装不出来的，若是装出来的，只可装一时，不可装一世，更不可穿越时空。

夫子是怎样来到这样的境界呢？这一点是值得每个人深思呀！他是不是读了很多书？肯定不是的。他是不是行了万里路呢？当时只有马车或牛车，他所走的路不会比现在绝大多数人多。那他又是怎样了解国际风云的呢？当时没有印刷术、没有电话、没有电视、没有微信。而他了解外界的一切资讯都是靠口口相传，通过这样的渠道了解信息是很有限的，也很容易失真。那夫子为什么会有如此之高的智慧呢？

据我个人的体会，孔子正是充分利用非常有限的知识，不浪费生命能量，静下心来，直截根源，打开本自具足的智慧眼，来到一切的源头大自然，时时刻刻深观。以大自然为师，读懂了这一部无字天书，即《大地风云经》，融入整个法界大自然，发现本来就是天人合一。自然而然流露大自然的品质、特征、特性，有了大地的厚重与包容，有了高山的威仪与浑厚，有了阳光的温暖与无私，有了流水的灵动而不迂腐。真正大彻大悟的人，就像大自然一样生机勃勃，充满着生命力，自强不息，厚德载物。夫子就是这样的人呀！

泰伯篇第八

（凡二十一章）

【〇一】子曰：“泰伯，其可谓至德也已矣！三以天下让，民无得而称焉。”

孔子说：“泰伯，其可谓至德也已矣！”泰伯，周朝祖先古公亶父即周太王的长子。他有两个弟弟，二弟是仲雍，三弟是季历。泰伯是法定的君位继承人，但古公发现小儿子季历的儿子姬昌有圣人之瑞相，将能兴周，有意将位传给季历，以便再传给姬昌。古公虽未明显表示，泰伯了解父亲的意思，在父亲生病时，便托词到南蛮之地采药，而他的二弟仲雍也有此意。兄弟俩一同向父亲拜别，到了吴地，入乡随俗，断发立身。古公薨，季历遵嘱接回伯、仲二人。丧事毕，兄弟俩又至吴，季历遂之为君，后来传位给姬昌，即殷朝的西伯。姬昌的儿子名发，伐纣成为周武王，尊昌为文王。

这是描述泰伯三让天下的大致情形。意思是说：“泰伯，他可以称为至德的人了。”为什么他可以称为至德呢？孔子接着说：“三以天下让，民无得而称焉。”三，多次。民，百姓。无得，此二字非常精彩，即无心于得名利得权力，所作所为从纯净的本心本性流露，无我无私，利益天下百姓。泰伯之让，无名无相，无迹可见，无得亦无失，也就是所谓三轮体空的让位。所以百姓无得称之。意思是：“他多次让了天下，但百姓拿不到具体的事迹来称赞他。”

孔子为什么称他为至德呢？春秋时代，臣弑君，子弑父，争权夺利，尔虞我诈，背道而驰。泰伯这种谦让之德感动了夫子，对他极其称道，因春秋时代也急需这样的一副猛药，也是推行礼运大同世界所需的。只有像泰伯一样拥有高等心灵品质的人在一起，礼运大同世界才能实现，才能真正做到天下为公，无欲无求，利益天下苍生呀！

【〇二】子曰：“恭而无礼则劳，慎而无礼则葸，勇而无礼则乱，直而无礼则绞。君子笃于亲，则民兴于仁。故旧不遗，则民不偷。”

孔子说：“恭而无礼则劳，慎而无礼则葸，勇而无礼则乱，直而无礼则绞。”恭，肃敬又有礼的样子。劳，劳碌、辛劳、劳苦。慎，小心谨慎。葸，畏惧不前。乱，犯上作乱。直，率直坦诚。绞，急切，像两根绳相交的样子，愈绞愈紧，心也如刀绞。

这里有四个“无礼”。一种解读是，无礼即内心没有恭敬之心，不明白何谓克己，悖离了礼节；还有一种解读，无礼即无理，没有了理性理智，也就没有了秩序，乱套了。两种解读在这里皆有。意思是：“表面给人肃敬而没有克己之心，又违背礼节，没有了秩序规矩，就是劳碌辛苦，还是无功；看似小心谨慎而不明白什么是真正的礼节，就会畏惧不前；勇敢的人但不合乎礼，就会犯上作乱；直率而不知何谓礼，就会责人急切，令人不堪忍受，心如刀绞。”

这是孔子描述自己所见到的，拥有肃敬、谨慎、勇敢、直率这四种良好心灵品质的人，也可能会给他人不舒服的感觉。为什么呢？夫子只用“无礼”两个字来描述。礼的背后就是恭敬心、敬畏心，而恭敬心、敬畏心是良知发见。在“恭、慎、勇、直”背后要么缺少礼，要么背离了礼，自然就会浮而无根，也就是浮在表面上。这四种品质还不能全然融入整个活生生的生命中，所作所为都以自我为核心去考量，自私自利，也就会有这样或是那样的弊病。

而夫子不同的是，他所作所为都从纯净的本心本性流露，由良知发出，无我无私，无欲无求，他的恭、慎、敢、直是自然流露、毫无造作的，是超越了礼，与道合一。是不是合乎道、合乎礼还是无礼，夫子自然能够观照得清清楚楚，不会冤枉他人。就如同书圣王羲之，他的书法是几近道，评他人的书法作品，能看得清楚又公允的呀！

孔子是如实看到了现实的问题，也知道问题本身就有答案，无需作回答，只是协助他人自己回来反思、亲证，自己去解决。所以他只是把问题摆出来，一旦知道当下实际存在的问题，就好解决的。

但又如何利益百姓呢？他说：“君子笃于亲，则民兴于仁。故旧不遗，则民不偷。”君子，在这里是指居上位又心量广大的人。笃，诚而厚重又心志不改变。亲，亲属或亲近的人。兴，兴起。故旧，老朋友。偷，不厚道。意思是：“在上位的君子以身作则，诚心厚爱自己的亲人或亲近的人，百姓自然就会效法，也自然就会兴起为仁的风气呀！还有若能不遗弃自己的老朋友，百姓也会思齐，民风自然也就会厚道而不偷薄了。”

【〇三】曾子有疾，召门弟子曰：“启予足，启予手。《诗》云：‘战战兢兢，如临深渊，如履薄冰。’而今而后，吾知免夫，小子！”

曾子得了重病，召集弟子们到他的身边，说：“启予足，启予手。《诗》云：‘战战兢兢，如临深渊，如履薄冰’。”启，开。曾子让弟子掀开他的衣衾，视其手足。《诗》，是引《诗经·小雅·小旻篇》。战战，恐惧的样子。兢兢，戒谨的样子。如临深渊，害怕掉进去。如履薄冰，害怕陷入。意思是说：“看看我的手和脚吧！《诗经》上有说：‘小心再小心呀！像临近深潭岸边，唯恐坠落下去，又像是踩在薄冰上，唯恐陷入冰下的水里一样’。”

我们知道在《孝经》中有孔子与曾子之间对话，以不敢毁伤身体为尽孝之始，以立身行道为尽孝之终。曾子是力行孝道，平时功夫就是“战战兢兢，如临深渊，如履薄冰”。他也是在践行性命双修，不敢一时疏忽。

直到临近身死时，他才说：“而今而后，吾知免夫，小子！”免，一种解释是全而归之，也就是曾子曾说的：“父母全而生之，子全而归之，可谓孝矣。”而第二种解释是，免，免于刑戮。刑，是有毁伤肉体之意。譬如，古代的墨刑、劓刑、脚刑、宫刑等，司马迁就是受宫刑。免，也是免于损道。意思是：“自今而后，我知道可以免了！小子呀！”他到了临终前才敢说一个“免”字，就是免于刑戮，身体不再受到毁伤，也是免于损道，也让弟子们记得。这就是曾子对弟子最切实的身教呀！

此章是曾子在临终前对弟子们的叮咛。他嘱咐弟子们，最重要的不是他留下了多少财产，有什么仇要报，也不是怎么取得多少财富或保住金玉满堂，或是什么秘籍配方、寻宝图，这些都不是，而是在现身说法告诉他们，人生难得，要珍惜自己神圣的生命，小心翼翼，不敢毁伤，这是孝之始也，也是仁之本也。要珍爱健全的身体，去体道、悟道、行道、与道合一，让生命的意义发挥出来。同时，也是告诉每个人，大家都有无尽的宝藏，静下心来，慢慢去开发它，恢复本有纯净本心本性、良知，成为无限可能。重要的不是身外之物，小子谨记呀！

【〇四】曾子有疾，孟敬子问之。曾子言曰：“鸟之将死，其鸣也哀。人之将死，其言也善。君子所贵乎道者三：动容貌，斯远暴慢矣。正颜色，斯近信矣。出辞气，斯远鄙倍矣。笾豆之事，则有司存。”

“曾子有疾，孟敬子问之。”曾子有疾病，孟敬子去探望他。曾子主动给予赠言，也是他的临终善言。他先是表明自己是掏心掏肺、发乎肺腑的，他说：“鸟之将死，其鸣也哀。人之将死，其言也善。”意思是：“鸟快要死时，它的叫声是悲哀的。人快要死时，他说的话是充满善意的。”这里不要问为什么，这是法界大自然真善美的自然流露，也是良知的发见。天地万物皆有良知。

曾子是要告诉孟敬子以君子修身之道，他说：“君子所贵乎道者三。”贵，重视。道，中道，也可以说中庸之道，是由良知发出，全然活在当下。意思是：“君子所最看重的是行走在中道上，全然活在当下。”

这具体要从身、口、意三妙行上去体会下功夫。

一是，“动容貌，斯远暴慢矣。”动，指行走坐卧，一切身行。容，从容淡定。貌，样子。斯，代词，这。远，远离。暴，粗暴、暴躁。慢，傲慢、我慢。意思是：“行走坐卧都流露出从容淡定的样子、气象，内心自然是远离暴躁我慢的。”大家可以在现实生活中去体会，当你暴躁我慢时，你是不是能全然融入当下，行走坐卧是不是能从容淡定呢？唯证乃知。

二是，“正颜色，斯近信矣。”正，纯正、纯净如虚空一样，无正无邪、无善无恶。颜，脸色。色，指面部表情。近，接近、几近合一。信，自信。发现每个人都有本自具足的本心本性、良知，自然生起信心。意思是：“流露着纯净无邪的脸孔，即天使般的脸部表情，这接近与他自己纯净本心本性合一。”

三是，“出辞气，斯远鄙倍矣。”出，从口流露出来。辞，言语。气，音声。倍，同背，违悖。意思是：“能够清楚知道自己说出来的每字每句的言语、声音、语气，自然就会远离鄙俗背道。”这身、口、意三方面是太重要了，能否清醒明觉地活在当下，决定了一个人的妙智慧能否被开启，生命能量能否得到释放，让生命的意义发挥出来。

至于其他方面，曾子还接着说：“笾豆之事，则有司存。”笾豆，礼器，笾是竹做的，豆是木做的。有司，管事者。存，在。意思是：“至于那些礼器之类的事，都有专人在那里负责管理，用不着你去操心呀！”也是提醒孟敬子不要困于笾豆之事，而忘了修身之道，这是本末倒置呀！自天子以至于庶人，应皆以修身为本。谨记在心！

【〇五】曾子曰：“以能问于不能，以多问于寡，有若无，实若虚，犯而不校。昔者吾友尝从事于斯矣。”

曾子说：“以能问于不能，以多问于寡。”能，认为自己很有才能又有学问，也认为“人定胜天”，不断在展示我是我能我慢的人。不能，不是真的不能，而是自我已消融了，来到无我的境界，是一体的世界。随顺其当下一切因缘，开启本自具足的无尽宝藏，其余的一切就交给整个宇宙大自然，至于结果就随缘吧。多，知识量很大，是博学多闻的大学问家，为学日益，不断在做加法，忙忙碌碌在摘叶寻枝。知识愈多，愈茫然迷惘，愈痛苦不安，这是肯定的。寡，是为道日损，损之又损，是不断在做减法，来到直截根源，就是“绝学无为闲道人”的境界，自然是安详自在。

意思是：“自己认为是才能高的人，去问没有才能又是愚不可及的人，已是知识量多的大学问家，去问知识量少的得道者。”这也是实相描述。为什么这样说呢？

曾子接着说：“有若无，实若虚，犯而不校。”若，用得非常妙呀，含有深意。是不断在转化、变异的，生生不息，似有似无，若实若虚，就像《心经》中的“色不异空，空不异色，色即是空，空即是色。”犯，冒犯。校通较，计较。意思是：“将有形有相有限转化为无形无相无限，将实实在在转化为虚无虚空，有人冒犯他，他从不去计较。”这就是什么人呢？这是得道的人，他是来到心与空相应又融入空，在尘不染尘，也是“无所住而生其心”的人呀！

曾子由此想到了颜回，便说，“昔者吾友尝从事于斯矣。”吾友，指颜回。意思是：“以前我的朋友颜回是曾在这上面下过功夫的。”此章是通过曾子来描述颜回的实际情形。他是已来到“无能、无多、本无、本虚”，也是见不到“有犯者、犯事及受犯者”的境界的人，其实就是三轮体空了。他是孔子心法的真正传人呀！

【〇六】曾子曰：“可以托六尺之孤，可以寄百里之命，临大节而不可夺也。君子人与？君子人也。”

曾子说：“可以托六尺之孤。”六尺，指十五岁以下，古人以七尺指成年。孤，十五岁以下死去父亲的孩子。此处所指的是尚未成年而登基继位的年幼君主。意思是：“可以把年幼的君主托付给他。”这是其中一方面，曾子觉得还不够，便说：“可以寄百里之命。”百里，指大国，方圆百里的诸侯国。寄，委托、寄放。也就是说：“可以把方圆百里大的诸侯国政令委托给他。”

能做到这样的人，历史上有几位呢？已经是很少的了。但在曾子心中还有更重要的，那是什么呢？他说：“临大节而不可夺也。”大节，关乎个人生死存亡。夺，改变、动摇。意思是：“临到关乎自己个人生死的大关节处，也动摇不了他。”

曾子描述了可以托孤、可以寄百里、临大节而不可夺其心的人。他问自己说：“君子人与？”这样的人可以称为君子吗？自己回答说：“君子人也。”真的可算是位君子呀！

此章，曾子是要让弟子们静下心来，回来问问自己是否称得上是一位君子吗？你也回来问问自己，问问寒窗近二十年的大学生、硕士、博士生们，有的读了很多经典，已是大学教授、大学问家、大师。如果国君真的把幼君托付给你，把百里的诸侯国的命运也交付给你，你能否经得起这么大的诱惑，能做到“临大节不可以夺其志”吗？如果经不起诱惑，只能证明这与你读了、背了多少部经典没有很大关系，跟读了多少本专业书也没有直接关系，而与一个人的志向有绝对关系。

“临大节不可以夺其志”的人，他是真正志于道的人，是能经得起诱惑。就像孔子“饭疏食饮水，曲肱而枕之，不义而富且贵，于我如浮云”；颜回亦是“一箪食，一瓢饮”而不改其乐。这样的人，无我无私，无欲无求，就是“朝闻道，夕死可矣”的境界，是君子人也。将心比心，像这样的人，我也会愿意将所有财富及孩子托付给他，他给人是心安、自在、幸福的。你愿意成为这样的人吗？也问问自己是不是这样的人呢？

【〇七】曾子曰：“士不可以不弘毅，任重而道远。仁以为己任，不亦重乎？死而后已，不亦远乎？”

曾子说：“士不可以不弘毅。”士，士农工商四类的士，士人就是古时读书人，不生产、不盈利，而是尽全力志道学道。弘，心量广大、广阔。毅，自强不息、坚强。意思是：“一个士人，不可以没有广大心量，还要能自强不息。”

曾子说：“任重而道远。”意思是：“因为士人的责任重大，所行之道是遥远。”何谓任重呢？曾子说：“仁以为己任，不亦重乎？”意思是说：“把行仁作为自己的首要任务，这难道不重吗？”何谓道远呢？曾子说：“死而后已，不亦远乎？”意思是：“这个重担须到死才放下，难道不远吗？”

此章是曾子对自己作为士人所走过的心路历程实际描述，也是给弟子们或未来士人的目标方向。曾子有弘毅之德，同时又以仁为己任，鞠躬尽瘁，死而后已，活得十分辛苦。

我在解读此章时有切身之感，内心很沉重又有难言之痛。从“仁以为己任，不亦重乎”，可看到曾子不知何谓真正的仁，还未能体仁悟仁行仁，他是不知道仁不远人。自然他所作所为是为了恢复仁、实现行仁，可是自己还未能亲自去行真正的仁，是不能协助其他人去行仁，所以自然是任重又艰辛。又从“死而后已”四个字中，见到曾子未得孔子之出世心法，因为他只有到了死才肯放下，而这种放下是不得已的，也是无可奈何的，是被动放下。

而孔子的“朝闻道，夕死可矣”，则是与道合一，死而无憾的。他是自然而然地放下，已找到自己真正的皈依处，融入一体世界。他所体证的死是那么淡然从容。孔子又云：“未知生，焉知死？”他是活明白的人，亲证了死生一如，方生方死、方死方生。宇宙大自然只有变化变异，没有生死。

出世间学问只有颜回能懂，夫子独叹颜回好学，也是真心话。而曾子真的只有世间学问呀！所以他活得很痛苦不安，也就不足为奇了。而你我是不是也有不安呢？若是的话，还是在苦海中浮浮沉沉，还是未了悟宇宙人生真理实相，未了悟生死大事。内心深处自然会有心不安，不知家在何处，是宇宙的流浪儿、孤儿呀！

【〇八】子曰：“兴于诗，立于礼，成于乐。”

孔子说：“兴于诗”。兴，在《说文》里的解释，大意是起、起来。诗，指六经（即《诗》《书》《礼》《乐》《春秋》《易》）中的《诗经》。它是“可以兴、可以观、可以群、可以怨，迩之事父，远之事君，多识于鸟山虫鱼之名。”这是说明《诗经》的作用，它描述的是上古宇宙大自然的真理实相，是让有志之士通过学习《诗经》，可以读懂大自然这部无字天书。

《尚书·舜典》云：“诗言志”；《毛诗序》云：“在心为志，发言为诗”。而夫子的教育终极目标是“志于道，与道合一”，这里的道，即是《中庸》里的“率性之谓道，道也者，须臾不可离”，也就是人本自具足的纯净本心本性、良知。而《诗经》都是先民从纯净本心本性自然流露，由良知发出，自然是超越二元对立的，即无邪亦无正。志于学的人是从《诗经》兴起了自心之志于道。

夫子十又五志于学，开始学的就是诗，但还不是《诗经》，为什么同时又要学礼呢？孔子说："立于礼。"立，是"三十而立"的立，是特立独行的立，有了独立的思考又能克己的人，不再人云亦云。现观"万物并育而不相害"，对宇宙大自然心存有敬畏和尊重。这就是礼的核心。礼，《说文》中云："礼，履也。"意思是说："一个志于道的人，自由、独立既是有所为，也是有所约束有所敬畏。"

最终来到的境界，即孔子说的"成于乐"。成，圆满完整。乐，它的核心是和而不同，就是演奏时不同音调、音符、乐器的和谐，也是内心深处的和谐、平和、安详、自在，自然流露出音乐的节奏、韵律、美盛、祥和。

《乐记篇》云："乐者天地之和也，礼者天地之序也。"当每个人全然回到当下，全然接受当下的一切人、事、物，回到纯净的本心本性，保持归零的心，全然放松，自然融入整个宇宙，与宇宙一起脉动，自然就是孔子的"七十随心所欲而不逾矩"之境，即"成于乐"。自得天地之和，必与天然之序相合。

由此可见，孔子的教育是从诗、礼、乐等方面去考核弟子们。培养出来的学生是富有情趣，有生命力，又能够独立思考也有担当。孔子真的不愧是至圣先师呀！

【〇九】子曰："民可使由之，不可使知之。"

孔子说："民可使由之。"民，百姓。由，跟从。意思是说："居上位的人协助百姓做事，有时只可以让他们依自己所倡导、引导的而行。"为什么呢？《孟子·尽心篇》云："孟子曰：'行之而不着焉，习矣而不察焉，终身由之，而不知其道者，众也'。"其实就是说，百姓在做事时，是不想去弄明白什么；在学习时也不去详细体察，一辈子就这样做。用而不知其有道，习以为常，司空见惯。所以夫子说：“百姓可以让他们按照规定那样去做。”

孔子又说：“不可使知之。”意思是：“不一定要使他们知道其原因和深层次的道理。”为什么呢？譬如周公所制的“礼乐”是孔子梦寐以求恢复的，因周朝的礼乐与道、德、仁、义是一体的，是息息相通。礼乐是道、德、仁、义的显相部分，施于政则国泰民安，施于教则人可为圣贤。这样的礼乐，绝大多数民众只是学而行之，但要让他们了解礼乐如何通达大道，连夫子的大部分弟子都听不懂，更何况其他人。

大道是言语道断的世界，寂然不动，感而遂通，是不能用言语描述去使人知，但可使先行而后知之。即便是夫子，也不能用言语去描述。而且每个人自己亲证、体悟也千差万别。“如人饮水，冷暖自知”，我的体证是我自己的，你的体证是你的，言语的描述是非常有限的，苍白而无力，是无法对他人说明白的。即便是经典，也是无法圆满地描述真理实相，只是指月的手指。所以，夫子让百姓先去做，是智慧的选择。

在这里，也给我一个很好的启示。自从二〇一四年十月，我在福建安溪老家的百亩茶园全面恢复自然农法，不使用任何化肥、农药、除草剂，当然也不使用任何有机肥、酵素等。视杂草为宝，化所谓吃茶叶的害虫为良友。其实，自然界也是无所谓害虫与益虫，都是人类按自我意识来界定，贴上标签。顺我则是，即益虫；逆我则非，即害虫。

而在我所推广的自然农法中，只是回到大自然的心灵品质、特征特性，无益无害，无我无私，无欲无求，恢复茶园本自具有的良知，自有的平衡力，让每一个物种，不论是“益”的还是“害”的，不论是杂草还是茶树，各自都能找到自己的家，各安其位。

每块土地本就是一块肥料块，没有一块是“瘦”的土地。通过自然农法，适地适种，土地逐渐自我净化，恢复其本自具足的良知良能即肥力，也就是生命力。整个茶园流露大爱与慈悲，善待众生，包括土地。慢慢地，茶园有了杂草、野花，有了蝴蝶和蜜蜂，当然也有了吃茶叶的老朋友。茶树也很争气，很快乐，自强不息，向下扎根，向上抽芽，整个茶园变成乐园，充满着生机，而且目前已初具雏形了。

而在这过程中，有各种各样的言语、阻力，但真理永远在少数人的手中，不跟家人讲太多，只是要求他们按我所要求的先去做，损失由我补上，其他的他们不用知道。但慢慢地他们也就明白了。这与夫子是异曲同工，真的妙不可言呀！

【一〇】子曰："好勇疾贫，乱也。人而不仁，疾之已甚，乱也。"

孔子说："好勇疾贫，乱也。"好，喜好。勇，勇敢、勇猛。疾，憎恶。贫，贫困。乱，犯上作乱。意思是："一个人喜好勇猛又憎恶贫困、贫贱，像这样的人将容易犯上作乱。"

当一个人喜好勇猛时，他的内心深处必定是不喜好"不勇猛"的。当有不勇猛的人出现在他面前时，他的内心自然产生嗔，看不起这样的人又有我慢，即逆我者则非。当有勇猛的人出现时，譬如像关羽、张飞、赵云一样的人出现，他的内心就会产生自卑。就把这样的人当做偶像，没有自己独立的人格，没有了自己，也即顺我者则是。若是憎恶贫困、贫贱，他内心深处是有爱富的。

这样好勇、疾贫的人，是活在二元对立的世界中，内心有很多界线，活在苦海之中。他内心充满着贪嗔痴，不能清清净净，背道而驰，就一直乱作为。就会用自我的好恶标准去界定，很多是不顺己意的，就自然会看不过去，也就自然很容易犯上作乱。而君子能随顺其各种因缘各种境界，来之则安之，心安处处安、时时安。

孔子在春秋末年，他现观实相，在历缘对境中，发现有不少好勇疾贫的人，便告诉弟子们说："人而不仁，疾之已甚，乱也。"已甚，太过分。意思说："不仁的人，若对他憎恶太过分，将会犯上作乱呀！"好勇疾贫，本就是不仁。这样的人内心满是条条框框与界线，活在自我狭小的世界里，没有慈悲善待自己，是对自己不仁爱，也就不懂得真正仁爱他人，有时候还以为自己的好勇疾贫是在替天行道，认为自己所作所为是天经地义。这其实就是小人作乱，往往演变为世间大祸。

防祸之端，首先在对待好勇疾贫即不仁之人时，不能憎恶太甚，而是长期渐渐以德化之，使他自新。这也是中道的智慧，稳健有力，不急不躁，没有后遗症，也能在根本上来协助这样的人成长，这是需要耐心、慈悲心、菩提心才能做到的。这真的很不容易呀！

【一一】子曰："如有周公之才之美，使骄且吝，其余不足观也已。"

孔子说："如有周公之才之美。"周公，是夫子所敬仰思齐的圣人。意思是："如果有一个人，他的才华和美德就像周公那样。"这当然是很好，值得肯定、佩服的。但孔子清楚地知道，即便有这样的才华与美德，也是要好好地去爱护它、珍惜它，而且让它的意义发挥出来。

譬如，地球母亲以前不就是有周公之才之美吗？哪里都是青山绿水、鸟语花香、蓝天白云，充满着宁静、清新与祥和。而如今呢？大家好好去亲证，抬头看看天空，蓝天白云去哪呢？再低头去看看大江大河小溪小渠，清澈的流水，成群结队的鱼虾，去了哪里？也可以看看柴静的视频《穹顶之下》。还有，每一个刚出生的婴儿，哪一个不是纯净的、天真无邪的呀！不就是"周公之才之美"那样呀！到长大成人，变成愁眉苦脸、郁郁寡欢、面目可憎，天使的脸孔去了哪呢？

孔子知道每一个人都有"周公之才之美"，也就是说"满街到处是圣人"，但今天却变成这样了。为什么呢？他说："使骄且吝，其余不足观也已。"骄，恃才凌人，展现我是我能我慢，消耗自己生命的能量，也破坏地球，消耗资源。吝，舍不得把自己的才华及人，也就是不愿意协助他人心灵成长。意思是："只要这个人有骄傲与吝啬，剩下那些才能也就不足观的了。"

此章，孔子也告诉弟子们，即使有周公这样的才德和学问，只要是"骄且吝"，不断在展现我是我能我慢，比高、比大、比强，活在二元对立的世界中，也就是活在自我的世界里，在苦海中浮浮沉沉。不能协助他人开启本自具足的妙智慧、良知，这样的人就不值得再看下去呀。但是值得我们去反思反省，自己是不是这样的人呢？其实这样的人是我们的天使，也是老师呀！

【一二】子曰：“三年学，不至于谷，不易得也。”

孔子说：“三年学，不至于谷”。谷，指功名利禄，当时的士即读书人都是以学求仕。意思是：“有人学了三年，他的心还能不用在功名利禄上。”孔子为什么这样感慨呢？绝大多数人读书学习，的确是抱有“书中自有黄金屋，书中自有颜如玉”“金榜题名时，洞房花烛夜”的思想、观念、知见，而且是根深蒂固。这也是当时绝大部分读书人内心的真实写照，读书的目的是在功利主义上，而非夫子所提倡的“志于道，据于德，依于仁，游于艺”。

我们今日的教育，基本上以分数为主导，一刀切。小升初是这样，够分数就进入省一级学校，初中升高中还是这样，高中更是这样。高中三年浸泡在题海、考试中，考到最后，题目一出现，直觉告诉你答案，唯一目标就是分数，就是进入全国重点大学，为父母争光，为全家人争面子。而毕业后，就是有好工作、好待遇，或是自己做企业，就可在城市买豪宅、买小车、娶老婆、生儿育女，然后再挣更多的钱来培养孩子，有多余的钱就去摸一下麻将、投资股票、多买几套房子等，挣更多的钱，到最后一场梦一场空，内心痛苦不安，有的已是无可奈何离开这个世上，是不是这样呢？可以现观自己身边的亲朋好友或自己上一辈的人，然后想想自己该是何去何从。这都是值得去深观深思的。

所以，孔子才会非常感慨地说：“不易得也。”真的说的是实相，也是真实语。这样的人，真的是难得呀！在孔子的三千弟子中，颜回的确如是，孔子是这样评价他：“有颜回者好学，不迁怒，不二过。”“贤哉回也，一箪食，一瓢饮，人不堪其忧，回也不改其乐，贤哉回也。”他是值得这样的赞赏。

【一三】子曰："笃信好学，守死善道。危邦不入，乱邦不居。天下有道则见，无道则隐。邦有道，贫且贱焉，耻也。邦无道，富且贵焉，耻也。"

孔子说："笃信好学，守死善道。"笃，是深厚的诚实，且厚而有力。笃信，就是深信人人皆可为尧舜，满街是圣人。自然而然就会好学，所学的一切都是志于道，所作所为皆扣住整个生命的核心，开启本自具足的无尽宝藏，迈向高等的心灵品质，恢复纯净的本心本性、良知。守，守住、坚守。守死，至死不移地坚守，也是直到自我死亡、消融，自然就与纯净、无善无恶的本心本性合一，即是"守死善道"。

若是还未至或已至"朝闻道，夕死可也"之境界，都要像曾子说的"战战兢兢，如临深渊，如履薄冰"，尽量做到"危邦不入，乱邦不居"。为什么呢？这里不是怕死，而是随时都有生命的危险，不小心牺牲宝贵生命，生命意义还没有发挥出来，是不值得！

怎样让生命意义发挥呢？孔子说："天下有道则见，无道则隐。"见，出现、出来，让生命的意义彰显。隐，让自己的智慧含而不外露。意思是："当全天下一片清净祥和安宁，万物并育而不相害，和而不同，这样的时代，你就出来贡献你的智慧，把生命意义发挥出来；而当整个天下充满贪嗔痴，自私自利、尔虞我诈、互相残杀时，人人活在恐惧之中，此时的你做一回缩头乌龟也未尝不可，不做无畏牺牲，韬光养晦，静观其变，等待良机。"

孔子又说："邦有道，贫且贱焉，耻也。邦无道，富且贵焉，耻也。"意思是："当国家一片祥和太平时，有你的用武之地，却没有把生命全然绽放出来，过着贫困又低贱的生活。这是一种耻辱，是可耻呀！当国家上下都沉醉欲望之中，自私自利，相互厮杀，这时候拥有很多财富且处高位，也是可耻的呀！"在夫子的心中，他永远坚守的是"不义而富且贵，于我如浮云"。为什么是"耻也"，无需再回答，皆自明也。

【一四】子曰："不在其位，不谋其政。"

孔子说："不在其位，不谋其政。"谋，商讨。位，职位、爵位。政，正也。意思是说："不在此职位或爵位上，就不商讨此职位上的人之所作所为正与不正呀！"

此章的内容，人们常常用于今天的对话之中，这里面是有多层含义的。也可以说，当一个人不在此职位上，也就不谋此职位上的事。特别是"不在"这两个字是有深意的，可以指没有得到职位或爵位，是真"不在"。你没有在这职位上做过事、亲证过，你是不了解这个职位的人，他的所作所为是否是正的，是不能去商讨的，或者也无需你操心，因为是真的不在其位上。

"不在"也可以是身在此位上，心不在此位上，名存实亡，或是你有职位而没有实权，也是不在其位，这是更深层的解读。在此情形，你的生命都没办法全然安住在当下这职位上，生命就不能够全然绽放，也就没有把你在这职位上的生命意义发挥出来，因为没有去深度开启、去体悟体证。你对这职位是真不知的，而要去"谋其政"，是不能够如实地去谋，自然就会有偏颇、有失其客观公正的。

即使有时是善意地去谋其政，但若是缺少了深观，有可能是好心办坏事，这是常有的事。譬如没有结过婚的人，却去解决他人夫妻之间的纷争，是难于圆满的；即便结婚了的人，但自己的夫妻关系都没有处得融洽，也是不能解决他人夫妻问题的；即便是夫妻关系融洽的人，但不是当事人，不能了解他人夫妻之间个中的滋味，不在其位上，就不能解决他人的夫妻问题。这里有句老话，"夫妻床头吵架床尾和"；还有另一句，"解铃还须系铃人"。说明只有在其位，才能去谋其政，这才是合乎礼，是真正的中道呀！

【一五】子曰："师挚之始，《关雎》之乱，洋洋乎盈耳哉！"

孔子说："师挚之始，《关雎》之乱。"师挚，鲁国乐师，名为挚。《关雎》，《诗经·国风·周南》之首篇。始，乐之起始。乱，乐之终，即收尾。周代各种典礼，譬如祭祀、大射、燕礼时，都有音乐演奏，歌词就是《诗经》里的诗篇。这里有歌唱有吹笙，歌与笙相间也有相合，最后歌笙瑟等全部合奏。

意思是："由太师挚的升歌为序曲开始，到《关雎》的合乐为收尾终结。"也就是说，重要典礼开始时，都是由太师率领专修音乐的瞽人登堂歌唱，典礼结尾时，歌唱吹笙等全部合奏名为合乐，所歌唱的辞是《诗经·国风·周南》里的《关雎》《葛覃》《卷耳》，以及《召南》里的《鹊巢》《采蘩》《采苹》，合为六篇，即为"《关雎》之乱。"

孔子只是在描述自己通过眼、耳、鼻、舌、身、意所现观的实相，不是无病呻吟的那种创作，而是述而不作，从纯净本心道心流露，由良知发见。他体验了师挚的奏乐，自始至终，声乐非常美盛，所以夫子由衷地赞叹说："洋洋乎盈耳哉！"洋洋，描述音乐美盛之意。盈耳，耳朵里洋溢着美妙的音乐，全身心沉浸于其中，沁人心脾，美哉，妙哉！你我有此等情怀、此等闲心吗？所作所为是为了什么呢？有此等能力吗？若没有的话，最美妙的一切也是看不到的。静下心来，打开你的慧眼，幸福真的从未离开过呀！美就在当下，而且是遍一切处呀，你看到了吗？

【一六】子曰："狂而不直，侗而不愿，悾悾而不信，吾不知之矣。"

孔子说："狂而不直，侗而不愿，悾悾而不信。"狂，粗犷、豪迈，多爽正。直，心中没有隐私，所作所为是从纯净本心良心自然流露。不直，即曲也，是有隐私、不敢直露。侗，愚、无知。愿，谨慎、老实、厚道。悾悾，老实、诚恳的样子。信，人人都有本自具足的本心本性、良知，人人皆可为圣贤，也就是有高等的心灵品质，发现了这一个生命秘密，自然生起了自信、信心。

意思是："粗犷又不正直，幼稚无知而不忠厚，貌似老实而不相信自己有无尽宝藏。”在这里，孔子是如实描述，不带有色眼镜、主观色彩，清清净净去现观呈现在面前活生生的实相。这是代表一大群人，存在即是合理。

我见过近十种《论语》解读，都不能让我信服，只能保留意见。多数是去批判，根据自我意识去界定、贴标签、去划分，认为这种人是不可救药、一无是处，无形当中就是树立了二元对立。大家静下心来，好好问自己，所做的每一件事真的都光明磊落吗？说的每一句话都是真实语吗？自己真的是老实忠厚、有智慧的人吗？

孔子只是把实相呈现给弟子们，没有作判定及结论，留下很多可能、气口（如围棋），去启发弟子们，协助他们读懂大自然这一部无字天书。孔子只是很平和地说：“吾不知之矣。”意思是：“像这样的人，我是不晓得。”他不是真的不晓得，能提出“有教无类”，构建礼运大同世界的人，是不会放弃“这样的人”。他如实呈现这个实相，是让弟子们自己反省深观，自己调理比对，这是真正的无为而治，是治本，也无后遗症。孔子不愧是大成至圣先师，真的很慈悲，太伟大呀！

【一七】子曰：“学如不及，犹恐失之。”

孔子说：“学如不及，犹恐失之。”意思是说：“在求学过程中，好像是学也学不完，学完了又不能完全掌握。更难受的是，勤学之后，犹如得了一些东西，又恐怕遗失掉。”这是孔子如实地现观实相，作了如实的描述，也正是弟子们真实的学习状态呀！这也就是“学海无涯苦作舟”，想要的学不到，学到一些了又担心失去，是在痛苦不安、拉扯的心境下学习，不能全然放松，与夫子的“乐此不疲，发愤忘食，乐以忘忧，又不知老之将至”的状态是相差甚远，自然效果会有天壤之别。

为什么会如此大差别呢？夫子是求智慧的，是回来自己身心上，静下心来读自己这一部无字天书，是直截根源，来到一切经典的源头即宇宙、大自然、人生。而绝大多数人是学习知识，“为学日益”，向外求索、忙忙碌碌地摘叶寻枝，愈学愈痛苦不安愈茫然。最后葬送在无边无际的学海之中，还觉得“唯有读书高”，看不起读书少的人，也出现了鲁迅笔下“之乎者也”的孔乙己。今日也有不少现代版的孔乙己。

所以，要弄清楚学什么，为了什么去学，又怎样去学。方向比努力更重要。若方向错了，接下来的一切越努力，离道将是越远。我深知“悟后起修方真修”其中之真味。理是可顿悟，事是可渐修。譬如，六祖慧能就是顿悟之后接受了禅宗的衣钵，又到猎人堆中历缘对境渐修十五年，等到瓜熟蒂落时，才出来弘法，发挥生命的意义，回馈众生。

【一八】子曰：“巍巍乎！舜、禹之有天下也，而不与焉。”

孔子说：“巍巍乎！”巍巍，高大的样子。是谁能让孔子如此震撼地、发乎心底地赞叹说“太高大啊”呢？他是做了什么事呢？孔子接着说：“舜、禹有天下也，而不与焉。”舜禹，在公天下的时代，尧禅舜，舜禅禹，两位圣王都是受禅让而有了天下，非求而得之。也就是说，舜、禹两位的道德与事功都是纯净本心流露，由良知发出，就是“生而不有，为而不恃，长而不宰”的心灵品质，自然而然就有了天下。

更甚的是，两位有了天下后，“而不与焉”。与，去占有它，就是“功成而弗居”，也就是法天则地，以法界大自然为师，无我无私，无欲无求。就像大自然中的大地、流水、阳光、空气、虚空一样的特征特性，对万事万物都有巨大的贡献。每分每秒每个当下，包括我们每个人都需要大自然的地、水、火、风、空支撑与化育，但它们从来不会跟我们炫耀自己有多大的功劳，就是不伐善，不夸功呀！

譬如空气，不论是平民百姓，还是帝王将相，不论是凡夫、圣贤还是善人恶人，它都平等地养育着，无怨无悔。舜禹两位就是这样的心灵品质，也就是每个人本自具足的纯净本心本性、良知，即“明明德”，也唯有心与空相应，自然所做的一切都是三轮体空。无求亦无得，随顺每个神圣的当下，随着每个神奇的因缘，神圣生命全然绽放，发挥生命的意义，回馈天下苍生。舜禹就是孔子心中的圣者，也是夫子自己的人生，能不赞叹吗？

【一九】子曰：“大哉！尧之为君也！巍巍乎！唯天为大，唯尧则之。荡荡乎！民无能名焉。巍巍乎！其有成功也。焕乎！其有文章！”

孔子说：“大哉！尧之为君也！”大哉，是夫子赞叹尧帝真伟大。意思是：“伟大啊！就像尧这样的为君呀！”为什么是“大哉”呢？孔子又赞叹说：“巍巍乎！唯天为大，唯尧则之。”巍巍乎，高大的样子。唯，独、只。天，宇宙、法界、大自然、虚空。大，广远、无边无际。则，效法。也就是说：“高大呀！独有宇宙大自然是那样广远、无边无际，唯有尧帝效法大自然，有宇宙大自然一样广大无际的心量，心与虚空相应，又融入虚空。”

孔子又说：“荡荡乎！民无能名焉。”荡荡，就是空广、广大的样子。尧的所作所为都是从纯净的本心本性、良知流露，即明明德，如佛光普照，广大无际亦无边，遍一切处一切时。无我无私，无欲无求，犹天地生万物而不言，也就是“生而不有，为而不恃，长而不宰”。

据史书记载，尧帝出游庸衢，见有老人击壤而歌：“日出而作，日入而息，凿井而饮，耕田而食，帝王于我何有哉。”可见当时百姓生活安然自在。

还有，夫子又说：“巍巍乎！其有成功也。焕乎！其有文章！”焕，光明灿烂。文章，礼乐法度、典籍，是寻宝地图、指月之指。意思是：“高大呀！尧帝他有各种的成就及功德，又是光明灿烂呀！他留下了很多礼乐法度的典籍，协助众人去读懂大自然这一部无字天书呀！”孔子也是通过尧帝的协助，直截一切的源头，亲证《易经》中“简易、变易、不易”的真理实相。他超越了二元对立，融入了一体世界，以平等心善待一切人事物。孔子真的是懂了尧的清净本心，也听懂了大自然的呢喃、诉说。

【二〇】舜有臣五人而天下治。武王曰："予有乱臣十人。"孔子曰："'才难'，不其然乎？唐虞之际，于斯为盛。有妇人焉，九人而已。三分天下有其二，以服事殷，周之德，其可谓至德也已矣。"

"舜有臣五人而天下治。"意思是说："舜有贤良之臣五人，天下就得以治理呀！"此五人是禹、契、后稷、皋陶、伯益。禹是夏朝的始祖；后稷是周家的始祖，教民稼穑，有德于民。契是商朝的祖先，再加上皋陶和伯益。舜帝有这五位德才兼备的良臣，就把天下治理了。而武王自己说："予有乱臣十人。"予，代表周家。乱，治理，与治意同。此句是周武王伐纣誓众之辞，意思是："我周家有治理天下的贤臣十位。"这十位分别是周公旦、召公奭、太公望、毕公、荣公、太颠、闳夭、散宜生、南宫适、邑姜。其中，邑姜是周武王的妻子。

这上面是舜帝、周王用人之描述。孔子对过去很多史实有相当的考证，才发出这样的感慨与赞叹。他说："'才难'，不其然乎？唐虞之际，于斯为盛。有妇人焉，九人而已。"唐，传说尧在位的时代称唐，舜在位的时代称虞。斯，指人才。盛，盛多。意思是："天下人才难得，不是这样子吗？只有尧舜的时代人才辈出，人才兴盛。而周武王有十个贤臣，其中一个是女的，九个是男的，女的就是周武王之妻。"

孔子为什么这么说呢？是为了说明为什么要恢复周礼。周朝已是礼运大同世界，很伟大，只有周朝才可以与尧舜时代相比，夏商之际不是夫子心中的大同世界。孔子心中的大同世界就是周朝，自然是赞叹不已。周朝也的确是名副其实。

他说："三分天下有其二，以服事殷，周之德，其可谓至德也已矣。"意思是："商朝末年，天下已有三分之二投靠周文王且响应他。可是周文王还是率各国诸侯服侍纣王，无谋逆之心，以自己的行动感动、劝谏纣王。周家之德可说已到极点，真的太伟大呀！"有能力而未动心去动武，是周之至德。

但到了周文王末年，纣王已是太甚了，无可救药，若再不伐纣，将会酿成大祸。那周家将是历史之罪人而非至德。至德，所作所为是从纯净本心本性流露，由良知发见，人欲去，天理存。天理即良知，自然行走在中道之上，自然而然就是恰到好处。这是周家的了不起之处呀！这也是孔子所赞叹不已的地方呀！

【二一】子曰："禹，吾无间（jiàn）然矣。菲饮食而致孝乎鬼神，恶衣服而致美乎黻冕，卑宫室而尽力乎沟洫。禹，吾无间然矣。"

孔子称叹大禹说："禹，吾无间然矣。"间，本意是缝隙，这里是当"非议"的"非"字，是浑然一体的。这里的意思是："大禹，我是无可非议、无可挑剔，他太好了，没有什么话可以形容他呀！"

能让夫子如此之赞叹，大禹是如何去做到呢？孔子自己一一道来："菲饮食而致孝乎鬼神。"菲，薄也。致，专注于。孝，孝敬。鬼神，与宇宙大自然是一体的，是因缘和合而真实存在，用肉眼是看不到的，是玄之又玄、难以用言语去描述的，存在于天地之间，暂且定为天地父母。

意思是："尽自己微薄的食物，拿美食致力于孝敬鬼神，也就是祭祀鬼神。"从这里看到，大禹敬畏天地父母、感恩天地父母，饮食极简，只有基本需求，而非是欲望之需，给天下苍生做了榜样，让全天下人学习思齐。

孔子又说："恶衣服而致美乎黻冕。"恶，表示简朴陈旧。黻，古时天子临朝或祭祀所穿的有花纹的礼服，而所戴的礼帽称为冕。意思是："自己平时所穿的衣服简朴陈旧，但在祭祀时穿戴上美丽的衣冠。"这里又看到，他对天地父母的恭敬、不敢怠慢之心。

但大禹对自己的居住条件有何要求呢？夫子说："卑宫室而尽力乎沟洫。"卑，破旧、卑下。宫室，古代的宫不指宫殿，而是指住家。沟洫，古时井田制，井间有灌溉水沟，大沟名洫，沟洫指农田水利。意思是："他不注重自己的住家，住房破旧又矮小，却尽财力、人力来为百姓开水利、修水道。"

这些都是大禹的功德，他"生而不有，为而不恃，长而不宰"，生活的需求降至最低，神圣生命全然绽放，生命意义发挥出来，利益天下苍生，所作所为从纯净本心本性流露，由良知发出。怪不得夫子再次赞叹大禹，他说："禹，吾无间然矣。"真的是无法用言语形容他。他就像太阳，阳光普照，无我无私，无欲无求，融入一体的世界，与天地同寿，与日月同辉呀！

子罕篇第九

（凡三十章）

【〇一】子罕言利，与命，与仁。

此章言简意深，是弟子在描述孔子自然流露出来的三妙行中的“口行”，让其他的弟子、后人更好地见贤思齐。

“子罕言利”。罕，稀少。言，直讲。孔子很少直言“利”，为什么呢？孔子自己本身很知足，对物质的需求很低，但不是没有品质。他吃的全是自然农法的、无污染、纯天然的产品，喝的是山泉水，呼吸非常清新的空气，所居之处蓝天白云、青山绿水、鸟语花香、百花盛开。孔子不需要过多努力就可以过上这样的生活，当百姓亦是如此，本来人就应该如此，而今日，这样的生活却是一种奢侈。孔子自然是“饭疏食饮水，曲肱而枕之，乐在其中矣，不义而富且贵，于我如浮云。”

孔子是不与他人比高、比钱多、比官大、比穿名牌、开名车，一生志于学道、体道、悟道、行道、与道合一，即天人合一。为了这志向，他一心寻师问道，也向老子问道，以大自然为师，全身心融入，浸泡在大自然中，法天则地。不义之名利对夫子来说只是浮云，他无心去言利，但不反对，只是罕言而已，这不是他生命当中第一顺位。他为道可以“朝闻道，夕死可矣”，道才是他真正的生命皈依处，是他心灵的家。

那为什么“与命”呢？与，赞与、赞同。孔子为什么赞同生命呢？他知道，生不是他能决定的，死也不是他能决定的，是大自然赋予他，也赋予给每个人的，是无比神圣又独一无二的。每一个人都不比孔子、老子少什么、多什么，也不比周公少什么、多什么。每一个人的生命不比谁多，也不比谁少，但都是无常流动变化的，有无限可能，充满着生命力。只要通过学，能止、定、安、静、虑，就能打开自己的无尽宝藏，恢复本心、本性、良知，生命潜能开发出来，生命的意义发挥出来，完成此生的使命，利益众生。

至于“与仁”，就是认同、赞同仁爱即良知。也就是佛教所讲的慈悲，是从每个人本自具足的纯净本心本性流露出来。孔子内心是充满着仁爱，一直流淌着，潜心地开启自己生命的无尽宝藏，让生命全然绽放，以仁爱之心善待自己，自然就会以爱己之心去爱每一个人。自利利人，自度度人，有教无类，协助有缘人也去开启生命的宝藏，恢复本自具足的清净本心、良知，流露出仁爱，让自己周遭洋溢着一团祥和之气，慢慢又扩大到整个社会，再到整个天下，最后来到了你好、我好、大家好的大同世界。

【〇二】达巷党人曰：“大哉孔子！博学而无所成名。”子闻之，谓门弟子曰：“吾何执？执御乎？执射乎？吾执御矣！”

达巷党人说：“大哉孔子！博学而无所成名。”达巷党人，党，古代以五家为邻，二十家为里，五百家为一党，一万二千五百家为一乡。达巷是此党即村落的名字。也就是说，在达巷党里有一个不寻常的人，此人从外相上看是很了解孔子的，又是如此赞美夫子！意思是说：“太伟大呀孔子！他博学而无所不能，样样很棒，乃至没有一样特别突出的可给他成名了。”

孔子自己就是“志于道，据于德，依于仁，游于艺”的成功典范。他所做的一切都不是为了成名，而只是为了生命全然绽放，更有力量有能量也更方便地去利益众生。

孔子听到如此之赞叹，内心是十分平和又明明白白，没有任何我是我能我慢。他对门下的弟子说：“吾何执？执御乎？执射乎？吾执御矣！”执，专执、专长。御，驾车。射，射箭。古代士人要通六艺，即礼、乐、射、御、书、数，也即六种技能。意思是说：“我究竟是专执哪一样呢？是专执驾车还是射箭呢？我还是驾车吧！”

孔子为什么会这样对弟子说呢？这里蕴含有深层的意义。他知道自己没有比任何人伟大，也不比任何人渺小。孔子深知每一个人都是由大地、流水、阳光、空气以及虚空化育的，是由整个大自然、整个宇宙支撑与养育的。每一个生命都是由整个大自然的因缘和合而生，无比神圣。每一个生命体，包括平常我们认为不起眼的一草、一木、一花、一虫、一鸟、一鱼等万事万物，都是生命共同体，是同根生，它们也都是有良知，有本心。

即便是执射执御，也是神圣的。没有任何高低贵贱，人人都可以做到的。只是知道不知道，想不想而已，并没有什么高不可攀的。孔子并不认为自己有多伟大，他只是让自己生命潜能得以开启，把生命意义发挥出来，让社会更好，世界更好而已，其余无他求。

【〇三】子曰："麻冕，礼也。今也纯，俭，吾从众。拜下，礼也。今拜乎上，泰也。虽违众，吾从下。"

孔子说："麻冕，礼也。今也纯，俭，吾从众。"麻冕，用麻来做的帽子，其工细腻，故贵，也是古礼。纯，黑丝。意思是说："麻冕，这是古礼。如今改用黑丝做冕，比用麻冕还俭朴得多，我就随顺大众吧。"

为什么呢？不是夫子用不起麻，也不是夫子随波逐流。用麻还是纯丝，只是帽子的材质不同，只是外在的，不会影响到古礼的本质，也不会影响到一个人的心灵品质，夫子没必要一定死守古礼。夫子做这样的选择，就是中道智慧呀！在平常、平淡、平凡，不起眼的习以为常小事中，人们很容易忽视，但他用宁静的心去觉知，把当下的事情做到做好。这就是中庸之道。他内心没有我慢、没有比高比低、没有界线，是如此柔软、朴实与纯净。

但夫子也是有所从，有所不从呀！他说："拜下，礼也。今拜乎上，泰也。虽违众，吾从下。"拜下，古代臣向君行礼，都在堂下再拜、稽首。拜了以后升堂而再拜，稽首于堂上，此拜叫拜上。泰，是骄泰，有我慢心。意思是："在堂下对君拜，是很重要的古礼，现在已不在堂下拜了，直接到堂上拜。我觉知到这样做似乎太骄慢了。虽然是违逆了绝大多数人的做法，我还是在堂下拜。"孔子为什么能这样做呢？他没有任何骄慢之心，内心是非常的清净，只要他人有骄慢之心，都能看得清清楚楚、明明白白。但他是不管他人怎样，只管自己该怎么样，不去责备、责怪他人，当下直接去做，用无言无语无字的行动，即"虽违众，吾从下"，直接从本心本性流露，由良知发出。

孔子是用宁静的心灵在生活、做事和学习，他的“从众”与“违众”也是从本心本性流露，由良知发出，没有标准答案。何时“从众”，何时“违众”，这是夫子三妙行中“意行”“身行”的具体示现。就如永嘉禅师《证道歌》云“逆行顺行天莫测”，随顺当下每个神圣的因缘，善观其变化，是灵活不死板，活生生的。放下头脑的思维、思考，用宁静的心灵直觉、觉知实际存在又活生生的世界，自然而然行走在中道之上。这就是大智慧者孔子。

【〇四】子绝四：毋意，毋必，毋固，毋我。

孔子本身就是一部无字天书，没有语言、文字，唯有用宁静的心灵才能读懂他，读懂夫子的所作所为，以及这一切背后深层次的内含，才能够真正做到见贤思齐、心领神会、心心相印。不然就会依样画葫芦般，形似神不似。

这里，孔子的弟子读出“子绝四”。绝，无之尽。就是说：“孔子平常绝无此四种心。”哪四种心呢？“毋意、毋必、毋固、毋我。”

毋，即无，古通用。此章的四个“毋”字，不是禁止、杜绝之意。据我个人的体会，若“毋”解读为禁止、杜绝，有自我在作为，不放松、很用力，是为了“毋”而“毋”，有所求，很痛苦，不自在。而孔子弟子的描述并非是此意，而是无我的，就像瓜熟蒂落一样，是自然而然地断了。“四毋”都是从纯净本心道心流露，由良知发出，毫无用力，是自自然然的。

那何谓“毋意”呢？意，臆测、猜想，凭空想象，是没有根据、没有证据地在那里瞎猜测，不能空明觉地活在当下。消耗了生命的能量，当下活生生的生命就不能全然绽放，生命的意义得不到发挥。何谓“毋必”呢？必，必定、固必。譬如说“言必信，行必果”。为什么是“毋必”呢？深观整个宇宙自然界，万事万物都是当下各种各样复杂变化的因缘聚合而生成，我们每一个人都只是整个复杂因缘中一个小小的助缘而已，所作所为不是我是我能我慢决定的。就像二〇〇八年五月十二日汶川大地震，所有罹难者当中，有很多人坚信自己是“言必信，行必果”，而又有多少人能做到呢？

又何谓“毋固”呢？固，顽固不化，自我抓得很紧，就像石头放入大海一样，石头是石头，海水是海水。而“毋固”是“无固”，是指身心的柔软，无自我。如盐溶入大海之中，浑然一体。何谓“毋我”呢？我，自我。有自我就有人相、我相，自然就出来二元对立的世界，就有是非、好坏和美丑等。无我，是一体的世界，是超越二元对立的。任何事物，一言一行、一花一草、一鸟一虫都是无比神圣，没有高低贵贱，都是独一无二。没有我慢没有自卑，以平等心善待一切。若有如此的智慧，自然祥和宁静自在。夫子就是这样的人呀！

【〇五】子畏于匡。曰：“文王既没，文不在兹乎？天之将丧斯文也，后死者不得与于斯文也。天之未丧斯文也，匡人其如予何？”

“子畏于匡。”畏，围禁。这句是事实的描述。孔子周游列国时，经过匡地，被匡人围禁了五天。他善观时下各种各样复杂多变的因缘，这当中有各种各样的人，他们的人格魅力、气象和气质都不一样，包括自己和弟子们也都是活生生的。而匡人也肯定不是一个人，要拘禁孔子及弟子们，需要一大群匡人。这里的匡人也是活生生的，不是死板板的。再加上外在自然界各种因缘也是活生生的，是无常刹那变化。

在那复杂因缘之中，只有当事人孔子身临其境，是最了解的。他善观当下活生生的实相，寻找到突破口，所以才对匡人说：“文王既没，文不在兹乎？”文王，周文王，继承了尧、舜、禹、汤之道，后有武王、周公相续不绝。文，文献典籍、礼乐制度，是先圣们现观宇宙人生、身心内外的真理实相而发现的，通过文字保留下来。孔子自己也是通过古代文献、典籍的学习，再加上老子指点，体会了道是什么。兹，就是指孔子。

意思是说：“文王已死，道不就在我这里吗？”孔子用宁静的心灵觉察到，有匡人对文王及文王所遗留下的宝藏即文献典籍十分有好感，所以孔子才说这样一句话。

他讲："天之将丧斯文也，后死者不得与于斯文也。"天，大自然、法界。后死者，孔子自指。意思是："天若要丧斯道，不会让后死者我孔丘亦证得此道。"

孔子为什么如此自信呢？因匡人里面也有人想证得此道，怕孔子被伤害，从中在保护他。所以夫子更自信地说："天之未丧斯文也，匡人其如予何？"意思是说："若天不欲丧此道，那匡人能把我怎样呀？"

孔子是十分淡定又宁静，清清楚楚地觉察到这大群匡人中有很多人向往此道。孔子善观其因缘，静观其变，无为而治。他化险为夷，不动一兵一卒，使整个事件自然平息下来，转祸为福。能真正做到清醒明觉活在当下，临事自生慧，也就能随机应变。这是真正的中道智慧呀！

【〇六】大宰问于子贡曰："夫子圣者与？何其多能也！"子贡曰："固天纵之将圣，又多能也。"子闻之，曰："大宰知我乎？吾少也贱，故多能鄙事。君子多乎哉？不多也。"牢曰："子云，'吾不试，故艺'。"

大宰向子贡问道："夫子圣者与？何其多能也！"大宰，大读太，官名。意思是说："你们老师是圣人了吗？为何这样多才多艺呀！"太宰知道孔子是圣人又多能，但实际情况是真不解，所以才问子贡。而子贡带着强烈的感情色彩和个人主观意识，又有个人的偶像崇拜，不能如实观，自然就不能清清楚楚、毫无染污地深观实相。子贡说："固天纵之将圣，又多能也。"固，本来。纵，让、使。意思是："我们老师本来就是天要让他成为一位圣人，就让他这样多能呀！"

孔子听到他们这番对话后，就毫无保留如实地将实相道明白，避免弟子们不能如实观还有偶像崇拜。让他们真正明白自己并非是"生而知之"，而是"学而知之"。今日之孔丘是吃了种种苦，是在苦中浸泡长大的，并没有比他人多些什么，也没有比他人少些什么。你们也可以非常出色。在场弟子们听到这一番话，一下子浑身充满着自信和力量，前途无量光明呀！

孔子就说：“大宰知我乎？吾少也贱，故多能鄙事。君子多乎哉？不多也。”鄙事，各种粗活。孔子三岁时父死，母亲颜氏把他抚养成人，孤儿寡妇生活贫苦。他曾从事各种职业，放羊、赶车，做过仓管、司仪，还会各种乐器。这里的意思是：“太宰真了解我吗？我只因年少时家境贫贱，所以才多能鄙事呀！君子要多能吗？不多的呀！”

孔子为什么自问“君子多乎哉”，又自答“不多也”呢？这是因为他深知君子的责任。《论语》就是君子之学，夫子教育弟子的总方向是“志于道，据于德，依于仁，游于艺”。技能、技艺就是枝枝叶叶、方便法，只是生存的工具，而君子的生命核心是体道、悟道、行道、与道合一。千万别本末倒置，让神圣的生命浪费在摘叶寻枝上。若忙了一辈子，还在门外绕，真的很可惜呀！最后只能是一场梦一场空。所以，方向比努力更重要啊。

夫子的“多能”是生活所迫、不得已的，但也不是说君子什么事都不做。孔子的弟子子牢听了，又一次肯定地说：“子云：‘吾不试，故艺’。”意思说：“孔子也说过，“因我没有被重用，所以自然学得许多艺。”孔子讲了这么多话，所指向的是协助弟子们找到生命的意义及生命的归依处，不做浪费生命能量的事，回到当下来，让生命全然绽放，利益众人。

【〇七】子曰：“吾有知乎哉？无知也。有鄙夫问于我，空空如也，我叩其两端而竭焉。”

孔子说：“吾有知乎哉？无知也。”意思是：“我有知识吗？我实是无知识呀！”此言不是谦辞，孔子说的是如实语、真心话。孔子所在时代没有书本，也没有那么多的经典，只有数量极少的竹简，现在也许随便一位小学生的知识量都能超过孔子。譬如，计算机、网络、核武器、飞机和宇宙飞船，还有数学、英语、物理和化学等。这些东西都是孔子不知道，也根本想不到的。

孔子一辈子在读这一部永不过时又活生生的无字天书，即《大地风云经》。他是现观宇宙人生、身心内外的真理实相。这不需要太多语言、文字和经典，只要静下心来如实观，止观双运，自然而然就能流露出妙智慧。夫子与大自然融为一体了，即是达天人合一之境。他就是“绝学无为闲道人”，是“去智绝学”了，这就是“无知也”。

但孔子是怎么样在历缘对境中解决现实问题呢？孔子说：“有鄙夫问于我，空空如也，我叩其两端而竭焉。”空空如也，就是归零的心，清清净净，是纯净本心本性、良心道心，这是心与空相应，脑空空，超越二元对立，没有了思维、推理、想象、哲学名相。用宁静的心直觉活生生的五彩缤纷实相世界，自然心安自在，这是美妙心灵的世界。没有预设答案，随顺当下活生生的因缘，灵活多变，全然接纳当下无常生灭变化，充满着无限可能，充满着生命力。

叩，叩问。两端，两头，就是太极图的黑白、阴阳、两仪，也就是实相的是非、美丑、善恶、上下、高低与长短等。这就是实相世界，它有二元但不对立，是同生同灭又同时存在，相互依存又相互转化，变动不居，就是不二的一体世界。若只要我所要的，不要我所不要的，生命就会不断地在拉扯，消耗有限生命能量，生命的意义也发挥不出来，只能活在自己所造的苦海之中，又不能在根本上真正解决问题。

竭，穷尽。意思是：“有人来问我呀，我是以归零的心、清清净净地听他把问题描述清楚，再从他不明白之处的两端反过来叩问他，一步步问到穷尽处就是了。”

为什么孔子没有告诉他标准答案呢？这一点就是夫子的伟大之处，也是他过人的地方，也是之所以能成为众弟子老师的原因，这是中道的智慧呀，是无所不能的呀！孔子深知每个人都有良知，还有问题的本身就有答案，只有当事人最了解问题、事情的来龙去脉。通过一番的对答，当事人的良知自会有答案或方法。这就是无为无不为。

【〇八】子曰："凤鸟不至，河不出图，吾已矣夫！"

孔子说："凤鸟不至，河不出图，吾已矣夫！"凤鸟，其实是喻作明君，如尧舜、大禹、文王，他们都是开悟有大智慧的君主。河，是洛河，喻作整个天下。图，八卦，代表了悟宇宙人生、身心内外真理实相的大智慧者，如周公、老子、孔子、颜回。意思是："明君未出现，天下也没有出现大智慧者，而我在这世上快走完了呀！"

此章是孔子晚年时同弟子们讲的话。古人谓"乃圣人受命之兆"，即"凤鸟至，河图出"。夫子深观当时实相，却是"凤鸟不至，河不出图"。他是如实观全天下无明君无大智慧者，而自己又是面临着老病死，所欲行之大道，其前途是不卜可知矣。也真不出夫子所料，在他去世后几百年就是战国时期，动干戈、尚游说，天下一片混乱，相互厮杀呀！

夫子为什么会发出"吾已矣夫"之叹呢？"大道之行，天下为公"的大同世界要实现，不是我是、我能、我慢能决定，是众多甚深因缘聚合而成的。孔子深知宇宙人生、身心内外的真理实相是不断生灭变化的，也就是《易经》中的变易变异呀！他自己也是浸泡在生老病死之中。颜回及子路的先后离去，整个社会的大局又是风云变幻，他感到无能为力，自然完全臣服整个大自然，随顺因缘。即便是没有明君，没有像颜回一样的弟子或大智慧者，也只能是全然去接受、去面对，全然地活在当下。把当下的事全力做好，珍惜当下每个神圣的因缘，所以他就删述"六经"，让这指月之指、宝藏的图保留下来。此生知足了，也尽力了。

【〇九】子见齐衰（zī cuī）者，冕衣裳者，与瞽者，见之，虽少必作，过之，必趋。

"子见齐衰者，冕衣裳者，与瞽者，见之，虽少必作，过之，必趋。"齐衰者，指穿丧服的人。齐衰，五服中次重的一种。五服，即斩衰、齐衰、大功、小功、缌麻五种丧服，以亲疏为差等。冕，是礼冠。衣裳，礼服，上身穿的叫衣，下半身穿的叫裳。“冕衣裳者”是指官位至大夫的人。瞽者，盲人。作，从座位上站起来。趋，小步疾走。意思是：“孔子见到穿着丧服的人，戴礼帽穿礼服的人以及盲人时，或是他们来见孔子时，即便是年轻人，孔子也一样必从坐席上起身。若他在这些人身旁走过，则必改步疾行。”

此章是弟子们描述孔子在日常生活的历缘对境中所展现出来的三妙行，即意行、口行和身行，让人慢慢地去体会真实的孔子。他流露着柔软心、仁爱心，又充满着感恩心、恭敬心，也没有我慢心、卑慢心。不论是有权有势高官，还是瞽者、丧者等人，孔子内心都保持着恭敬心、平等心。弟子所见到的是毫无隐藏、也无做作的孔子。他是自然而然地流露，以身作则，行无言之教，充满着力量，他本身就是一部无言无字天书。

孔子也是我们的一面镜子，让我们照见自己。叩问自己能做到吗？会怎样面对类似的事情？看看自己的身、口、意是怎么展现的呢？这里只是举三件事，若悟到其中的精神核心，便可应用到一切时一切处一切事。

读书修行，是回来如实反观自己的不足，看到自己的贪、嗔、痴、我慢等，就能净化自己的贪嗔痴、我慢，让贪嗔痴、我慢止息，自我意识消融，像一把盐溶入大海，浑然一体。不然，即便你是学富五车，读遍四书五经、三藏十二经，都还只是在枝枝叶叶上绕，只是大学问家而已，只会让自己的我是我能我慢更大。心灵品质并没有提升，还是浸泡在苦海中，内心深处还是有苦、有不安。

有没有大安心大自在，在现实生活历缘对境中就能清清楚楚，能欺骗他人，但一定是欺骗不了自己。每个人自己的良心、良知就是最伟大的大师，它就是天，就是道，也是无形无相、无边无际真实存在的虚空呀！

【一〇】颜渊喟然叹曰："仰之弥高，钻之弥坚，瞻之在前，忽焉在后。夫子循循然善诱人，博我以文，约我以礼。欲罢不能。既竭吾才，如有所立卓尔，虽欲从之，末由也已。"

喟然，叹息声。颜渊深深地长叹道："仰之弥高，钻之弥坚，瞻之在前，忽焉在后。"之，指孔子其人，也是指他所证得的中道。弥，越、更加。意思是："我仰望它，越望越高，不可及；我钻研它，愈钻愈坚定，有时候看它在前面，有时候又像在后面。"颜回为什么长叹呢？颜回对中道是有相当深的体悟，也明白孔子只是老师，是指月的手指，他是协助弟子们了悟宇宙人生、身心内外真理实相。

而孔子本身是要先了悟彻证，才能协助弟子们了悟彻证。他所作所为无不是从清净本心流露，由良知发出，无不是道的具体展现，自然是走在中道上。所以颜回仰望孔子，也就是闻道体道悟道。道是遍一切时一切处，愈望愈高，越是钻研深思体悟，信心越是坚固。中道是灵活多变的，随当下神圣因缘，忽而在前、忽而在后，没有固定，不是死的，而是活生生的。

那夫子是怎样来协助弟子们的呢？颜回说："夫子循循然善诱人，博我以文，约我以礼。"循循，有次第，为学是有先有后、有始有终。诱，引导。文，文献典籍、史料等。礼者，履也，是指人生实践。意思是："老师循着次第一步一步地引导我。他如何协助呢？他用文章典籍来广博我的心量，又用礼约束我的三妙行。"

其实，孔子是要求弟子们先有深厚的闻思基础，有正知正见，即"博我以文"，避免走弯路，站在先贤的肩膀上，再到日常生活工作中去历缘对境、实修实证、求真求证，即"约我以礼"。这样做自然就会身心柔软、安详、自在。自然而然就会流露出"温、良、恭、俭、让"。

颜回是理上顿悟，事上还在渐修。他描述他此阶段的心境，说："欲罢不能。既竭吾才，如有所立卓尔，虽欲从之，末由也已。"卓尔，是峻绝之义，也就是高山仰止，望见之而力不能至，也是指孔子所行的道及孔子的大丈夫气象、气魄。末，无也。由，当门径、路径义。

意思是："让我欲罢不能，但正竭尽我所有的才华，好比看见它在周遭矗立着，高峻卓绝，我想去跟从，但发现无路可由了，没有门呀！"颜回也只有是在夫子的协助下闻道体道悟道行道呀！

道是遍一切处，就在眼前，就在当下，也在你我的身上，须臾不可离。只要你我有欲望就离开道，但道是从未离开过我们每一个人。它是无路无门可达可入的，不是穷尽一切才华，很努力很用力就能到达，也不是一直向心外能追寻到的。唯有心真正地宁静下来时，不找就到了，也就能与夫子心心相印。心与虚空相应、与道合一，也就是来到天人合一之境。

【一一】子疾病，子路使门人为臣。病间，曰："久矣哉！由之行诈也！无臣而为有臣，吾谁欺？欺天乎？且予与其死于臣之手也，无宁死于二三子之手乎？且予纵不得大葬，予死于道路乎？"

"子疾病，子路使门人为臣。"疾病，比疾更重曰病。门人，诸弟子。意思是："孔子病重，子路使老师的诸弟子作为老师的家臣，来预备丧事。"也就是说，孔子病得很重，子路准备为他办后事。孔子曾做鲁国司寇，是大夫。当大夫时有家臣，而辞官后就没有家臣，若有家臣就不合符礼制的。但在子路的心中，门人就是孔子的家臣，且老师也曾是大夫，他自然就使门人为家臣。

孔子病减轻，有好转了，知道子路这样做，便说："久矣哉！由之行诈也！无臣而为有臣，吾谁欺？欺天乎？"意思是："我病了很久了呀！子路这样做是诈道呀！我没有家臣，却伪作有家臣，这将欺骗谁呢？难道要欺骗天吗？"这里，孔子是非常清楚自己辞卸大夫已久，不可用臣，弟子应该是以士子的身份为他治丧，而子路伪作有臣。

这也许能欺骗了他人，但是欺骗不了天。欺天其实就是欺自己的良心、良知，良心、良知就是天。你去做不该做的事，以为别人不知道、见不到，但你是隐瞒不过天。也就是说，你的良心、良知会知道，只要有做，一辈子都会背着那块"疤"，会很难受，除非自己去补救去反省。

孔子又说："且予与其死于臣之手也，无宁死于二三子之手乎？且予纵不得大葬，予死于道路乎？"无宁，宁。二三子，诸弟子。大葬，君臣之礼葬。意思是："而且我与其死在家臣们手里，还不如宁愿死在诸弟子的手上吗？我纵使不得用大夫们之葬礼，难道我会死在路上，或死在街头吗？"

此章有很多的启示。在世俗人的眼里，会认为子路很尊重老师，很懂得做人，但为什么夫子不这样想，而且痛批子路一顿呢？有人还会认为孔子有这样的弟子，该知足呀！又会为子路打抱不平。在这里再次看到了夫子为什么可以为子路的老师。子路是以自我意识、标准、框框、知见去行事，而孔子是从清净的良心本性出发，是根据当下的因缘，无我无私，该是士的礼就用士的礼，无家臣就无家臣，名正言顺，有弟子们就死在弟子们手中，全然接受每一个当下，行走中道之上。毫无造作，无隐私，无挂无碍，安心自在。

【一二】子贡曰："有美玉于斯，韫椟而藏诸？求善贾而沽诸？"子曰："沽之哉！沽之哉！我待贾者也。"

子贡说："有美玉于斯，韫椟而藏诸？求善贾而沽诸？"韫，藏也。椟，即柜。韫椟，是指东西藏在柜子里。诸，"之乎"的合音，问辞。沽，卖。贾，同价。善贾，识货的商人。意思是说："有一块美玉在这里，是藏在柜子里还是寻求识货的商人卖了呢？"

子贡为什么这样说呢？孔子在子贡心中就是一块美玉良玉，用今天的话来说，就是一块经过精细切磋、反复琢磨，是毫无杂质又通透温润的美玉。也就是说夫子的生命全然觉醒，无限潜能全面开启，所作所为是从良心、良知、本性、道心流露。孔子善观当下因缘，在等待明君出现，生命意义得到发挥，利益众生，所以他回应说："沽之哉！沽之哉！我待贾者也。"意思是，"卖呀！卖呀！我只是在等待识货的人出价呀！"

孔子与子贡的对话流露出二人之心境具有天壤之别。子贡用"求"

字，能看到他还是在“有我”之境，有我是我能我慢，有炫耀之心，自然也有卑慢，还有很强的自我意识，有求皆苦。而夫子则不然。他是“待”字，无欲无求，无我无私。别人识不识货不是他所能决定的，他唯一能做的就是开启自己本自具足无尽宝藏，恢复清净本心道心，随顺当下每个神圣的因缘，用之则行，舍之则藏，清醒明觉活好每一个当下。过程即目的，让生命全然绽放，融入活生生的一体世界，安心、自在、祥和，足矣！

【一三】子欲居九夷。或曰：“陋，如之何？”子曰：“君子居之，何陋之有？”

“子欲居九夷。”夷，指东边的少数民族。九夷，即东边诸多少数民族的总称。意思是说：“孔子想去九夷居住。”有人说：“陋，如之何？”陋，偏僻、简陋、简朴，文化闭塞。意思是说：“九夷如此偏僻、闭塞简陋，怎么能住下去呢？”孔子是怎么回答呢？他又是怎样体会陋的呢？孔子说：“君子居之，何陋之有？”意思是说：“只要你是君子，无论到哪里，根本不存在陋与不陋呀！”孔子的回答是言浅简而意深丰富。

看这一问一答，问者还不是真正的君子。先从浅层上解读，只要是君子，他到哪里都可以移风易俗。君子去了简陋、文化闭塞之地，可以去教化，去影响那里的旧习，这也正是发挥了自己生命意义。

“自古圣贤多寂寞”，又是“人不知而不愠”。此章有更深层的内涵，也就是佛陀所描述的“心净佛土净”。君子是志于道，是全身心在体道、悟道、行道、与道合一。而道是遍一切处一切时，“不可须臾离也，可离非道也”，正如孟子云：“万物皆备于我。”

也就是说，道就是大自然，道就是流水、大地、太阳、空气，这一切都来自于道，又浸泡在道中。道贯穿一切，每个人都是依靠道的支撑与养育。万物只有一个总源头天地父母，山河大地，花鸟虫鱼，一草一木，好人坏人等等这一切都是生命共同体，我们也就是一家人。每一个生命体都是独一无二，无比神圣，没有谁高尚，也没有谁低贱，没有所谓陋与不陋的地方。

只要用清清净净、感恩的心全然接受一切，与万物和谐相处。大家相互协助成长，独立存在，无有高低、上下、善恶、美丑等。实相是有二元而不对立，互相促进与协助，共同成就彼此的生命，让各自生命全然绽放。九夷与中原都是天堂，都是净土、极乐世界，也是你好、我好、大家好的大同世界呀！

【一四】子曰："吾自卫反鲁，然后乐正，《雅》《颂》各得其所。"

孔子说："吾自卫反鲁。"这是孔子在描述自己从卫国回到鲁国。此时是在鲁哀公十一年冬天，已是孔子的晚年，而鲁国的礼乐也已是崩坏，明君没有出现，大智慧者也未见到。为了让后来者能够体会先王之道，也就是古圣先贤所发现宇宙人生的真理实相。夫子通过文字、语言、经典这些地图、指月之指，将它们保存下来，以协助后人看到那个不可言说的真理实相，看到宇宙大自然的神圣、神奇，又充满着生命力、奥妙。

真正的生命力，真正的神韵，真正的灵魂，是无法通过语言、文字、经典去保留的，唯有现观大自然，现观每个当下所呈现一切活生生的存在，才能体会到生命力、神韵。

孔子是过来人，深知个中的滋味，他当下的做法是没办法的办法。所以，他开始修《诗》《书》，正《礼》《乐》，撰《易传》，注《春秋》，也就是他说的"然后乐正，《雅》《颂》各得其所"。乐正，正其乐章，正其音乐。《雅》《颂》都是诗，古代的诗是可以和乐而歌而唱的。意思是："把音乐修正了，《雅》与《颂》各自配上相适的音乐，使之能歌。"

孔子把这些诗配上音乐，以便于更好地传播，直接融入人们的日常生活之中，使人们时时可以反观自己的不足，又能思齐。同时，还可以怡情、净化心灵，潜移默化，协助人们以大自然为师，直接现观大自然中活生生的生命旋律与脉动，体会大自然的无常生灭变化，发现其中不为人知的奥妙，由衷生起赞叹，臣服整个法界大自然。自然心甘情愿与它融为一体，来到天人合一之境。

【一五】子曰：“出则事公卿，入则事父兄，丧事不敢不勉，不为酒困，何有于我哉？”

孔子说：“出则事公卿，入则事父兄。”出，出仕，出来做官。事，侍奉。公，诸侯。卿，大夫。入，回到家中。意思是：“出来做官就去侍奉公卿，回到家中就侍奉父亲和兄长。”这里的事，实际上只要是出生为人，就都要去面对的，为国家尽忠，为家族尽孝。孔子又说：“丧事不敢不勉，不为酒困，何有于我哉？”意思是：“有丧事不敢不勉尽我全力，也不会被酒困扰了，这些对我有什么困难呀！”

此章是孔子描述自己在日常生活工作中历缘对境，在事上磨炼、下功夫，在日常平凡平淡的行为中流露着真诚真心、真意真切。他身心柔软，像流水一样地自然流动变化，在不同角色的变换中，能随时归零，清清净净地融入每一个当下每一个角色中去，不会在事公卿时想着事父兄，在丧事时想着喝酒，在事公卿时全然事公卿，事父兄时也能尽其心，办丧事能竭其力，喝酒时作为怡情而不被困住。

随顺当下殊胜因缘，珍惜每个当下，保持空明觉，神圣生命自然就扎根于当下。唯有当下是真实存在又充满着生命力，这与你读多少部经典，有多少财富，有多大权力、名望、地位，多高学历等都是没有直接关系。

知识是死的，是工具而已。若只是不断积累，会被更多所知障碍，生命被各种条条框框框死，变得没有活力，还会有更大我慢，这是世间法。要让生命多姿多彩，心花朵朵开，唯有停下来、止下来，心宁静下来，止观双运，净化贪嗔痴，恢复清净本心道心、良知。这就是出世间法。“为道日损，损之又损，以至于无为，无为无不为”，唯有无为，才能全然地融入当下，把当下的每一件事做好、做深、做透，无有挂碍，与大自然一起脉动，自然是“何有于我哉”。

【一六】子在川上，曰：“逝者如斯夫！不舍昼夜。”

“子在川上”。川，河流。孔子站在河流的边上，他说：“逝者如斯夫！不舍昼夜。”逝者，是指万事万物，也即现象界的一切，包括人类，在每一个刹那都生灭流动变化，生生不息。斯，指河流。舍，同舍，止。意思是：“当下现象界的一切如同河流一样，它不舍昼夜地流动变化，不常不断，生生灭灭。”

此章字简意深，孔子自己浸泡在大自然中，以大自然为师，现观流水，心灵最深处受到震撼，因此由衷地赞叹道：“逝者如斯夫！不舍昼夜。”这里的流水，它是每一个当下都在流动变化又不断不常，整条河流都是如此。

为什么会是这样的呢？这真不是河流本身所能决定的，也不是某位大师、神仙能决定的，当然也不是孔子、老子、佛陀和耶稣所能决定的。它是由整个宇宙大自然的当下因缘聚合而生的，“法尔如斯”运行，整个世界的所有河流都是如此。

河流最终是回归到大海，融入整个大海，与大海融为一体，一起脉动变化流动。它随顺当下的因缘，是波浪时全然做波浪，是浪花时就全然做浪花，需要蒸发为云时，就全然去做一朵云，随风飘到世界各地去，因缘具足化作雨水降落在大地又回到河流中去，最终回归到源头大海里。当你知道了一条河流的生命，也就知道了所有河流的生命。

还有，孔子、老子、佛陀等所看到的水与我们今日看到的是一样的吗？是H_2O吗？是流动变化的吗？是处众人之所恶的吗？美国的水，加拿大、印度、中国的水，还有大海、西湖的水，与我杯子里的水是一样的吗？答案肯定是一样的，而且是来自共同的源头，就是大海。

水，是我们生命之神之一。没有水，不可能会有生命。它是自然界重要组成元素，深观自然界中的流水，自然就能体会一切万有现象。所以，孔子才这样赞叹“逝者如斯夫”。

这里还有一个启示。古圣先贤，如孔子、老子和佛陀等都是超越了语言、文字、名相，以大自然为师，向大自然学习思齐，现观大自然这部活生生的无字天书而大彻大悟的，而不是依靠某部经典的，这值得大家深思！

【一七】子曰：“吾未见好德如好色者也。”

孔子说：“吾未见好德如好色者也。”意思是说：“我没有见过好德如好色一样的人呀！”这句话的背后是有很多复杂因缘，也是众因缘和合而成的。每句话都有它所指的实相，所有的文字、语言、经典都只是描述实相的工具，是指月的手指而已。我们要超越文字、语言和经典，透过这些工具，看到深层次的自我、小我的运作，也体会清净本心、良知是怎么流露的，慢慢做到所做的一切都是由良知、本心自然地流露。

此章有说是因卫灵公而发。《史记》中云：“孔子居卫，灵公与夫人同车，使孔子为次乘，招摇市过之。”孔子身临其境，感慨时人薄于德而厚色。还有的可能是，孔子自己是过来人，也是有结婚、生儿育女的，对此有很深的体会，故有此章。

好德好色人皆有之，这是实相的描述，但语言描述是非常有限的，那言语道断的世界难以用语言描述。德，是明德，是人人本自具足清清净净的本心、良心、良知。人们不知道自己本来就具足，只是没有让它彰显出来；或是自己所作所为一直在从本心流露而不自知。色，告子曰“食色性也”，人人皆好之。关键是很多人是沉浸其中，远远超过自身基本生理需求的程度，就是过度了，就称之为淫欲。孔子并不是反对基本的需求，只是过度追求的话，不仅会损伤生命力，同时还容易使人忘记来到这世界的使命，忘记生命存在的意义。

“好德”。就是珍惜这生的生命，通过“知止而后有定，定而后能静，静而后能安，安而后能虑，虑而后能得”。德者，得也，是每个人本自具足的良知。“好德”则清净本心得以彰显，恢复自有良知，而“好色”过度即淫欲，人会本末颠倒，这也就是夫子所担心的。孔子是明白人，清楚地知道，人来到这个世界上，只为名闻利养、美色这些忙碌一生，觉得好可惜又可怜，才发出这样叹息呀！今日实际情况，是怎么样呢？今人也是可以扪心自问，孔子说的是不是真实存在呀！

【一八】子曰：“譬如为山，未成一篑，止，吾止也。譬如平地，虽覆一篑，进，吾往也。”

孔子说：“譬如为山，未成一篑，止，吾止也。譬如平地，虽覆一篑，进，吾往也。”一篑，一筐。意思是说：“譬如堆一座山，还差一筐土就能把这山垒起来了。此时，如果停下来，那是我自己停止的呀！又譬如，是在平地上垒山，仅倒了一筐土，要继续往上填，那也是我自己向前堆的呀！”此章是孔子现观当下的实相，所描述的两种人：一种是未成一篑而止，功亏一篑；另一种虽覆一篑，而进，自强不息，故积久而终成。为什么会有如此之大的差别呢？其止其进，皆在于自己而不在他人。

在现实生活中，有的人出生条件、因缘非常非常好，聪明绝顶，十八般武艺都完成了，也在书海之中苦作舟，读了几十车的书。这种人是学富五车，有博士学位，又是大科学家，但有人的内心还是有苦、不安。他所有的努力都只是增加了他的学问，没有达到他真正要达到的终极目标，也不知自己真正的归依处，最后是身心疲惫，内心不安。

而另一种人，他深知“理可顿悟，事可渐修”，也知道“悟后起修方真修”。即便他是没读过很多书，但他知道生命的真正归依处是什么，明白“为道日损，损之又损”。一步一脚印，实实在在地去渐修，最后自然而然与道合一，自然心安自在。六祖慧能就是这样的人。在《论语·子罕篇·第二十章》，孔子也评论颜渊说：“吾见其进也，未见其止也。”

要止要进，皆在于自己而不在他人，所有的学习都是为了回到“自依止，法依止，法住法界，莫异依止”。以大自然为师，读懂大自然这一部无字天书，就能把书读薄。读书，最终来至“绝圣弃智”，就是“绝学无为闲道人”呀！唯有如此，心灵才会越来越单纯，越来越宁静、安详。

【一九】子曰：“语之而不惰者，其回也与！”

孔子说：“语之而不惰者，其回也与！”意思是说：“告诉他而不怠慢，却是很精进，大概只有颜回一个吧！”此章是言简意深，孔子弟子三千，七十二贤人，为什么语之不惰的只有颜回一个人呢？而孔子是语之什么，能让颜回不惰呢？

“一箪食，一瓢饮，在陋巷。人不堪其忧，回也不改其乐。”这是颜回真实生活的写照。他对物质的要求是很低很低的，只是最基本的需求，所以肯定不是为了无穷的欲望去寻师访道，向孔子学习，也不会被美女、金钱、名望、地位、权力等诱惑的。自然孔子也肯定不会告诉他怎样学习生存的技能，如“礼、乐、射、御、书、数”小六艺，或者怎样练习演讲与口才、写文章，或是如何带兵打仗。这些都不是颜回所要浪费时间的地方，也不是孔子所要语之的。

孔子的教育总纲是“志于道，据于德，依于仁，游于艺”。能让颜回而不惰的，也只有是“志于道”了吧。《道德经》云：“上士闻道，勤而行之。”颜回就是上士者。孔子自己也是过来人，他生命是全然绽放，无尽宝藏也是全面开启，所走过的路清清楚楚。颜回的心灵品质达到什么样的层次，孔子是很明白的。

夫子是直截根源，协助颜回以大自然为师，向大自然学习思齐，让他自己一样一样去亲证。学习大自然的自强不息、生生不止；学习大地的厚德载物、无我无私、默默承载；学习流水的处众人之所恶等。让神圣的生命像虚空、大自然、流水、大地一样，拥有高等心灵品质，无欲无求无我无私。此生只为生命绽放，清醒明觉全然活在当下，而当下却那么平常，平淡无奇，这就是中庸之道，也就是夫子所要告诉颜回的。

中庸之道是须臾不可离的。何谓中庸呢？中，就是刚好，恰如其分地融入活生生的当下，也就是空明觉活在当下，也只有当下是唯一真实又活生生的，是流动变化的整个宇宙。我们每个人与万物万事都浸泡在整个虚空之中，都是众多因缘和合而成，与宇宙本来就是一体的。庸，平凡、平常、平淡，很朴实，就像空气、阳光、大地、流水、虚空，这些都是我们的生命之神，与我们须臾不可离。我们一出生就浸泡于其中，很容易得到，也太简单了，简单到都不要丝毫努力用力，以至于都忽视了。人类聪明反被聪明误，最大的敌人真的是自己呀！

【二〇】子谓颜渊，曰："惜乎！吾见其进也，未见其止也。"

孔子评论颜渊说："太可惜呀！我只见过他前进，不怠慢，很精进，没见他停下呀！"颜回是闻道之后勤而行之，很用功又很优秀，他三十二岁就去世了，所以孔子十分惋惜呀！这是情理之中。

此章可与《论语·子罕·一八》合参。这里不做深入解读。

【二一】子曰："苗而不秀者有矣夫！秀而不实者有矣夫！"

孔子说："苗而不秀者有矣夫！秀而不实者有矣夫！"苗，就是秧苗，是谷之新生，谷子开始生长了。秀，就是吐华，秧子开花了。实，就是果实、稻谷。此章的意思："秧苗已长成了秧子而不开花是有的，已开了花不结稻穗也是有的。"这是大自然实际存在的现象，万物之一的水稻是毫无保留、一览无余展现在每个人面前。孔子只是现观后用语言描述自己所发现的，只是他从清净本心流露，由良知出，就成为了经典。

从苗生长为秀，再从秀生长为实。这也是稻子的生住异灭、成住坏空。整个生命过程是无常流动变化的，也是《易经》中"三易"的变易、变异呀。过去的稻子是如此，现在的稻子是如此，未来的稻子也是如此，它必然是如此，是法尔如斯的存在。为什么同是稻子，都是由大地、阳光、流水、空气、虚空支撑与养育，它们的生命却有如此的差异？即便是同一个人在耕种，有的是“苗而不秀”，也有的“秀而不实”呀！这都是实相，也是众多因缘和合而成的，不是你我他及稻子本身能决定的。

孔子为什么流露出这章言语呢？可能是承上章，他想念已逝的弟子颜回。这么有智慧的人死得太早了，就像那稻子，苗而不秀，秀而不实，太可惜了！这里也再次示现了生不是我能决定的，不是我的事，死也不是我的事呀！只有空明觉活在当下，过程即目的。每个当下都安心自在，让生命全然绽放，让生命意义发挥出来，利益大众。此生就足矣！

【二二】子曰：“后生可畏，焉知来者之不如今也。四十五十而无闻焉，斯亦不足畏也已！”

孔子说：“后生可畏，焉知来者之不如今也。”后生，是二十岁以前的年轻人。可畏，不可小看轻视。意思是说：“年轻人无限可能不可限量，是不可轻视。怎么知道他们将来不如我们呢？”这句话又是孔子对实相作描述。他用宁静的心深观实相，也结合自身所走的心路历程，发现的确是来者未必不如今。他自己也曾是后生，通过自己“学而知之，困而知之”，开启本自具足的无尽宝藏，生命全然绽放，成为了无限可能。今日的孔丘，是从过去他人所认为的后生而成长起来的。

其实，孔子是告诉弟子们，每一个生命都是神圣、庄严、独一无二的，是上帝的恩赐，也是大自然最好的礼物，都值得敬畏。我们要珍惜自己的生命，也要珍惜每一个人的生命。实相就是如此，也就是佛陀所说的“人身难得，佛法难闻”。神圣的生命，消耗在内心拉扯上，是无谓的消耗，是没有意义的。

所以孔子告诫说：“四十五十而无闻焉，斯亦不足畏也已！”意思是说：“若到了四十或五十，还是不能静下心来闻道，这样的人也就十分有限了，潜力没有开启出来。”孔子为什么这样说呢？孔子并不否定这样的人，他们还是有可能，只是不足畏而已。

但孔子真希望每一个人皆能在“四十五十而有闻焉”。那个时代人的平均寿命不如今天高，夫子希望趁年轻，通过他有教无类，诲人不倦，能让弟子们学而不厌，让更多的人能“朝闻道，夕死可也”。而他自己也是“发愤忘食，乐以忘忧，不知老之将至”。他自己也先去做到，也是在行不言之教，真不愧是至圣先师呀！

【二三】子曰：“法语之言，能无从乎？改之为贵。巽与之言，能无说乎？绎之为贵。说而不绎，从而不改，吾末如之何也已矣！”

孔子说：“法语之言，能无从乎？改之为贵。”法，大自然的运转法则。语，告诫、启示。“法语”就是大彻大悟者所说的，譬如《道德经》《易经》《心经》《阿含经》等。“之言”是根据法语的言辞，就如《易传》。从，不是盲从，而是要自己用科学家精神去求真求证，必须要自己亲证到才能心服口服，才是心甘情愿又真正有智慧地服从、跟从。“改之为贵”，自然而然从心底里去改过，心灵品质越纯净越高贵。

所有的经典、法语，以及法语之言都是协助每一个人自立、独立、自胜。也就是“自胜者强”，能够真正战胜自己的人就是大丈夫呀。大丈夫是无男女相，每个人都是平等的。此章意思是：“所有法语的言辞都是合乎正道，不能不听从，经过亲证后自然会转变提升，成为高等心灵品质的人。”

孔子又说：“巽与之言，能无说乎？绎之为贵。”巽，恭逊。与，称许。说，喜悦，比“乐”强烈。绎，本义是抽丝，引申为寻究事理，分析辨别。意思是：“恭顺称许的话，能不令人愉悦吗？能够清楚知道，加以分析取舍，就有助于成为高等心灵的人。”

孔子又总结说：“说而不绎，从而不改，吾末如之何也已矣。”末，没有。意思是：“听了顺耳好听的话很喜悦而不加以分析取舍，还有表面服从而不改正的人，这样的人我实在是没有什么办法呀！”

为什么这么说呢？“说而不绎”的人，他的内心是特别自卑又空虚的，一直在向外求取他人好听的话来填补内心的不足。这样的人，若不回到自己内心来，永远只是喜欢听好听的话，哪怕是假的，也当真来听，还很喜悦。“从而不改”的人，他只是表面服从，对于法语之言不去求真求证，可有可无，以无所谓的态度对自己是不负责任，也就不能真正改变自己生命的品质。对于这两样人，孔子真的是无可奈何呀。真的是自助天助，只有自己才能真正救助自己，谨记在心呀！

【二四】子曰：“主忠信，毋友不如己者，过则勿惮改。”[①]

【二五】子曰：“三军可夺帅也，匹夫不可夺志也。”

孔子说：“三军可夺帅也，匹夫不可夺志也。”三军，指军队，周朝军制是天子建六军，诸侯大国设三军，到春秋时三军改为军队的称呼通名。匹夫，犹谓独夫，或是士人。意思是：“三军之众，可以将军队的元帅活捉俘虏了。士人立了志，谁也夺不了。”

孔子是现观社会现实，发现有不少将帅常被俘虏了，而“志于道”的士人坚守其志，他人不能改变他。夫子本人就是如此，颜回也是如此，既不为物所夺，也不为物所役。这里不可夺的“志”，一定是“志于道”。若是能夺其志，都不是志于真正的道。

“道”是每一个人生命的真正归依处，也是每一个人真正的安心之家。不知何谓“道”，不知“道”是什么，不知“道”在哪里？也就回不了心灵真正的家。孔子是知道“道”是什么的智慧者，他说：“道也者，不可须臾离也，可离，非道也。”他又说：“朝闻道，夕死可矣。”这也是为什么孔子将“志于道，据于德，依于仁，游于艺”作为教育总纲，他是协助弟子们去找到道，进一步体道悟道行道与道合一。

当匹夫立志于道时，就不是美女、金钱、地位、权力、房子等所能

① 本章与《论语·学而·第八》重出，这里不再作解读。

动其心、夺其志的。这些都是无常变幻、梦幻泡影，每一样都是缘生缘灭，唯有道是不变的。佛陀为了道，舍去太子等荣华富贵去求道觅道。此生只为生命全然绽放，与道合一即宇宙大自然融为一体，来到不生不死寂静涅槃世界，永远大安心大自在。孔子，老子，颜回都是志于道又成于道呀！

【二六】子曰："衣敝缊袍，与衣狐貉者立，而不耻者，其由也与！'不忮不求，何用不臧'？"子路终身诵之。子曰："是道也，何足以臧？"

孔子称赞子路说："衣敝缊袍，与衣狐貉者立，而不耻者，其由也与！'不忮不求，何用不臧'？"衣，作动词，穿的意思。敝，破旧。缊，就是旧棉絮。狐貉，指皮衣。"不忮"两句，出自《诗·邶风·雄雉》篇。忮，忌恨。求，贪求、贪爱。臧，好、善。

意思是说："穿着破旧的棉袍，和那些穿着狐貉皮大衣的人站在一起，内心不会觉得耻辱的，大概只有仲由吧。《诗经》上说，'不忌恨，不贪求，像这样的心境，有什么不好呀'！"

孔子为何如此称赞子路呢？子路是真正做到了，孔子是如实地看到，又是如实地描述出来，不带有个人主观色彩，是从纯净本心所流露出的赞叹。我们问问自己能像子路这样吗？譬如，你开一部破旧的桑塔纳汽车，与一群开奔驰、宝马、保时捷等名车的人在一起，不会觉得羞耻，真的是不容易做到。孔子看到子路是实实在在做到，从心底为他高兴，自然联想到《诗经》里的"不忮不求，何用不臧？"

真的是如此，一个人与一帮比自己富有很多的人在一起，内心不忌恨他们，也不贪求他们的财富，自己也不觉得羞耻，像这样的人，还有什么不好呀！这已是少有的，他不与他们比穿名牌，开名车，比财富、权力等。他知道自己真正要的是什么，方向目标十分清楚，内心特别知足感恩、心安自在。

子路听了这样的称赞就终身诵之，以一善沾沾自喜，执著于此诗此一善上，不能做到无所住而生其心。孔子发现子路如此执著住相，为了破子路所住的相，又说："是道也，何足以臧？"

意思是说："一个真正得道的人，有什么值得认为好的呀？"他是在点醒子路，你这么高兴，沾沾自喜，你还未真正得道，与道合一。真正与道合一的人，他是不喜不忧，平淡、平常、平凡，返璞归真，知足、快乐、祥和。这是告诫子路，也是告诫每个人，若还活在别人的称誉中，只是证明未得道，内心还贪求别人的肯定与赞誉，还有不知足呀！谨记！

【二七】子曰："岁寒，然后知松柏之后凋也。"

孔子说："岁寒，然后知松柏之后凋也。"凋，凋伤的意思。后凋，不是不凋伤，只是松柏在极寒时受一些凋伤，直到第二年春天旧叶未谢，新叶已萌，虽凋若不凋。此章意思是："天气严寒之时，才知道松树、柏树的后凋呀。"

本章只有一句话，而义喻深邃，又通俗易懂。这是孔子对活生生存在实相所做的描述，松柏就是凋在众木之后，在孔子时代是如此，现在是如此，未来也是如此，本来就如此。春夏之交，众木茂盛。到了冬天众木凋尽了叶子，枝也枯了，独有松柏是长青的，就是那么地自然、自在。

这是比喻得道的人或君子在历缘对境中，遇到逆境或不可意境时，所展现出来的心灵品质。检验一个人得不得道，或是不是君子，只有在活生生的实际生活中才能彰显其本色，而不是一味在深山中，禅堂里，寺院内念佛、打坐、诵经、礼佛、持咒等。这些只是方便法，让心宁静下来，但若不能止观双运，是不能增长智慧，也不能转烦恼为菩提。这也与学历、金钱、权力、地位等外相无关。

一位大彻大悟者，在邦无道时也能守道，不与世俗同流。如松柏一样，在严寒时仍保持长青的本色，孔子就是如此。在《庄子·杂篇·让王》中，孔子说："天寒既至，霜雪既降，吾是以知松柏之茂也。陈蔡之隘，于丘其幸乎。”这是孔子在陈绝粮时的实际描述。

孔子与我们每一个人都是一样的，也是在世间行走，也会面对诸多逆境。一般人到了像孔子一样在陈绝粮的境遇，想到的是自己歹命。连孔子的十大弟子之一的子路都动其心，迷茫了，问孔子说：“君子亦有穷乎？”孔子回答说：“君子固穷，小人穷斯滥矣。”但又是“陈蔡之隘，于丘其幸乎”，孔子的心境差别如此之大，值得大家深思体会呀！大智慧者所作所为都是从纯净本心本性流露，由良知发出，是自然而然的，毫无雕饰，无欲无求。就像松柏一样，岁寒之时，自然流露出后凋的本色，是装不出来的。

【二八】子曰：“知者不惑，仁者不忧，勇者不惧。”

孔子说：“知者不惑。”知者，是指智慧者，而不是世间辩聪玩小聪明机关算尽的人。惑，就是无明，不惑就是《心经》里的无无明。无无明就是真正的明，也就是了悟宇宙人生、身心内外的真理实相，了悟宇宙的运转法则。知道不知道才是真知道，明无明就是真正的明，就是不惑不迷。意思是：“大智慧者，是真正了悟宇宙的运转法则。”其实就是真正地彻证《易经》中的三易，即变易、简易、不易。

孔子说：“仁者不忧。”仁者，有大爱的人，就是大慈大悲者，也可说是同体大悲，无缘大慈。万物就是生命共同体，我们本是同根生，都是来自大自然、法界、虚空、道，也是上帝之子。我们就是一家人，自然而然流露出仁爱。仁者无敌，内心只有家人。忧，私虑，担心想要的得不到，得到的又怕失去，不想要的又怕来到，来到又担心去不掉，常常处在忧虑的世界里，不断在拉扯厮杀，挫耗生命能量。意思是：“心有大爱的人，是没有什么可思虑的。”

孔子又说：“勇者不惧。”勇者，非匹夫之勇、莽夫之勇，而是志于道，是体道悟道行道与道合一，无论有多大困难，用生命去求道。勇者是战胜自己的人，自胜者强，能够真正回来看到自己的不足，又能改之，就是“知耻近乎勇”。这是大丈夫之事业，非将相所能为也。

譬如唐玄奘、六祖慧能、颜回等都是用生命求道，勇往直前。惧，惧怕、恐惧。道比生命更重要，是每个人真正的生命归依处。孔子曾说“朝闻道，夕死可矣”，真正用生命求道、求真理的人，就是勇者，内心是无所畏惧。

此章三句描述了知、仁、勇，三者是天下之达德也，也是每一个人本自具足的，都是从清净本心本性流露出来，只是潜藏的深浅程度不一样而已。只要恢复本自具足本心道心、良知，不需用力努力，知、仁、勇三达德自然而然就从本心道心流露出来。

【二九】子曰：“可与共学，未可与适道。可与适道，未可与立。可与立，未可与权。”

孔子说：“可与共学，未可与适道。”适，往赴之义。适道，志于道，心之所向于道，求道觅道。意思是说：“有人可以一起志于学，但未必能一起志于道呀！”

孔子根据自己对众弟子的进一步观察，又发现了“可与适道，未可与立”。立，坚定，但还未融入道，就如青松苍劲的根咬住大地，根深蒂固，自然枝叶繁茂，充满着生机。只有找到真正的“道”，知道“道”是什么，真正闻到真正的“道”，才能做到用生命去行“道”，来到像孔子所说的“朝闻道，夕死可矣”。也就是有意识地融入道里面，这才是真正的立。

孔子进一步更深度地观察，又发现了“可与立，未可与权”。权，秤砣，当应变讲。是指行走在中道之上，随机应变，应机接物，无滞无碍，善观当下的因缘。如同杆秤称物，秤上的左边有挂钩，右边是权即秤砣，秤杆叫衡。用它来称量东西的重量，秤砣在秤杆上的变化是根据当下挂钩上的东西轻重决定向左或向右移，也就是“权衡轻重”，是“随心所欲而不逾矩”，所作所为都从本心本性自然流露，由良知发出。意思是：“有人可以一起来到体道、悟道、行道之境，但未必可以达到与道合一，随心所欲。”

孔子的一生是“吾十有五而志于学，三十而立，四十而不惑，五十而知天命，六十而耳顺，七十而从心所欲，不逾矩。”孔子是经历学、适道、立、权四个境界，才能看得到实相。这也是他众弟子实际存在的实相描述。孔子弟子三千，求学者众多，绝大部分人是求厚禄，只是知道“书中自有颜如玉，书中自有黄金屋”，“金榜题名时，洞房花烛夜”。今天也是如此，志于道的人很少。能志于道的人未必都能立道。能立道又能真正体道的只有七十二贤人，至圣先师孔子直接面对面教诲，三千才出七十二，可见其难。

然而，能“可与立”，又能做到权衡轻重、随心所欲的，更是少之又少，只有最得意的弟子颜回吧！以夫子的标准，可能还是勉强算的。要真正走在中道上，真的不易呀。为什么不易呢？因为太容易太简易，百姓日用而不知，自然就不易呀！

【三〇】“唐棣之华，偏其反而。岂不尔思？室是远而。”子曰：“未之思也，夫何远之有？”

“唐棣之华，偏其反而。岂不尔思？室是远而。”棣花有赤白两种，树高七八尺，其花的两个头并在一起长，初开是相反。唐棣白花，华就是花。偏，通翩。反，与翻同，表示翻动。翩翻，唐棣之花，风一吹拂就翩翩地翻动、摇摆。尔，指你。意思是：“唐棣花开，随风摆动，翩翩起舞，哪里是我不想念你呀！只是居住得太远了。”

开头四句出自逸诗，孔子删诗，将上古的三千首诗删为三百零五首，其他的诗已散失了。这四句出自已散失的诗中，所描述的是大自然中实际存在的，是清清净净，真诚真心，无善无恶，超越二元对立的。

孔子为了描述当下实相，引用此四句。这是描述实相，但不等于是实相，没有实相的神韵、生命力，如人饮水，冷暖自知，不同的人体悟是不同的。只有回到大自然去亲证，或者亲证过，才能知道个中滋味。

也就是说，如果不知何谓“道”，不知“道”是什么，怎能知道孔子所说的“朝闻道，夕死可矣”。还是会觉得孔子很傻，觉得佛陀更傻。佛陀有美女，有太子地位，有用不完的金银财宝，舍去这些财富，他却不懂得享受却去过着化缘生活。所以这“道”“岂不尔思”？

孔子是知道何谓“道”的人，他说“未之思也，夫何远之有？”意思是：“只是不知道‘道’的奥妙，才没有想念吧！真知道‘道’的美妙，就知道‘道’是遍一切处，当然也在当下，还有什么远的呢？”‘道’在身心内外，“道”不远人，只是不知道而已！回来自己本心、道心，道就在当下，就在眼前，须臾不可离，可离非道也！

论语今解

乡党篇第十

（凡十八章）

【〇一】孔子于乡党，恂恂如也，似不能言者。其在宗庙朝廷，便便言，唯谨尔。

孔子在日常生活中自然流露出身、口、意三妙行，此章是弟子描述他的口行。“孔子于乡党，恂恂如也，似不能言者。”乡，一万二千五百家为一乡，五百家为一党。孔子生陬邑昌平，后迁曲阜之阙里，亦称阙党。这里的乡党是称此两地。恂恂，温和、恭敬、信实的样子。意思是说：“孔子在乡里间，流露出的言行是温和恭敬，好像不善于说话。”

这个“似”很传神，就是好像，也就是说变得好像不会说话了。不是真的不会言语，而是孔子回到乡里间，发现整体是很朴实，但不是经历“看山不是山”之后的朴实。乡人之间所交谈的一切问题，用现代言语来描述，就是你家的孩子考了多少分，上什么大学，生了多少男孩，在补什么学习班？今年发财了吗？你公司上市吧！你在城里买房子了吧！

这些问题并不是孔子所关心的，与孔子不在同一频道上，但他并不反对。就如同《永嘉禅师证道歌》所言：“常独行，常独步，达者同游涅槃路。”他只能保持圣默然也，就是“似不能言”，唯一能做的是“恂恂如也”，流露温和恭敬，没有任何我慢，尊重每个生命。每个生命都是神圣的，独一无二的，他用无言之行来行不言之教，这是当下合宜的方便法呀！

但孔子在宗庙朝廷之上判若两人，绝然不同。“其在宗庙朝廷，便便言，唯谨尔。”便便，辩也，善于言辞，明辨是非。意思是：“他在宗庙朝廷时，说得清清楚楚，毫不含糊。只是十分的谨慎，不敢有丝毫的差错，真是有‘入太庙，每事问’的精神，灌注于其中。”

此章描述，孔子是真正地知行合一，不论他是“似不能言者”，还是“便便言”，对于孔子来讲都是对，都是行走在中道之上，无过无不及，只是当下的因缘不同而已。是“随心所欲而不逾矩”，是行云流水，安详自在！

【〇二】朝，与下大夫言，侃侃如也。与上大夫言，訚訚（yín）如也。君在，踧踖（cù jí）如也，与与如也。

弟子们在描述孔子是如何在活生生的日常生活中，展现柔和、从容、谦逊、自然淡定的生命气象。此章是孔子在朝廷遇君主，与上大夫、下大夫言的不同形象，弟子们的所见所闻所感不是他们无中生有的，也不是他们的想象、创作，这是孔子在现实的朝廷上真的做出来了，他是从清净本心本性流露，由良知发出。弟子们只是如实来描述，但言语是非常有限的，不是实相本身，是不得已而为之。

“朝，与下大夫言，侃侃如也。”朝，是国君还没有到朝廷的时候。侃侃，就是柔和快乐的样子。意思是说：“孔子在朝廷上，当他和比他官位低的大夫交谈，言语是柔和又快乐。”那与官位高的上大夫是怎样呢？弟子的描述是：“与上大夫言，訚訚如也。”訚訚，正直又恭敬的样子。意思是说：“和上大夫交谈时，是流露出正直恭敬，又有自己见地主张。不阿谀奉承，不谄媚。”

与君主相处，夫子是怎样的呢？“君在，踧踖如也，与与如也。”踧踖如也，就是恭敬谨慎的样子。与与如也，是指威仪中适安详的样子。意思是：“国君在的时候，内心是恭敬又是谨慎，如履薄冰，但脸上流露出来的是安详自在，心安又很平和，不紧张也不松懈。”

与官位比自己高的人相处，甚至是君主，内心还是如此的祥和、自在、从容、淡定呀！孔子是真正亲证到每一个生命都是独一无二的，都是非常神圣的，没有谁比谁高，也没有谁比谁低，都是平等的。自己没有比下大夫高贵，也不会比上大夫、君王低贱，只是分工、因缘不同而已，无论是处在哪一个位置上，做什么事，都是神圣的。孔子自然流露出来的言行举止，是人人平等，没有我慢，也没有卑慢，做真实的自己，是一位真人呀！

【〇三】君召使摈，色勃如也，足躩如也。揖所与立，左右手，衣前后，襜如也。趋进，翼如也。宾退，必复命，日：“宾不顾矣”。

此章又是实相的描述，再次告诉我们经典来自于大自然，来自活生生的生活。佛陀曾说，生活中有的，经典上没有的，增加上去；生活中没有的，经典上有的，删去。经典是指月的手指，是工具，无神韵。只有活生生的生活充满着生命力，用经典来套生活，生活失去它的生机；用生活来解读经典，经典活起来，也能用出来。

在现实生活中，孔子所作所为都是众因缘和合而成的，不是他能决定的。但他唯一能决定的是从自己的清净本心、道心流露，还是从自我意识出发。孔子的一切作为都是无我无私，都是从本心本性流露的，随着角色、时空不断流动变化转换。像流水一样随顺不同因缘而转化，有时候在乡党，有时候在宗庙朝廷。

在这里是“君召使摈”。摈，表示接待宾客，就是鲁君召孔子，使他担任摈职位，陪同接待外国贵宾。孔子奉召时，流露出的神色是“色勃如也，足躩如也”。色，脸色。勃，突然变得庄重。躩，脚步稳健又轻快，不暇闲步。意思是说：“孔子脸色突然变得庄重，脚步稳健也轻快起来。”

两君相见，迎宾时，东道主国君到大门外，站在东边，面向南方。陪同迎宾的上摈、承摈、末摈，从君主面前依次向南，一律面向西方。宾国之君在主君大门前九十步下车，站西边，面向北方。同来的人有“上介”“承介”“末介”等，从宾君面前依次向北排列，一律面向东方。宾主排列完成，主君先传话，请问宾君来意，这叫做“求辞”，又叫“传辞”。由上摈传给承摈，承摈传给末摈，再由末摈传给末介，由末介、承介、上介传给宾君。宾君答辞由介摈传到主君。

礼拜完毕，主君迎接宾君，转身向右接受传辞时，“揖所与立，左右手，衣前后，襜如也”。襜，整齐。意思是说：“他便向站在自己右边的人拱手作礼，转身向左把辞传下去，又向左边的传辞人拱手作礼。拱手时，衣服前后摆动却整齐不乱。”“趋进，翼如也。”意思是，在中庭进至阼阶，其间有数十步，上摈不宜舒缓，快步走如鸟舒展双翅一样。到了最后，“宾退，必复命，曰：‘宾不顾矣’。”意思是，宾退了，君主命上摈欢送宾客，必回复所命，说：“宾不再回头了。”

用了那么多的文字、心力对此章实相的描述做解读，未必每一个人都能看明白。真的还不如去看电影《孔子》里类似的画面，更加接近实相。不需要这些文字便一目了然，也体会到孔子流露着柔和、恭敬、美妙的神韵与生命力。这是值得每一个人慢慢地回味、思齐，也让这神韵在自己的身口意三妙行中流露出来，更有意义呀！

【〇四】入公门，鞠躬如也，如不容。立不中门，行不履阈。过位，色勃如也，足躩如也，其言似不足者。摄齐升堂，鞠躬如也，屏气似不息者。出，降一等，逞颜色，怡怡如也。没阶，趋进，翼如也。复其位，踧踖如也。

“入公门，鞠躬如也”。公门，诸侯国君主宫室的门。古时天子五重门，诸侯三重门，不必考虑是哪一重。孔子进入君主宫室之门，就肃然起敬，像是要鞠躬的样子，十分谨慎。“如不容”。这门很大，却好像容不下他一样。就是说，进入很宽大的君主之门时不会昂首挺胸。他为臣时，做臣的本色本分，保持恭敬。

他又“立不中门，行不履阈。过位，色勃如也，足躩如也，其言似不足者。”中门是门的正中，乃尊者所通行，为臣为子者，皆当避之。阈，是门限、门槛。意思是：“不立在门的正中间，亦不把脚踏在门槛上污其门槛。经过君主的座位，虽然君主不在，孔子的脸色突变为庄重又肃敬，脚步立刻加速，又不敢多言语，十分简单，好像有不足之状。”

“摄齐升堂，鞠躬如也，屏气似不息者。”摄，抠也。齐，是衣服下端所缉边缘。屏，藏也、收回。意思是说：“在升堂时用手提起长袍的下端，拾级而上，恐蹑之，跌倒失容。又十分肃敬如鞠躬的样子，屏住气息，像不呼吸的样子。”

“出，降一等，逞颜色，怡怡如也。”降，下。等，堂阶之级。

逞，放松。怡怡，和悦。就是孔子见完国君出来，下堂阶一级，颜色放松舒展了，流露着和悦的样子，变得轻松自在。

“没阶，趋进，翼如也。复其位，踧踖如也。”没，尽。就是孔子走尽堂阶下及平地，便快步向前，如鸟张翼的样子，再路遇君位时，自然又流露恭敬的样子。

此章是描述孔子在国君宫室里，能轻柔明觉活在每一个当下，将恭敬心融入每一个活生生的细小威仪里，自然充满生命力与神韵。这就是在宫室里真实的孔子，他没有神通，没有特异功能，只是在当下每一个平凡、平实、平淡的动作中全然融入，保持清醒明觉。入公门就入公门，该怎样就怎样。过位、摄齐升堂都是如此。就如禅宗公案，开悟前，砍柴想着担水，担水时想着做饭；开悟后，砍柴就是砍柴，担水就是担水，做饭就是做饭。孔子就是清醒明觉地活在当下，用空明觉的心在做当下细行，每一个动作都是清清楚楚，毫不含糊，做一位明白人，自然也就是迈向高等心灵品质的人。

【〇五】执圭，鞠躬如也，如不胜。上如揖，下如授，勃如战色，足蹜蹜如有循。享礼，有容色。私觌（dí），愉愉如也。

弟子们描述了孔子在乡党、宗庙、朝廷，陪同国君接待外宾以及君主宫里点点滴滴的细行中，流露着柔和、诚敬、安详自在的生命状态。这章亦是如此，是描述孔子出他国作为聘使的礼容。

“执圭，鞠躬如也，如不胜。上如揖，下如授。勃如战色，足蹜蹜如有循。”圭，玉器。国君使臣到外国聘问，执君之圭以为信物。“如不胜”，玉器不重，但他执在手里，像举不起来，言敬谨之至。上，升堂。下，下堂。勃，突然间变化。战色，战战兢兢的脸色，是庄矜的样子。蹜蹜，缩小脚步又急促，不提起脚踵。循，有所遵循，依着轨迹行走。意思是说：“孔子为聘使，执持国君的玉器，至为谨慎又恭敬，像鞠躬一样弯下腰，又好像不胜其重的样子。在升堂授玉时，将美玉呈奉给他国君主，敬如作揖，授玉毕后下堂时，仍不敢忘礼，还像是授玉时那样的恭敬、谨慎，脸色突变战战兢兢呀。又提不起脚踵，循着一定路线轨迹而徐缓前进。”

“享礼”。即献礼物，在朝聘之后。孔子流露着“有容色”，就是替国家送礼物要庄重又和颜悦色。“私觌，愉愉如也。”觌，会见，就是享礼后，以私礼相见时，则是和颜满容，很愉快的样子。

《论语》解读至此，即将完成上半部，我发现孔子与我们每一个人真的不是两样的人。他也是有血有肉、有情有义，一样是要生活在人群当中，接物待人，工作生活，喝水，吃饭，上洗手间，娶妻生子。也一样是由大地、流水、太阳、空气、虚空支撑、化育、长养，与我们就是生命共同体。

王阳明说：“个个人心有仲尼，自将闻见苦遮迷。而今指与真头面，只是良知更莫疑。”《传习录》也提到“满街都是圣人”。孔子与一般人最大的不同，其实就是每一个人都有的那颗心。夫子所作所为所言所行都是从纯净本心流露，由良知发出，融在每一个当下，每一个细行中，也融入一体的世界，是真正天人合一，知行合一呀！而一般人不同，所作所为是从受染污的心，即人心，非道心，也即是从自我意识出发，自然而然是活在苦海无边中，不能心安自在。

【〇六】君子不以绀緅饰，红紫不以为亵服。当暑，袗絺绤，必表而出之。缁衣羔裘，素衣麑裘，黄衣狐裘。亵裘长，短右袂。必有寝衣，长一身有半。狐貉之厚以居。去丧无所不佩。非帷裳，必杀之。羔裘玄冠不以吊。吉月，必朝服而朝。

“君子不以绀緅饰”。君子，指孔子。饰，用于衣服领子、袖子的上缘边。为什么“不以绀緅饰”呢？绀饰是斋祀之服，緅饰是丧祭之服。“红紫不以为亵服”。亵服，本指内衣，引申为私下穿的衣服。红紫介于红和紫之间，非正色，家居时不穿红紫色的私服。

“当暑”。正当夏天。袗，单衣。古人冬天穿裘，即皮衣，夏天穿葛，即麻。絺，是细麻布。绤，是粗麻布。袗絺绤，就是夏天穿的单衣有粗麻布做的，有细麻布做的。要出门时，“必表而出之”，则必须在透亮单薄的麻布衣上加穿外衣，以表尊重他人。

“缁衣羔裘，素衣麑裘，黄衣狐裘。”羔裘，黑色羊皮衣，要与缁衣即黑色的外衣相称。麑裘，就是用白色鹿皮做的皮衣，要与素衣即白色的外衣搭配。狐裘，黄色的狐狸皮，要与黄衣即黄色的外衣相称。“亵裘长”。私下穿的皮衣要比较长，便于在屋里保暖。“短右袂”。袂，袖子，右手的袖子要短一些，通常右手用得多，便于做事、写字。

“必有寝衣”。孔子在睡觉必穿睡衣。这是为了养生。人在睡觉时，人体阳气内收，外阳气不足，不能抵御外边的六邪即风、寒、暑、湿、燥、火对人体的入侵。穿睡衣则可以养生，抵御外来寒气入侵。“长一身有半”。从颈至股这一段称为身，就是说睡衣比“身”还长半截，刚好可以保护膝盖，保护不受外寒入侵了。

“狐貉之厚以居。”居，坐。坐垫要用狐皮貉皮来做，也就是要厚一些，以保暖，也就是保住阳气，有助健康。“去丧无所不佩”。丧，办丧事。就是办丧事完毕，身上该戴的玉器都可以佩戴上。

“非帷裳，必杀之。”裳，下衣。帷裳，是上朝、祭祀所穿戴的礼服，要用一整块布料正幅地剪裁，很费布。非帷裳，则是日常穿的下衣，孔子则是“必杀之”，也即缝之。该节约的就要节约。

“羔裘玄冠不以吊。”穿着黑色的羊皮衣，带着玄色的帽子，是不去吊丧的。丧主素，吉主玄。玄是黑里略带点红，不能用于丧事，只能以素衣致哀。

“吉月，必朝服而朝。”吉月，正月。意思是说：“每年的正月第一天。就要穿着朝服朝拜君主。”曾经做过官的人，也要穿朝服朝向朝廷的方向三拜。

此章可以看到弟子们的仁爱、慈悲，当时没有摄影机能把这些拍成电影、视频，也没有照相机能拍成照片，他们只能用大量文字尽量如实呈现当时的场景。孔子也是在现实生活中行不言之教，以便弟子们学习思齐呀！孔子在不同的场合、季节，对所穿着的衣服的颜色、面料、质地、长短、功能等之间的相称协调搭配，无不是根据当下的因缘，找到最佳的结合点，无不是中道。

也无不让我震撼。一位一米九几的北方壮士，他的心灵却是如此地宁静，又如此地细腻。这与学历、分数、权力、地位、财富等无关，我们要重新自我反省，反省教育的终极目标。孔子不止是至圣先师，也是一位伟大的生活艺术家、大智慧者。

【〇七】齐，必有明衣，布。齐，必变食，居必迁坐。

“齐，必有明衣，布。”齐，即斋，古人临祭祀之前必有斋。明衣，就是浴衣。斋戒之前一定沐浴。浴衣是刚洗完澡时穿的，此时身未干，就需要浴衣。“布”。用布料为之。布料做的浴衣可以吸水，也就是把身上的水、湿气全部吸收了，再穿上斋戒时的衣服。

这里就相当于今天我们冲凉时使用浴巾一样。经典其实就是来自于活生生的日常生活。不是说孔子沐浴就身体不会湿，而我们身子会湿，那是不可能的。大家沐浴都一样是身子会湿的，两千五百多年前是这样，现在是这样，未来也是这样，永远是如此。孔子也是生活在如此平凡、平淡、平实的日常生活里的真人。

“齐，必变食，居必迁坐。”变食，是改变饮食习气，不饮酒、不吃肉、全素食。尽量少食。不茹荤，如蒜、韭之类。迁坐，改变平常所居住的地方。古人斋戒时必须居在外寝，外寝称正寝，是斋戒、生病时居住的。内寝又称燕寝，是最私密的地方，乃是平常居处。意思是说：“斋戒的时候，必改变日常的饮食，又改变日常的居处。”

为什么弟子们要描述孔子斋戒时的细节呢？其实这是最重要的，斋戒的目的是收摄六根，也就是眼、耳、鼻、舌、身、意都回到当下，让动荡不安的身体宁静下来，再让心灵澄静下来，回归到清清净净的本心。

孔子斋戒时的沐浴、变食、迁坐皆是为了放松身心，无欲无求，自然就是来到空明觉，自然而然在祭祀时与天地神明同体同在，融入一体世界，流露出无我无私的心灵品质。

我二〇一五年五六月参与了近两个月的专修，全吃素、关手机、止语。到了最后九天，更是不看有关文字的书籍，不用言语、眼神与人交流，只有打坐、经行、静坐中的动中禅等。这一切都为了让心宁静下来，回到清净本心，清醒明觉活在当下，止观双运，也就是《大学》的止、定、静、安、虑、得，开启本自具足的无尽宝藏，恢复本自具足的本心、良知。让生命全然绽放，心花朵朵开。

【〇八】食不厌精，脍不厌细。食饐而餲，鱼馁而肉败，不食。色恶，不食。臭恶，不食。失饪，不食。不时，不食。割不正，不食。不得其酱，不食。肉虽多，不使胜食气。唯酒无量，不及乱。沽酒，市脯，不食。不撤姜食。不多食。祭于公，不宿肉。祭肉不出三日，出三日，不食之矣。食不语，寝不言。虽疏食、菜羹、瓜，祭，必齐如也。

孔子日常饮食的细节是如此细腻又合乎中道，无不是善观当下因缘，该不食就不食，该不多食就不多食，丝毫没有贪求，完全依据身体实际基本需求做出调整。这是纯净本心的流露，而不是从头脑自我意识出发的，无不合乎中道，无不让我震撼呀！

“食不厌精，脍不厌细。”厌，饱的意思。孔子吃饭不因米饭、肉食的精细而贪食过饱。也即适量。

“食饐而餲，鱼馁而肉败，不食。”饐，是气变。餲，是味变，馁，鱼烂。败，肉腐。意思就是：“五谷杂粮的饭，气变又味变了，都是不新鲜。鱼肉馁败，即是腐烂，都不能吃呀。”

真的都是实相。我也是这样做。过去是没有冰箱，孔子是用眼耳鼻舌身意去鉴别，今日有冰箱好了很多。但若夏天要过夜的米饭忘记放入冰箱，第二天清晨也会去闻气味是否变了？变味，就不吃了。

“色恶，不食。臭恶，不食。失饪，不食。不时，不食。”意思是：“食物本有的颜色变了不吃；气味变了也不吃；烹饪不得当不吃；不是时令的瓜果蔬菜不吃。”

“割不正，不食。”割不正，使用残忍的方式宰杀或捕猎。譬如若是用渔网获取的鱼，孔子不吃，若是“钓而不纲”的就吃。“不得其酱，不食。”酱各有所宜，得其酱，则增其美去其害，不得其酱，恐或有相克之物。譬如日本生鱼片，要有芥末。

“肉虽多，不使胜食气。”肉再多，其分量也不能超过所食五谷之气，即食气。今日绝大多数人在家、饭店用餐时，十道菜里有白切鸡、烧鹅、牛排、卤水拼盘等，过半以上是肉食，营养过剩，已经伤害人们的身体。现代人很多病都是吃出来的。

“唯酒无量，不及乱。”吃酒没有定量，量力而行。小饮怡情，以不醉为底线。“沽酒，市脯，不食。”沽、市，皆买的意思。脯，干肉。就是说从外面买来的酒、干肉都不吃。可以看到孔子喝的是自己酿的酒，自制的干肉，生活简朴但品质是很高的，是自给自足。

“不撤姜食。不多食。”餐后，诸食皆撤去，独留姜，去倦。每天每顿加点姜可以去寒补阳气，但不多吃。多食会伤津伤阳。

“祭于公，不宿肉。”就是陪君主祭祀结束后，君主赐祭肉，以示神的恩赐。祭肉不过夜便分颁于人了。

“祭肉不出三日，出三日，不食之矣。”家庭祭祀，清晨杀牲口，上午就祭祀，祭肉存放不超过三天，过了三天就不再吃了。

“食不语，寝不言。”吃饭时不说话，睡觉时不想东想西。这样做皆是让心安宁、生活品质提升。

“虽疏食、菜羹、瓜，祭，必齐如也。”孔子日常所食的，即使是粗疏之食，菜羹瓜果之类，食前也要祭之，感恩天地父母的养育，感恩流水、阳光、大地、空气，还有农人等众因缘默默的付出，内心洋溢着幸福、知足、惜福呀!

这一切的描述好像历历在目，因为正在我们活生生的生活中流淌着，就是那么平实平淡平凡，但百姓日用而不知呀!

【〇九】席不正，不坐。

“席不正，不坐。”席，古代习惯于坐在铺在地上的席子。不正，有一种解读是席有移动，需先正席，再坐上，暂时保留意见。更深一层解读是不依长幼尊卑之序即不正。也就是说：“若坐席时不是长幼尊卑有序，孔子是不上坐的。”

为什么呢？我国古代对座次很有讲究，以座位朝向来决定尊卑。从东西南北来说，有“南面”“东向”。古代常是堂室建筑，前堂后室。在堂上的礼节是南向为尊，尊者坐北朝南，所以古人称王称帝叫“南面”。而室东西长南北窄，室内最尊的座位是坐西面东。

从左右来说，尊左、尊右根据朝代的不同而衍变。上古先秦时期以左为尊，譬如《史记·魏公子列传》：“公子从车骑，虚左。自迎夷门侯生。”信陵君为迎接夷门侯生，空着左边的位置，“虚左”以待宾客。而周、秦汉时，国人以“右”为尊，王公贵族称为“右”戚，世家大族称“右族”或“右姓”，而“左迁”表示贬官降职。

从东汉至隋唐、两宋，逐渐是以左尊右卑的制度。元朝时，一改旧制，以右为尊。朱元璋建了明朝，恢复以左为尊，为明、清两代沿用了五百多年。今在乡下老家，有喜事或日常请客吃饭，还是基本遵守以左为尊。客人、长者、尊者坐在主人、幼者、卑者的左手边的座位上。

这还只是很简要的概述，其中又有朝代、场合和地域等的区别，有各种各样不同的因缘，所以也有很多不同说法。譬如今日的国际礼仪通则是“以右为尊”。也就是说，从古至今，座次的尊卑朝向并不是一成不变的，但总的原则是一样的，尊卑有序，各得其位。

孔子在心中是这样想，也是这样做。每一个人皆是独一无二，人人平等，只是因缘不同。今日的因缘，他在高位，是长者，自然要给予相应的尊位坐席。自己是在低位、幼者时自觉坐在卑位上。

尊卑也是随因缘变化不同，发生相应变化，尊重他人，也就是尊重自己。他人是尊者、长者，我们给予足够的尊重，有一天我们自己也成为尊者、长者，自然他人也会给我们足够的尊重。这样万物自然会并育而不相害，道并行而不相悖，人与人之间的关系就会和谐，有条不紊，礼运大同世界自然渐渐形成。不论再小的事，孔子都是扣住这核心目标，天下一家人，你好、我好、大家好，世界会更好！

【一〇】乡人饮酒，杖者出，斯出矣。乡人傩，朝服而立于阼阶。

“乡人饮酒，杖者出，斯出矣。”杖者，拄拐杖的老年人。《礼记·王制》云：“五十杖于家，六十杖于乡，七十杖于庭，八十杖于朝，九十而天子，往就见之。”六十以上的老年人可以在乡间拄拐杖。在《礼记》中，有《乡饮酒义篇》是讲乡人饮酒的礼节。在此，孔子是做出来了，弟子们只是描述他们所见到的实相。孔子是尊敬老者，年长者，必坐上坐（座），有杖者在场，不先退席，他是不敢先退，只有杖者退出，他亦随之退出了。

从弟子所描述的实相来看，孔子并没有把自己看得比他们高贵，而是严格遵守古礼又不拘泥。一位士人，旁人只看到他很多时间是在做一些不起眼，很平凡、平淡、平实的日常小事，但他却是成为了世界级伟人。这里面有什么本质上不同吗？值得静下心去深观去体会呀!

“乡人傩，朝服而立于阼阶。”傩，是驱逐疫鬼的仪式。阼阶，东阶。就是说：“孔子遇见乡人驱逐疫鬼的仪式，就穿上朝服，立在祖庙的东阶上。”这只是文字描述，见不到孔子的表情神韵、生命力。他为什么“朝服而立于阼阶”呢？这里面孔子是没有言语，只是行不言之行。他所作所为是仁爱、大爱的流露。

在古代，医疗条件较落后，遇到瘟疫，用“傩”是没有办法的办法，但是也有相当不错的效果。人们通过“傩”，心里得到莫大的宽慰与鼓励，自信心充满。每个人本自具足的神医即免疫系统就会自然被启动，正气存内,邪不可干。加上孔子是国际风云人物，又是鲁国鲁司寇，立于阼阶，更是增加乡人自信，内在阳气更足，不易染上瘟疫。真正的大医必是大德、大慧者，而不是医术最高的人。

静下心来问自己，我们每个人是不是都有生病的经历，不论大小，若遇见一位有大智慧的医生，你的心是不是特别安宁，愿意把生命全然交给他呀？是不是身体很快恢复健康呢？王凤仪就是如此，很多病人不治而愈。孔子也是深知其中的奥秘。

【一一】问人于他邦，再拜而送之。康子馈药，拜而受之。曰："丘未达，不敢尝。"

"问人于他邦，再拜而送之。"问，问候。孔子问候在异国的友人，不是亲自前往问候，而是使人或托人去问候，所以要描述"再拜而送之"。再拜，古时候士人相见，礼当拜两次，即是再拜。

孔子送使者行时，对使者两拜，但使者不需答礼。因这两拜不是拜使者，而是通过使者带给友人，也就是遥拜所问候的异国友人。此处流露出孔子的诚敬之意，他是真诚真心，清清净净，是从清净本心流露，由良知发出。

在这点上就值得令人反省，而今在过节时，如中秋、元旦、春节等节日相互问候，短信、微信满天飞，有多少内容是出自真心本心呢？是不是很多问候是为了情面、生意往来等需要。若是真诚真心的，那值得赞叹。孔子是不论再细小的作为，像问候异国友人，都从纯净本心流露，由良知发，真诚真心呀！这就是他的伟大之处。

"康子馈药，拜而受之。"意思是说："鲁大夫季康子馈赠孔子药物，孔子一拜而接受这个药。"古人受馈食物，当馈者或使者面品尝，表示不虚所馈赠。而药物不是普通食品，是关乎身体，是否也要尝，礼暂无明文记之。回到现实生活中来，问问自己本心，若没有生病或是生了病，上级领导送药，你会马上吃吗？这就不难了解。

孔子为什么说："丘未达，不敢尝。"达，明白通晓。这里有两层含义，一是自称未明药的功能；二是送药物之礼是无明文，自然是不敢尝。这药是鲁大夫季康子馈赠的，孔子一方面是要恭敬季康子馈赠的药，又不越礼，另一方面也要不伤害身体。

孔子不仅是恭敬地接受，还真诚真心、毫无保留地说出实相，"丘未达，不敢尝"。看似两难问题，孔子毫不费力就解决了，很单纯又简单呀！他不是编故事去讨好鲁大夫季康子。问自己，能做到吗？很多人是不是常碰到不敢对上级直言心里话真实语，爱编故事理由让领导高兴呢？

【一二】厩焚，子退朝，曰：“伤人乎？”不问马。

“厩焚，子退朝。”厩，就是马棚。意思是说：“孔子上朝去了，家里的马棚失火了。他退朝回到家里就听说了这件事。”他直接反应就是问：“伤人乎？”意思是：“马棚失火有伤到人吗？”他“不问马”，意思是：“没有问是否伤到马。”这是弟子们对孔子在这件事的实相做描述，最核心的就是为什么孔子只问人而不问马呢？

孔子生活在春秋时期，当时是奴隶社会瓦解时期，还存有奴隶主。奴隶制不把奴隶当人，视奴隶为一种能动的劳动工具而已，可以买卖，可以陪葬。从生命的总源头看，每一个生命都是道之子，上帝之子，大自然之子，法界之子。都是神圣的，独一无二的。即便是奴隶主也没有比奴隶神圣，奴隶的生命也没有比奴隶主低贱。他们只是因缘不同，在那样的社会背景下，有的人是奴隶主，有的人成为奴隶。两者只是分工不同，各有所长，各安其位，发挥生命的意义。

孔子问人不问马，并不是看不起马、不尊重马，而是为了让一个叫“奴隶”的大群体回归到真正人的本位，真正来至“君君，臣臣、父父、子子”，每个人都在自己位置做好自己的本分。

没有人能决定他人的生死，面对陪葬恶习，孔子曾痛斥“始作俑者，其无后乎？”他深知要实现礼运大同世界，只有每个人真正亲证到一体的世界，才能实现天下是一家人，人人平等，你有你所长，我有我所长，每个人都是大自然之子，从最纯净的本心、良知流露出来尊重每一个人。在那个时空、大背景，若不是从良心良知出发，是做不出来的。孔子以身作则，无处不在示范呀！真的是大丈夫，非将相之所能也，不愧是大成至圣先师呀！

【一三】君赐食，必正席先尝之。君赐腥，必熟而荐之。君赐生，必畜之。侍食于君，君祭先饭。疾，君视之，东首，加朝服，拖绅。君命召，不俟驾行矣。

“君赐食，必正席先尝之。”正席，即便君不在席上，也要让出最尊贵的席位来，自己坐在臣子坐的席上。也就是说国君赐熟的食物，孔子必定先正其席位，先尝食物少许，感恩国君的恩赐！

“君赐腥，必熟而荐之。”腥，未煮熟的肉类。荐，是供奉。国君赐予未煮熟的生肉，必先煮熟，供奉祖先。获得君主的赏赐，感恩祖宗的庇护，不能忘本。

“君赐生，必畜之。”国君赐给的是活的动物，如活牛、活羊等，那就先饲养起来。《礼运·玉藻》云：“君无故不杀牛，大夫无故不杀羊，士无故不杀犬豕。”所以孔子必畜之，只有饲养到祭祀时，为祭品才杀之呀！足以看到对于动物不能非时宰杀，是暗指“割不正”的深意呀！

“侍食于君”。“侍食”是作为臣子的孔子而言，是鲁君邀孔子同食。“君祭”。古人及国君食前必祭。“先饭”。就是在鲁君祭祀的时候，孔子先为鲁君尝饭，试其烹调可否，这是侍食于君的礼节。

“疾，君视之，东首，加朝服，拖绅。君命召，不俟驾行矣。”东首，头朝向东边，正面对于君。拖，曳也。绅，大带。俟，等待。意思是：“孔子生病了，国君来探望，他头在东边卧，身上披着朝服，因病无法束腰，还拖着一条大带。国君有命来诏书，要进宫室，孔子不等仆者驾车，赶紧徒步先行了。”

此章是弟子们描述孔子在君赐食、赐腥、赐生、侍食于君，还有遇病，国君来探望时及国君命召时，所流露出来的行为举止。无不合乎礼呀！没有半点自卑、奴性，也没有我慢，对国君又如此诚敬，不敢怠慢。对礼仪规范是充分的尊重，又没有被条条框框套住，真的是随心所欲而不逾矩，行云流水，清醒明觉，活在当下。

善观当下因缘，随顺因缘变化而变化，行走在中道上，所作所为都是本心良心的流露，由良知发出，知行合一，讷言敏行。他没有言语，只是做出来，真是无字无声之行，胜过千言万语。说一尺不如行一寸呀！只有真的做出来才是真知呀！这个社会不缺说者，缺少行动的人。

【一四】入太庙，每事问。[①]

【一五】朋友死，无所归，曰："于我殡。"朋友之馈，虽车马，非祭肉不拜。

"朋友死，无所归"。归，就是有亲属、亲人，死后有地方能停柩埋葬，有亲人办丧事。无所归，就是朋友去世了，没有亲人为他办丧事。孔子看到这种情况，就说："于我殡。"殡，死者的尸体在棺材里，暂停留在宅内以待葬，其柩就叫做殡，就是以宾遇之。

我是有很深的体会，二〇一五年七月四日，我太太的伯父去世。我们赶到太太的老家参加了丧事全程，对生命的"黑洞"即死神有了更深的体悟。我太太也发现了每个人都是"来时一丝不挂，去时几缕青烟"。人人平等，与学历、地位、财富、年龄等没有关系。在这里，孔子只是代没有亲属的朋友来办理殡葬等丧事全程，是"朋友死，无所归"，才这样为他治丧。

"朋友之馈，虽车马，非祭肉不拜。"馈，就是赠送的礼物。意思是说："朋友赠送的礼物，即便是名车良马，孔子也是接受赠予而不拜，除非是祭肉才拜。"

这一点在当今很多人看来，会觉得孔子太傻太笨又无情呀！在春秋时代，车、马是贵重的。从数学、头脑思维、经济价值的角度看，车马是远远大于那么一小块几两重的祭肉。而今人大多都是从经济价值考虑的，有朋友送薄礼他是没有感觉的，只懂名车良马金钱。有的人是利用高科技进行诈骗，让人们防不胜防。每一台提款机旁都贴着告示提示防

① 此章内容在《论语·八佾·一五》已解读得很透彻，这里不再作解读。

骗，人们生活在担惊受怕的社会里。

孔子“不拜”并不是不感谢，只是在孔子眼里，一块小小的祭肉内在价值是远远胜过车马呀！车马是身外之物，有是锦上添花，没有也不影响生活。这就可看到孔子伟大之处、过人之处。这里也流露出他“饭疏食饮水，曲肱而枕之，不义而富且贵，于我如浮云”的生命状态。

更甚的是，祭肉用于祭拜天地、祖宗，是感恩天地父母、祖宗先辈给予我们生命与养育。没有车马，孔子还是可以活得非常好。但没有天地父母的化育，没有祖宗先辈的养育，我们每一个人的生命都是不能存在的，这是实相呀！

没有大地、流水、空气、阳光、虚空，缺少其中任何一样，我们都是没法活下去的。譬如给你一千万，买你五分钟的空气，也就是不给你五分钟空气，你愿意吗？还能活着吗？你能不拜吗？能不感恩吗？这就是孔子的大智慧呀！深观到了生命的本质，生命的源头。

【一六】寝不尸，居不容。见齐衰者，虽狎必变。见冕者与瞽者，虽亵必以貌。凶服者式之，式负版者。有盛馔，必变色而作。迅雷风烈必变。

“寝不尸，居不容。”尸，一种是作尸体解读，保留意见。另一种解读是代表死者受祭的活人，古代祭祀，孙辈穿着先祖的衣服，端坐如神，代表先祖受祭。容，一说容字当作客。意思就是：“在寝室可以随意放松走动，不必端坐如代表死者受祭的活人。居家是与家人相处，不需像与客人相处那样拘束。”《论语·述而》中有“子之燕居，申申如也，夭夭如也”的描述，孔子在私人空间里是安详自在，全然放松，但又不放纵。他的内心深处也有庄子逍遥自在的生命状态。

“见齐衰者，虽狎必变。”衰，指孝服。齐衰者是办丧事的人。狎，指平时关系亲密的人。孔子遇见办丧事的人，即便是很亲近的人，他的面色定变庄严、肃穆。

“见冕者与瞽者，虽亵必以貌。”冕者，指戴帽子的人，亦指穿着丧服的人。瞽者，盲人。亵，熟悉。孔子见到冕者和盲人，哪怕是常见又熟悉的人，也以礼相待。

“凶服者式之，式负版者。”凶服，也是指办丧事的人。版，就是地图、公文、户籍这一类的东西。式，同轼，古时车身前有一种活动的横木，便于乘车人扶手鞠躬。孔子乘车，遇见穿丧服的人，就手扶在轼上，微俯其身，以表哀悼。看到背负着国家公文、地图、户籍的人，他在车里也会手扶在轼上，微俯身体以表尊敬。

“有盛馔，必变色而作。”盛馔，丰盛的佳肴。作，站起来。应邀他人家里做客。主人亲自做了一顿丰盛的佳肴，孔子必从席上改变面色起身表示感激之意。

“迅雷风烈必变。”迅，疾。烈，猛烈。遇见雷电交加，狂风暴雨，孔子必会神色庄严肃穆。

此章描述孔子在家中独处或与家人相处，走路时遇见齐衰者、冕者与瞽者，乘车时遇见凶服者、负版者，还有到他人家做客，以及有时遇见迅雷风烈的天气。孔子在每个当下，在不同的因缘中，自然流露出微妙、美妙的容色举止。这是实相的描述，是无字天书，也是孔子从本心自然流露。孔子的内心是安详、平和又亲近，没有我慢，也没有比谁有优越感。只是对生命的尊重，对大自然心存敬畏。

【一七】升车，必正立执绥。车中不内顾，不疾言，不亲指。

“升车，必正立执绥。”绥，设置在车上的绳子，两手拉着那绳子才能上车。孔子上车时是一定要站正着，两手拉着车上的绳子才上去。即便是上车这样的小事，孔子都是清醒明觉，用明觉的心觉知自己的脚，提、移、落、触，去觉知脚与大地渐渐合在一起的觉受。

正立大地上，双脚都已站稳了，他才提起右手，移、落、抓那根绳子。左手也是如此，觉知当下每一个动作的流动变化及觉受。保持空明觉活在当下，是有助提升定力与明觉。也就是《大学》中的“止、定、静、安”，是明心见性的明心过程，也就是止观双运的“止”，“虑、得”即是见法、见性，也就是“观”。心是越澄静，见法力道越强，深观越透彻。

慢下来，清醒明觉做好当下微不足道的日常小事，生命品质将会提升一大步。这就是动中禅，也是四念处修行中的身受念处，融入贯穿生活中的点点滴滴。工作、生活都是修行，过程即是目的，生命就会逐步全面觉醒过来，成为觉者，也即是佛陀，是大彻大悟者。千万不要小看。

“车中不内顾，不疾言，不亲指。”内顾，回头看。疾言，就是声音高语速又快。亲指，是用手指指指点点。意思是说：“在车上，不回顾、东张西望，不高声说话，不用手指指点点。”

古代有私家车的人都是官位高的人，譬如诸侯大夫等。有车的人很有影响力，起表率作用，言行举止会被庶民效仿的。若是言行不雅，也很容易被效仿，传播开来，对社会是不利的。

孔子深知自己是大夫，又是带弟子三千，自己在车上先做到“不内顾，不疾言，不亲指”，弟子们长期受熏习，也自然而然就会做出来。孔子是“讷于言而敏于行”，是行不言之教，如春风化雨，润物细无声，渗入骨髓，让弟子们生命状态得到重生，脱胎换骨。不愧是大成至圣先师呀！

【一八】色斯举矣，翔而后集。曰：“山梁雌雉，时哉！时哉！”子路共之，三嗅而作。

“色斯举矣，翔而后集。”色，人的颜色即是面色。举，起飞。翔，其飞回旋。集，鸟落在树木之上。就是说：“鸟觉察到人们有少许颜色不善，或有不同神色的人靠近时，便一举身立即飞走，在空中回翔观察之后，才再飞落下来栖息。”

这是实相描述，是真正“述而不作”呀！这是孔子某一天在路上行走时，一群不知名的鸟觉察到有人来了，立即飞起来，回旋片刻飞落下来栖息。

有的解读将此鸟作下文的“雌雉”解，或说此处上下有缺文，我都保留意见。我从小就在农村生活，对此种场景是历历在目，很熟悉。二〇一五年七月中旬，我回到老家安溪祥华东坑村，自己上到自然农法茶园，就在西山旗茶区观察杂草、茶树时，看到小鸟在茶园中一群一群“翔而后集”之景象。茶山也有很多山鸡，即“雉”，它只能竦翅直前，径落草中，不能运翅回翔。

这是实相的描述，没有个人创作，只是发现而已。经典、语言、文字是来自大自然这一部无字天书，它们都只是工具、指月手指，是协助人们回到大自然中来，以大自然为师，向大自然学习、思齐。

孔子继续往前走了一小段路，看见有一雌雉在山梁之上，神态闲适，就赞叹地说：“山梁雌雉，时哉！时哉！”雉，是山鸡，雌雉是母山鸡。时哉，就是当下这一刹那，它是唯一实相，也就是唯一的真实存在，无始无终，无穷无尽遍一切处。其实就是整个宇宙的一切，它是不断流动无常变化，也从未停止过，生生不息。孔子就是发现了山梁上那雌雉，它们也能安住当下，就在一体世界里，安详自在，悠然自得。

孔子真的是看到了实相，万物各安其位，唯有人类不安心，不能守住自己的本分，也不能时刻安住每个当下，善观因缘，灵活变化。而雌雉做到了，它们内心深处清清净净，超越二元对立，没有尔虞我诈、忧虑、痛苦不堪，是身心对焦，全然融入当下。孔子也做到了，在平常、平淡、平实的生活工作中，譬如在乡党、朝廷、外交，对祖先、朋友等，都是融入每个活生生的当下中，做得恰到好处，天人合一，融入一体世界里呀！

这就是中庸之道，大自然本来就如此，山鸡没有读经典，没有修行，就能空明觉活在当下。孔子发现了这一实相，人类也只要恢复本自具足的清净本心，所作所为从本心流露，由良知发出，自然也就会悠然自得，心安自在。孔子才对雌雉如此赞叹。

子路听到了孔子的描述，对这山鸡深感敬佩，自然就“共之”，而雌雉就“三嗅而作”。共，同拱，就是拱手作敬意。嗅，刘聘君曰：“嗅，当作狊，古阒反。张两翅也。见《尔雅·释兽》郭璞注。”鸟张开两翅，作飞起状。子路向雌雉拱手，它几次展翅，似飞不飞，最后还是飞起来。雌雉就是如此自然，又是如此自在！而我们人类呢？